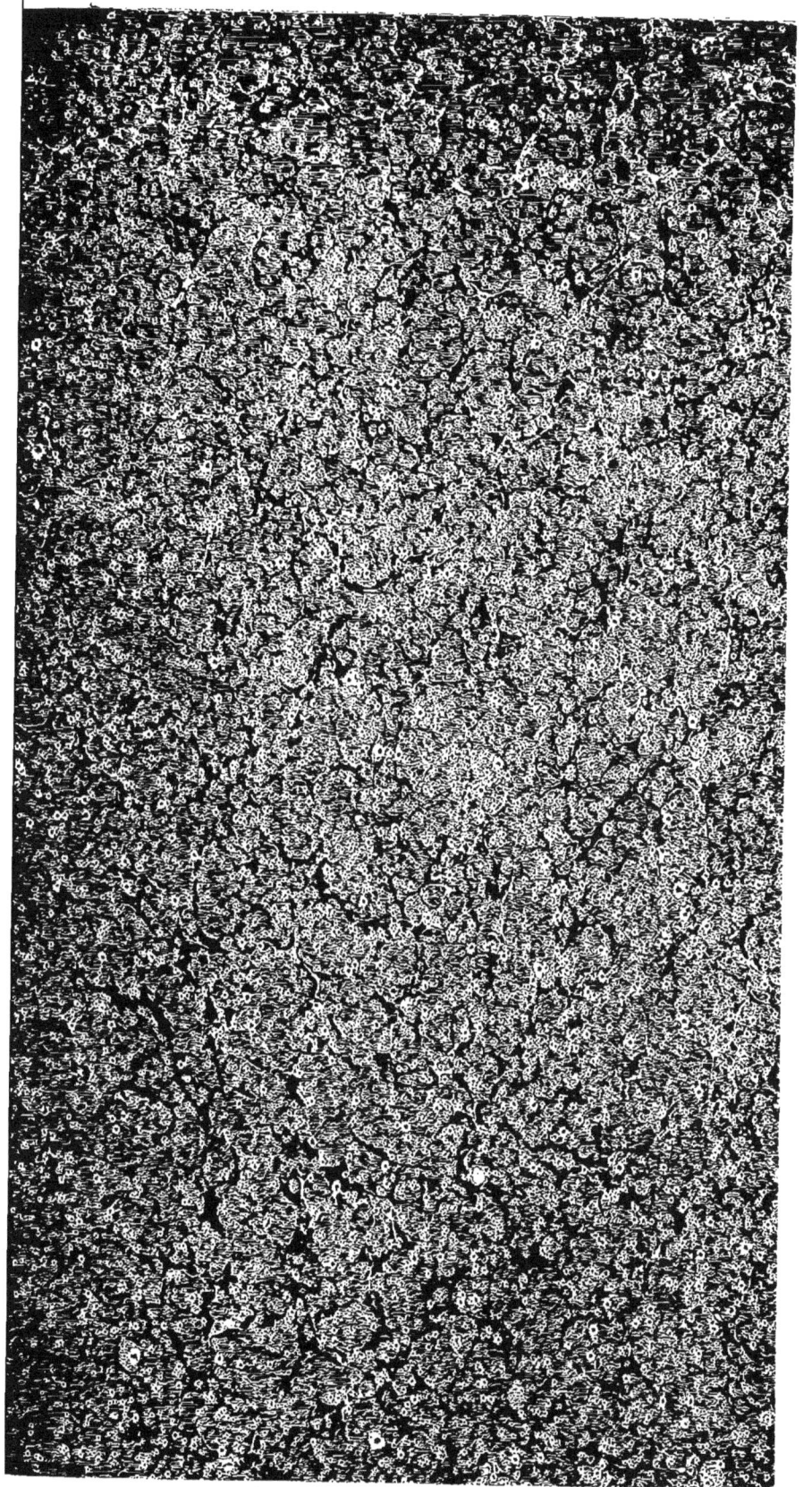

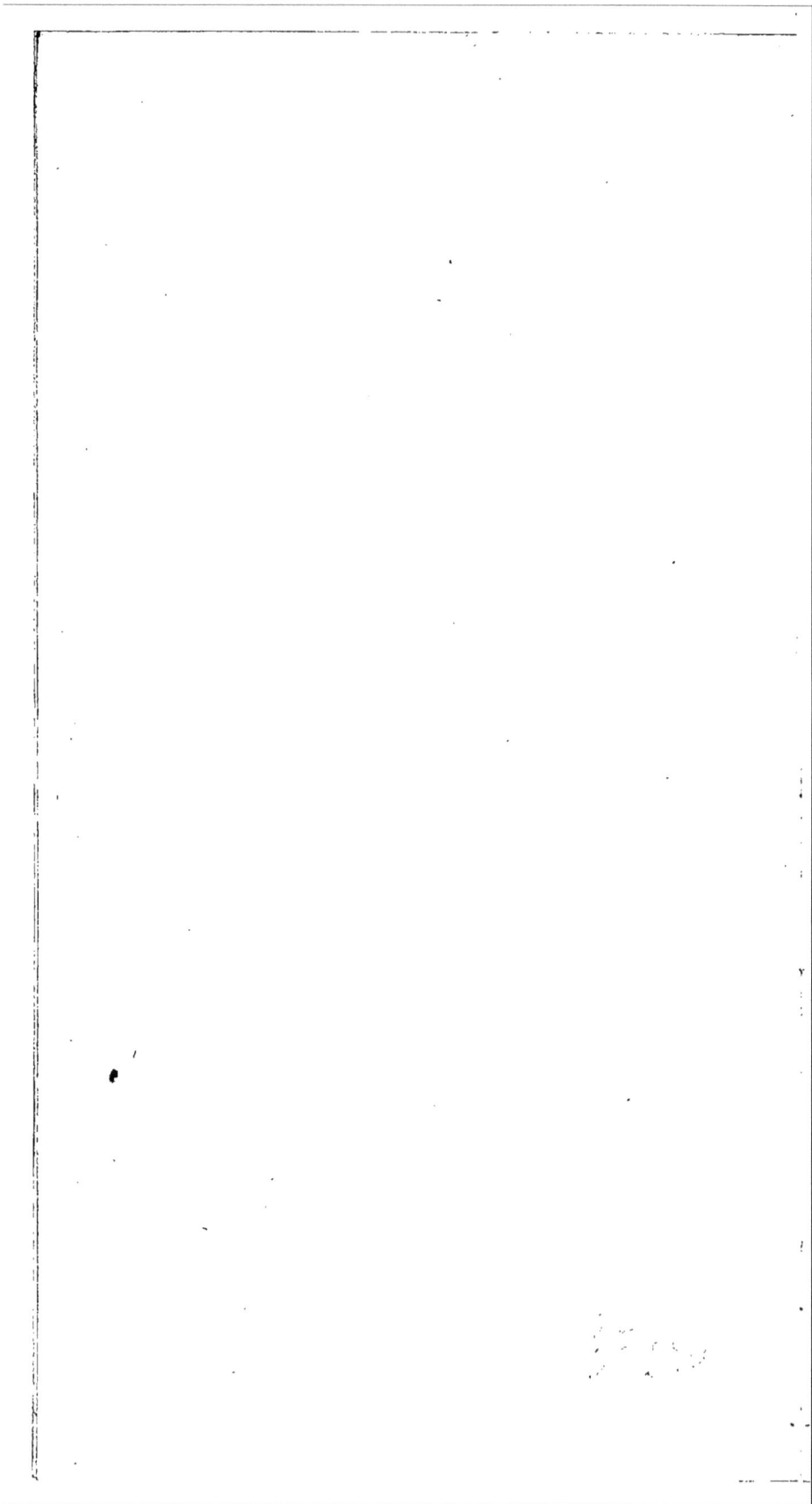

SCIENCE

DU PUBLICISTE

Cet Ouvrage se trouve aussi chez les Libraires suivans :

A Paris,	Bossange frères, rue Saint-André-des-Arcs, n° 60. Rey et Gravier, quai des Augustins. J. Decle, place du Palais de Justice, n° 1. J. P. Aillaud, quai Voltaire. Fantin, rue de Seine. Arthus-Bertrand, r. Hautefeuille, n. 23. Delaunay, au Palais-Royal.
Madrid,	Juan Paz. Alfonso Perez. Veuve Ramos.
Lisbonne,	Pierre et George Rey.
Coimbre,	J. P. Aillaud. J. A. Orcel.
Naples,	Borel.
Amsterdam,	G. Dufour. Delachaux.
Genève,	Paschoud.
Vienne,	Schalbacher.
Berlin,	Ad. M. Schlesinger.
Milan,	Giegler.
Florence,	Piatti.
Livourne,	Glaucus Mazi.
Rome,	De Romanis.
Turin,	Pic.
Manheim,	Artaria et Fontaine.
S. Pétersbourg,	Saint-Florent et comp. C. Cerclet.
Moscou,	Jean Gautier.
Odessa,	Alph. Collin.
Stockholm,	Em. Bruzelius.
Breslau,	G. Théophile Korn.
Wilna,	Joseph Zawadski. Fr. Moritz.
Nouv. Orléans,	Roche frères.
Mont-Réal (Canada),	Bossange et Papineau.

DE L'IMPRIMERIE DE FIRMIN DIDOT,

IMPRIMEUR DU ROI ET DE L'INSTITUT.

SCIENCE
DU PUBLICISTE,

OU

TRAITÉ

DES PRINCIPES ÉLÉMENTAIRES

DU DROIT

CONSIDÉRÉ DANS SES PRINCIPALES DIVISIONS;

AVEC DES NOTES ET DES CITATIONS TIRÉES DES AUTEURS
LES PLUS CÉLÈBRES.

Par M. Alb. FRITOT, Avocat.

TOME SIXIÈME.

A PARIS,

CHEZ BOSSANGE, PÈRE ET FILS, LIBRAIRES,
rue de Tournon, n° 6 bis.

A LONDRES, chez Martin BOSSANGE et Compagnie,
Libraires, 14 Great Marlborough street.

1821.

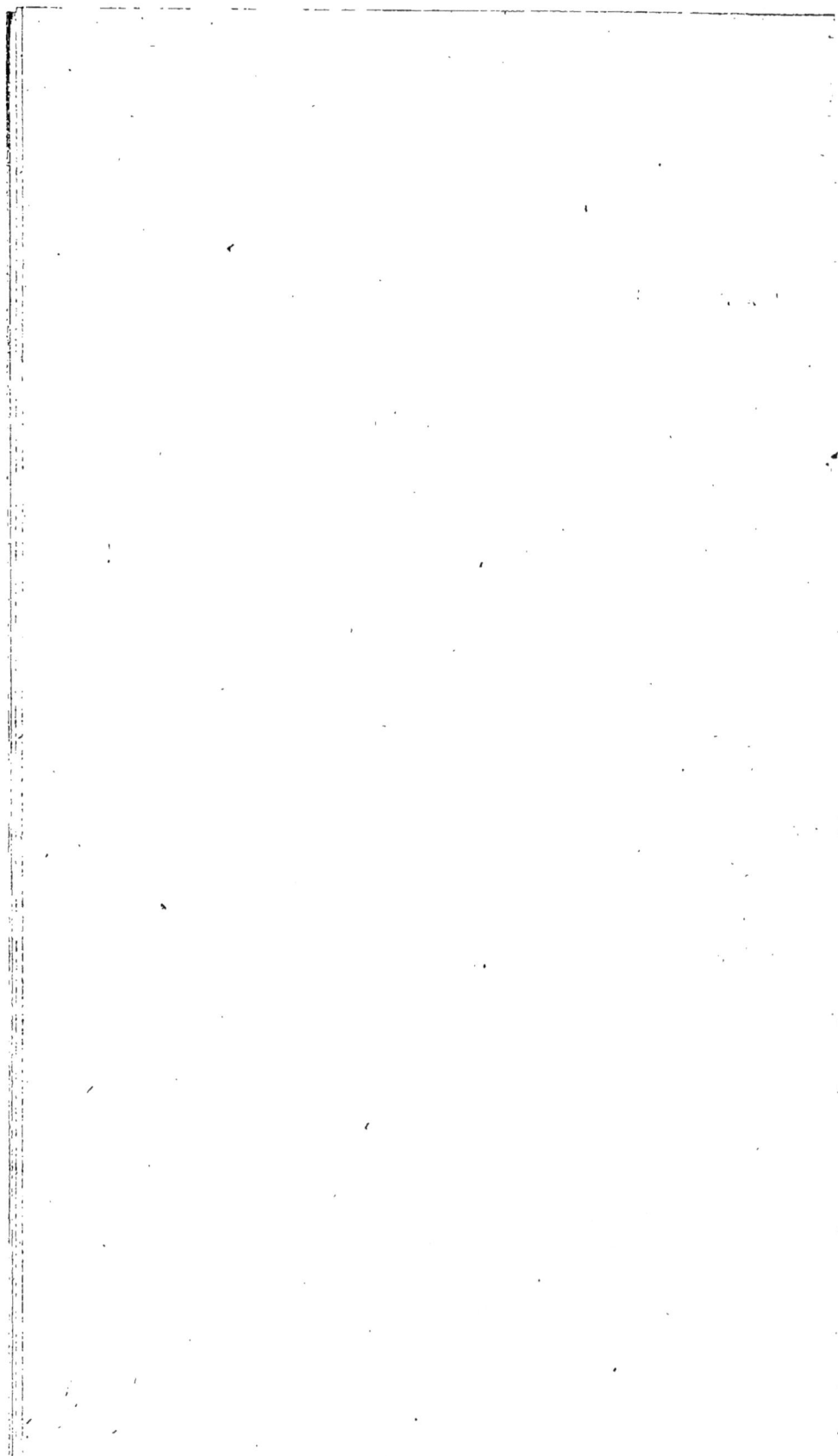

SCIENCE DU PUBLICISTE.

SECONDE PARTIE.

LIVRE DEUXIÈME.

MONARCHIE CONSTITUTIONNELLE.

CHAPITRE DEUXIÈME.

Principes élémentaires d'Organisation.

SUITE DU TITRE PREMIER.

§ I.

CHAMBRES NATIONALES OU REPRÉSENTATIVES. —
CHAMBRES DÉPARTEMENTALES. — CHAMBRES
CANTONALES OU D'ARRONDISSEMENT. — CHAM-
BRES COMMUNALES.

SOMMAIRE. Sujet et Division de ce paragraphe.

SELON l'ordre naturel des choses, ce paragraphe se partage en deux divisions prin-

cipales : *la première* concernant les Chambres nationales ou représentatives et leurs attributions ; *la seconde* relative aux Chambres départementales, aux Chambres cantonales ou d'arrondissement, aux Chambres communales, et à leurs attributions.

DIVISION PREMIÈRE.

DES CHAMBRES NATIONALES OU REPRÉSENTATIVES ET DE LEURS ATTRIBUTIONS.

SOMMAIRE. Sujet de cette première Division.

Cette première division est elle-même divisée en deux parties, ayant pour titre : *la première*, « De la composition des Chambres, de leur Inviolabilité, de leur Indépendance, de leur Publicité »; *la seconde*, « Dispositions constitutionnelles relatives à la limitation des attributions du Pouvoir législatif ».

PREMIÈRE PARTIE.

COMPOSITION DES CHAMBRES NATIONALES OU REPRÉSENTA-
TIVES, DE LEUR INVIOLABILITÉ, DE LEUR INDÉPENDANCE
ET DE LEUR PUBLICITÉ.

> Le Roi, et le Peuple par ses Représentans, délibèrent ensemble.
> Le Roi seul exécute.

SOMMAIRE. Sujet et division de cette première partie.

Cette première partie se divise en cinq
sections ayant pour titres : *la première*, « Application du Principe fondamental de la Distinction du Pouvoir législatif en trois branches,
au cas où l'admission du système représentatif devient nécessaire » ; *la deuxième*, « Du
Nombre des Députés ou Représentans, et des
rapports que ce Principe essentiel d'Organisation doit avoir avec la division du territoire,
avec la nature des productions de l'agriculture, de l'industrie et du commerce, et avec
l'importance de la population » ; *la troisième*,
« Principes relatifs à l'Éligibilité des Représentans » ; *la quatrième*, « Principes relatifs aux
incompatibilités, à l'exercice, à la durée des
fonctions représentatives » ; *la cinquième*, « Inviolabilité, Indépendance. Publicité, des
Chambres ».

MONARCHIE.

SECTION PREMIÈRE.

Application du Principe fondamental de la division du Pouvoir législatif en trois branches ; au cas où l'admission du système représentatif devient nécessaire.

Lorsqu'on a bien compris les vérités sur lesquelles repose le Principe de la distinction du Pouvoir législatif en trois branches indépendantes et distinctes dans l'état de choses le plus simple, chez un peuple peu nombreux et dont le territoire a peu d'étendue; lorsque ce Principe est reconnu comme un point de doctrine fondamental et sacré, l'application de ce même principe au cas où l'admission du système représentatif devient nécessaire, ne présente plus de difficultés réelles. En conséquence si une société se développe, se multiplie et s'accroît de manière à ce que les citoyens composant les deux classes principales qui doivent coopérer avec le Prince, ainsi que nous venons de le démontrer, à l'exercice de la Puissance législative,

ne puissent plus tous se rassembler pour délibérer et discuter sur la formation des lois;
si , au lieu d'être circonscrite et resserrée
dans l'enceinte d'une seule cité, comme nous
l'avons d'abord supposé, une société se trouve
au contraire répandue sur une vaste étendue
de territoire; si ce territoire renferme dans
ses limites non-seulement plusieurs villes,
mais des provinces; en un mot si, par suite de
circonstances diverses, l'admission du système
représentatif est une chose indispensable, ces
deux classes principales du Peuple feront par
leurs représentans ce qu'elles ne peuvent plus
faire par elles-mêmes : et c'est spécialement
ici le lieu d'appliquer ce passage de l'Esprit
des Lois : « Comme, dans un État libre, tout
homme qui est censé avoir une ame libre doit
être gouverné par lui-même , il faudrait que
le Peuple en Corps eût la Puissance législative :
mais, comme cela est impossible dans les grands
États, et est sujet à beaucoup d'inconvéniens
dans les petits, il faut que le peuple fasse par
ses représentans tout ce qu'il ne peut faire
par lui-même » (a). Blackstone dit aussi : « Dans

_____

(a) Esprit des Lois, liv. xi, chap. vi.

un État libre, tout homme qui est supposé
agir librement, doit, jusqu'à un certain point,
se gouverner par lui-même; et par conséquent une branche, au moins, du Pouvoir
législatif doit résider dans le Corps entier du
peuple (a). Lorsque le territoire de l'État a
peu d'étendue, et qu'il est facile d'en connaître les citoyens, ce pouvoir peut et devrait
être exercé par le peuple collectivement et
réuni en Assemblée, ainsi que cela était sagement établi dans les petites Républiques de
la Grèce, et dans les premiers temps de l'État
romain. Mais ce mode aura les plus grands
inconvéniens, si le territoire acquiert une
étendue considérable, et que le nombre des
citoyens s'accroisse. Ainsi quand, après la
Guerre Sociale, tous les habitans des villes
d'Italie furent admis parmi les citoyens libres
de Rome, et qu'ils eurent voix dans les Assemblées publiques, il devint impossible de
distinguer les votes légitimes des votes qui
ne l'étaient pas; le tumulte et le désordre

(a) Pour que la conséquence soit tout-à-ftai juste, il
faut que les deux Chambres y résident.

s'élevèrent, depuis ce temps ...., dans toutes les délibérations populaires ; et c'est ce qui fraya le chemin à Marius et à Sylla, à Pompée et à César, pour fouler aux pieds les libertés de leur pays et pour dissoudre enfin la République. Dans un État aussi étendu que l'Angleterre, on a donc très-sagement agi en établissant que le peuple ferait par ses représentans ce qu'il est impraticable qu'il fasse par lui-même ; et que ces représentans seraient choisis par un nombre de districts séparés et peu étendus, où tous les votans seraient ou pourraient être facilement distingués » (*a*).

Ces deux classes principales qui doivent prendre part à l'exercice de la Puissance législative, au lieu de le faire directement et par elles-mêmes, auront donc, dans un ordre de choses conforme à l'état actuel de la civilisation, chacune un Corps, une Chambre de Députés ou Représentans, qui, ainsi que cela eût eu lieu si la réunion de chacune de

---

(*a*) Commentaires sur les Lois Angl., tom. 1, liv. 11, chap. 11. *Traduct. de M. Chompré.*

ces classes, en totalité, eût été praticable, s'assemblera et délibérera séparément (a).

L'une de ces Chambres représentatives s'appellera la *Chambre des Propriétaires*, comme étant composée des Députés ou Représentans de la classe des citoyens les plus riches en propriétés territoriales et foncières.

L'autre s'appellera la *Chambre de l'Industrie* (*ou du Commerce, des Sciences et des Arts*), comme étant composée des Députés ou Représentans de la classe des citoyens qui subsistent plus particulièrement du fruit de leur industrie, de leur commerce, et qui toutefois, d'après la nature et l'exercice même de leurs professions, sont censés conserver une volonté personnelle véritablement indépendante et libre.

Si quelques Publicistes ou législateurs ont cru devoir nier l'utilité de cette séparation de la représentation en deux Chambres ou Assemblées distinctes, conséquence naturelle de l'application du Principe fondamental de la division, de la balance, du Pouvoir législatif

---

(a) *Voy. ci-dessus*, vol. v, pag. 566 *et suiv.*

en trois branches, dont l'une appartient au Chef de la Puissance exécutive, d'autres non moins recommandables par leur sagesse et leurs lumières l'ont au contraire formellement reconnue.

M. de Montesquieu, d'abord, raisonnant à la vérité dans la supposition d'un gouvernement participant tout-à-la-fois du Gouvernement d'un seul, de l'Aristocratie, et de la Démocratie, c'est-à-dire, dans l'hypothèse de l'existence, reconnue par la Constitution, d'une classe de nobles et d'une classe de plébéiens, substituées à la classification de droit fondée sur la distinction naturelle de la propriété et de l'industrie, pense que les Corps représentatifs de ces deux classes de citoyens doivent s'assembler et délibérer séparément. « La Puissance législative, dit-il, sera confiée et au Corps des nobles et au Corps qui sera choisi pour représenter le peuple, lesquels auront chacun leurs assemblées et leurs délibérations à part, et des vues et des intérêts séparés » (*a*).

John Adams à ce sujet s'exprime ainsi : « On

(*a*) Esprit des Lois, liv. xi, chap. vi

peut compter que toutes les fois que le Pouvoir (législatif) résidera dans une seule Assemblée soit de nobles soit de plébéiens, ou
d'un mélange de ces deux Ordres, ce Pouvoir
sera placé et continué dans la personne de
quelques favoris de la majorité, en dépit de
tous les sermens imaginables, et même en
dépit des lois fondamentales....

« Et il est évident que le droit d'élection sera
aussi bien exercé, ce noble penchant de la
nature humaine aussi bien satisfait, et la dignité de l'homme aussi bien maintenue, si
vous divisez les Députés en deux classes, et
si vous savez les balancer judicieusement,
que si vous les confondez tous dans une
même Assemblée, où ils déshonoreront bientôt
la noblesse de leur nature et de leurs com-
mettans par tous les écarts dans lesquels peuvent entraîner l'ambition, l'avarice, la jalousie
et la division....

« M. Turgot, continue-t-il, prétend qu'une
seule Assemblée de Représentans est la forme
de gouvernement la plus propre à maintenir
de bonnes lois. Il soutient l'affirmative, et
moi la négative ; et voici mes raisons : une

pareille Assemblée sera dès les premiers jours de son existence, (l'expérience le prouve), une Aristocratie, quelques jours ou quelques années après une Oligarchie, d'où, quelques années après, naîtra enfin la Tyrannie, (c'est-à-dire le Despotisme d'un seul). Telle est la marche invariable de la nature humaine; et pour en être convaincu, il suffira d'observer un moment quels êtres sont les hommes, et de quelles passions ils sont tous agités....

« Qu'une telle Assemblée soit élective ou héréditaire, elle offrira toujours les mêmes inconvéniens; toujours elle se divisera en deux partis; toujours la majorité y sera toute-puissante, et la minorité opprimée.

« Mais après avoir réussi chez tous les Peuples qui l'ont adopté, chez ceux même qui ne l'ont établi qu'imparfaitement, pourquoi l'essai du triple mélange et d'une balance sagement établie ne réussirait-il pas également chez toutes les nations qui auront le bon esprit de le tenter?... » (*a*).

(*a*) Défense des Constitutions Améric., liv. 1, pag. 78. — *Ibid.*, tom. 11, lett. 10, 11, 14, 20, pag. 191, 255, 306, 316.

— « Tout impose la nécessité d'opposer une digue puissante à l'impétuosité du Corps législatif, disait M. le comte Boissy-d'Anglas à la Convention. Cette digue, c'est l'expérience qui va nous enseigner à la construire; cette digue, c'est la division du Corps législatif en deux parties.

« Vainement voudrions-nous tracer un mode de délibération pour une Assemblée *unique*. Croyez-vous que son impétuosité, toujours accrue par les obstacles, respecterait les barrières dont vous l'environneriez ? Elle ne serait enchaînée à vos formes que jusqu'à ce qu'il lui plût de les détruire. Tout ce qui lui donnerait des entraves lui serait odieux ; et, regardant comme des atteintes à la liberté tout ce qui serait contraire à sa puissance, vous la verriez bientôt s'élever au-dessus de toutes les règles, et considérer son affranchissement comme une révolution régénératrice. Toutes les fois qu'on lui persuaderait, même faussement, qu'un changement importe au bonheur de l'État, qu'une manière de délibérer plus prompte peut être utile au bien public, elle s'empresserait de l'adopter.

« Je m'arrêterai donc peu de temps à vous retracer les dangers inséparables de l'existence d'une seule Assemblée. J'ai pour moi votre propre histoire et le sentiment de vos consciences. Qui mieux que vous pourrait nous dire quelle peut être dans une seule Assemblée, l'influence d'un seul individu, comment les passions peuvent s'y introduire ? Les divisions qui peuvent y naître, l'intrigue de quelques factieux, l'audace de quelques scélérats, l'éloquence de quelques orateurs, cette fausse opinion publique dont il est si aisé de l'investir, peuvent y exciter des mouvemens que rien n'arrête, occasionner une précipitation qui ne rencontre aucun frein, et produire des décrets qui peuvent faire perdre au peuple son bonheur et sa liberté si on les maintient, et à la représentation nationale sa force et sa considération si on les rapporte.

« Dans une seule Assemblée, la tyrannie ne rencontre d'opposition que dans ses premiers pas; si une circonstance imprévue, un enthousiasme, un égarement populaire, lui font franchir un premier obstacle; elle n'en rencontre plus, elle s'arme de toute la force des représentans de la nation contre elle-même. Elle établit sur une base unique et *solide* (*a*) le trône de la terreur; et les hommes les plus vertueux ne tardent pas à être forcés de paraître sanctionner des crimes, de laisser couler des fleuves de sang, avant de parvenir à faire une heureuse conjuration qui puisse renverser le tyran et rétablir la liberté.

« Il ne peut y avoir de Constitution stable là où il n'existe qu'un Corps législatif, qu'une seule et unique Assemblée : car, s'il ne peut y avoir de stabilité dans les résolutions, il est bien évident qu'il n'y en aura pas dans la Constitution qui leur servira de base. Comme

---

(*a*) Du moins pour quelque temps. On peut dire en effet que la base de la terreur est *solide* en ce sens qu'elle ne dure toujours que trop long-temps ; mais, dans la réalité, la terreur, tout état violent, ne peut subsister; il se détruit bientôt lui-même.

Aussi la suite du discours ci-dessus transcrit démontre évidemment que son auteur n'attachait pas à ce mot une acception différente de celle que nous lui donnons ici.

il n'y aura point de lois fixes, il n'y aura point
d'habitude politique: Comme il n'y aura point
d'habitude politique; il n'y aura point de caractère national, et alors rien ne défendra
plus la Constitution que le peuple aura jurée.
Il suffira que quelques membres, contrariés
dans leurs vues, en supportent impatiemment
le joug, pour que l'Assemblée, se trouvant
tout-à-coup agitée sans savoir pourquoi, soit
conduite involontairement à le secouer et à le
détruire.

« La division du Corps législatif en deux
sections mûrit toutes les délibérations, en
leur faisant parcourir deux degrés divers;
elle est le garant que les règles tracées à
chacune d'elles pour la formation de la loi
seront respectées par toutes les deux; la première portera plus d'attention à ses décisions,
par cela seul qu'elles devront subir une révi-
sion dans la seconde; la seconde, avertie des
erreurs de la première, et des causes qui les
auront produites, se prémunira d'avance contre un jugement erroné dont elle connaîtra
le principe.

« Elle n'osera pas rejeter une décision qui

2.

lui présentera le sceau de la justice et de l'approbation générale. Elle n'osera pas en adopter une contre laquelle s'élèveront cette même justice, cette même opinion publique.

« Si la question est douteuse, de l'acceptation d'une section, et du refus de l'autre, sortira une nouvelle discussion; et dût-on persister quelquefois dans un refus mal fondé, contre la Constitution établie, il n'y a pas la moindre comparaison entre le danger d'avoir une bonne loi de moins, et celui d'avoir une mauvaise loi de plus (a).

« Nous aurons donc encore atteint, *à cet égard*, le plus haut degré de perfection dont les institutions humaines soient susceptibles (b).

« Si, à toutes ces raisons, nous avions besoin d'ajouter quelques exemples, nous invoquerions celui de l'Amérique. Presque toutes les Constitutions de ce peuple, notre

---

(a) *Voy. ci-dessus*, vol. v, pag. 574 *et suiv.*

(b) On sait qu'il n'était pas alors au pouvoir de l'orateur de parler du monarque, comme pouvoir exécutif, et de la nécessité de lui attribuer une troisième branche du pouvoir législatif.

aîné dans la carrière de la liberté, ont divisé le Corps législatif; et la paix publique en est résultée. La Pensilvanie seule n'a voulu long-temps qu'une seule Assemblée; et malgré la pureté des mœurs de ses habitans, la simplicité de leurs usages, la douceur de leurs vertus privées, des dissensions intestines l'ont divisée, et l'ont forcée d'imiter enfin l'exemple de ses Co-États » (*a*).

Ces grands législateurs, ces hommes éclairés et mûris par l'étude et par l'expérience, ont donc bien reconnu l'utilité de la division de la Représentation en deux Chambres ou Assemblées distinctes, la nécessité d'une délibération séparée, et le besoin d'admettre dans la composition de ces deux Corps un principe d'hétérogénéité.

En ce qui touche ce dernier point, l'auteur des Constitutions de la nation française dit aussi : « Si les deux Chambres sont en tous sens homogènes, elles donneront de suite, et presque toujours, les mêmes résultats, et

_____

(*a*) Discours de M. le comte Boissy-d'Anglas à la Convention nationale. — Août 1795.

l'une des deux Chambres devient comme inutile; il est donc presque nécessaire que, dans leur composition, les deux Chambres soient différentes » (a).

Mais par une suite toute naturelle de la difficulté de substituer à ce qui existe, ce qui devrait être ; à ce que les préjugés et l'ignorance ont créé, ce que la raison, la science et le droit indiquent; à ce qui est déraisonnable, inique et funeste, ce qui serait juste et utile, ces mêmes hommes, au lieu de marcher ici, comme ailleurs, en avant de leur siècle et de la civilisation; au lieu de rechercher une distinction puisée dans l'équité, dans l'utilité, dans la nature invariable des choses, pour en faire la base de la division de la Représentation en deux branches, se sont au contraire bornés à rattacher leur doctrine à ce qu'ils ont trouvé établi et consacré chez les nations modernes les plus policées.

Croyant au contraire se rapprocher davan-

(a) Constitutions de la nation franç., par M. le comte Lanjuinais, tom. 1, liv. III, chap. III. pag. 205.

tage de la nature et de la vérité en remontant aux premières époques de l'histoire, la Convention nationale imita de préférence l'antiquité; en conséquence, elle prit pour base de la division dont il s'agit, la différence de l'âge, et elle recourut à la formation d'un Conseil des Anciens (*Seniores*).

Dans le discours même que nous venons de citer, l'orateur comparait le Conseil ou l'Assemblée des cinq cents à l'imagination, et le Conseil ou l'Assemblée des Anciens, à la sagesse et à la raison, qui rectifient les égaremens de la première ; mais cette figure est, comme on le conçoit, plus brillante que concluante, plus propre à l'ornement du style qu'à une solide démonstration : car la sagesse, la raison, ne sont pas moins nécessaires dans l'une que dans l'autre Chambre ; et, s'il est en effet reconnu que ces qualités sont généralement le fruit de l'âge et de la maturité de l'esprit, quel motif raisonnable existerait-il de ne pas prendre, pour l'organisation de l'une de ces Chambres, des précautions jugées nécessaires pour la meilleure composition de l'autre ?

Quant à nous, la civilisation dût-elle à jamais demeurer stationnaire, (chose qui ne peut se présumer), le législateur ne dût-il pas acquérir, avant l'expiration d'un siècle, assez de lumières, assez de prépondérance et d'empire sur les préjugés, et sur les factions qui les alimentent et les accréditent, pour qu'il puisse reconnaître la vérité et assurer l'exécution d'un principe que le droit et la raison enseignent, fidèles aux devoirs que notre tâche nous impose, nous ne pourrions nous astreindre à n'en pas proclamer, aussi hautement qu'il nous est possible de le faire, l'existence et l'inappréciable utilité.

Nous le déclarons donc, dans cet esprit, et d'après une intime conviction, quels que soient d'ailleurs les obstacles d'exécution qui peuvent encore se rencontrer, et qui au surplus ne sont pas aussi nombreux ni aussi insurmontables qu'on pourrait peut-être se l'imaginer, il n'est réellement pas, dans la nature, de distinction plus réelle et plus propre à servir de base à la séparation de la Représentation en deux branches ou Assemblées, que celle que nous venons de

préciser, celle de la propriété et de l'industrie. Cette innovation, si c'en est une,
ne surprendra pas les hommes qui savent
remonter aux principes, pénétrer la nature
des choses, et en apprécier la justice, la solidité, les conséquences et l'utilité réelle ; ils
reconnaîtront même que, quoique les institutions n'aient pas encore formellement admis cette distinction naturelle comme première base essentielle et fondamentale de
l'Organisation sociale, le besoin s'en est cependant fait sentir, même chez les nations
où l'agriculture et l'industrie n'ont pas acquis tout le développement où elles sont ar-
rivées ailleurs. En Espagne, par exemple,
dans le Royaume d'Arragon sur-tout, on faisait une classe à part, des grands propriétaires ; on appelait originairement hommes
riches ou barons (*los ricos hómbres*) ceux
qui possédaient de grandes propriétés; et, si
les rois dans la suite introduisirent, comme
en France, les titres de ducs, de marquis,
de comtes, etc., tous ces titres ne donnaient
pas le droit de siéger et de voter à l'Assemblée des États. Ce droit était exclusivement

attaché à la qualité de *propriétaire foncier*, *d'homme riche ou baron* (*a*).

En Angleterre, depuis long-temps aussi, les Comtés (ou provinces) sont représentés par des chevaliers élus par les propriétaires de terre; et les cités, villes et bourgs, par des citoyens ou bourgeois choisis par la partie commerçante de la nation, «ou du moins, dit Blackstone, par celle qui est censée l'être» (*b*).

Aujourd'hui les meilleurs esprits pensent qu'en France comme en Angleterre la Chambre des Pairs ou celle des Lords, et la Chambre des Députés ou celle des Communes, représentent en effet, quoique implicitement et d'une manière encore imparfaite, l'une la propriété et l'autre l'industrie. « Comment les Chambres sont-elles dans la représentation, dit un professeur de la faculté de droit dans son cours élémentaire du Droit de la nature et des gens? C'est en représentant les intérêts divers de chacun selon leur nature;

_____

(*a*) *Voy. à ce sujet* la Science du Gouvernement, tom. 1, chap. 11, § 12; et John Adams, tom. 11, pag. 336.

(*b*) Commentaires sur les lois anglaises, tom. 1, liv. 1, chap. 11.

la Chambre des Pairs représente essentiellement la propriété, et la Chambre des Députés les autres intérêts, sur-tout l'industrie, la culture et l'exercice de toutes les facultés dont le public tire de l'avantage » (*a*).

Les changemens à faire pour mettre les institutions dans une concordance et une harmonie entières avec cette base essentielle d'organisation sont au fond peu considérables; ils peuvent s'opérer, nous le démontrerons, sans froisser aucun des intérêts individuels qui pourraient être justement considérés comme des droits acquis, et pourtant les avantages en sont inappréciables et infinis. Les choses sortent alors du vague désastreux de la confusion, de l'arbitraire et du privilége, pour entrer dans la ligne salutaire, fixe, immuable, de l'ordre, de la justice et du droit.

Il semble donc que toutes les opinions, quelque divergentes qu'elles puissent être sur d'autres points de discussion, doivent toutes

(*a*) Abrégé du Cours élémentaire de la Nature et des Gens, par M. Cotelle, 3ᵉ part., chap. VII, pag. 155.

se rallier et se confondre, au moins dans le for intérieur, sur un principe si incontestable, et si évidemment d'accord avec la nature, avec l'intérêt général et avec l'intérêt particulier. Aussi pouvons-nous en effet invoquer à son appui des opinions, des vœux même, exprimés dans des discours qui ne furent pas tous prononcés dans les mêmes vues, inspirés par un même esprit. « Le haut commerce doit avoir ses représentans, a dit à la tribune, dans la session de 1816, l'un des membres de la Chambre des Députés....

« La représentation, disait encore le même membre, doit être en grande partie composée de possesseurs du sol et de hauts commerçans » (a).

A la même époque, le président de cette Chambre disait aussi : « Il faut distinguer ce que la nature distingue.... Il faut bien distinguer l'industrie et la propriété....

« La propriété foncière est principalement dans les campagnes, l'industrie dans les

(a) Discours de M. de Caumont, Chambre des Députés. Séance du 26 décembre, Moniteur des 26 et 27.

villes. Aussi les a-t-on vues voter distinctement à raison de leurs intérêts... C'est sur la
division de ces deux classes qu'est fondé
l'amendement que je propose.... » (*a*).

Toujours dans la même session, le ministre
de l'Intérieur s'exprimait ainsi : « Il est naturel que le commerce ait des représentans
nécessaires. Frappés des progrès que l'industrie a faits, pénétrés des avantages que le
commerce donne aux États modérés, d'autres que M. le Président de Colmar avaient,
comme lui, cru pouvoir exprimer ce vœu.
Le commerce, élément principal du crédit
public, soutien nécessaire des finances, mérite autant d'égards que la propriété foncière.... » (*b*).

Enfin, l'année suivante, un membre de la
Chambre des Pairs, chargé du rapport de la
Commission sur le projet de loi relatif aux
douanes, a donné encore plus de développe-

(*a*) Discours de M. Deserre. Moniteur du 26 décembre
1816.

(*b*) Discours de M. Laisné. Séance du 2 janvier 1817,
Moniteur du 4.

ment à cette pensée-mère, et nous pouvons d'autant mieux tirer de son discours une induction favorable à la solution de la grande question dont il s'agit ici. « L'agriculture, a-t-il dit, est la source inaltérable de toutes les richesses. Avons-nous des institutions qui la protégent et l'encouragent autant qu'elle le mérite ? Nos sociétés d'agriculture ont-elles une existence assez imposante, assez légale? Votre Commission, en effleurant ces questions dans sa discussion privée, m'a chargé de vous les présenter, dans l'espoir qu'elles pourront fixer l'attention du Gouvernement. Une organisation plus large des sociétés d'agriculture lui procurerait des moyens d'obtenir d'elles des renseignemens et des vues qui donneraient à ceux des Chambres de commerce et plus d'étendue et plus de précision.

« L'agriculture et l'industrie doivent toujours tendre à se niveler dans un pays aussi favorisé de la nature que le nôtre, tant sous le rapport de la fertilité du sol et de la variété de ses productions, que sous celui d'une grande nation capable de tout inventer et de tout exécuter. La vigilance et la rivalité ramènent sans cesse vers l'équilibre, et empêchent que les esprits vitaux du Corps social ne s'altèrent, ou ne s'agglomèrent sur quelques points donnés, et n'en laissent d'autres dans un état de langueur et de dépérissement, qui finirait par être mortifère.

« La corrélation entre les Chambres de commerce et les sociétés d'agriculture ferait connaître au Gouvernement les vœux, les intérêts et les besoins de chaque localité ; il balancerait ce qui tient à l'intérêt privé avec ce qui appartient à l'intérêt public ; et nous ne verrions pas quelquefois l'agriculture dans la dépendance du commerce (et il faut ajouter, ni le commerce et l'industrie dans la dépendance de l'agriculture ou de la propriété). Le Gouvernement obtiendrait ainsi des succès durables, rattacherait à lui ceux que le malheur des temps peut en éloigner, ainsi que ceux qu'attiédissent encore les mesures austères du fisc, que chacun desire n'être que temporaires » (a).

_____

(a) Rapport de M. le comte Cornet à la Chambre des Pairs, sur le projet de loi relatif aux Douanes. Moniteur du mardi 5 mai 1818, n° 125.

C'est maintenant au temps, aux Législateurs sur-tout, et pourtant aussi à l'opinion publique, qui quelquefois devance ou favorise la sagesse du Législateur, de tirer de ces vérités reconnues les conséquences nécessaires et propres à hâter la franche et complète application d'un principe d'ordre et d'amélioration, sans lequel on peut dire que l'une des premières garanties de l'observation des vrais principes du Droit public, du Droit politique et du Droit des Gens n'existerait réellement pas; que les premiers besoins de la société ne sauraient être pleinement satisfaits; que tout système de représentation demeure inerte, vicieux, et imparfait; que les résultats de ce système, relativement aux intérêts de la propriété, comme à l'égard de ceux de l'industrie, seront toujours à-peu-près vains et illusoires; et qu'en général tous les avantages de son admission dans les élémens de l'Organisation, peuvent devenir plus que douteux en réalité.

SECTION II.

*Du Nombre des Députés ou Représentans, et
des rapports que ce Principe d'Organisation
doit avoir avec la division du territoire,
avec la nature des productions de l'agriculture, de l'industrie et du commerce, et avec
l'importance de la population.*

On ne saurait en disconvenir ; c'est au fond
une grande et sublime idée que celle qui a
pour objet de conserver aux classes principales de la société, quelque nombreuse qu'elle
soit ; quelque vaste que soit l'étendue de son
territoire, le droit et la faculté de continuer
à coopérer à l'exercice de la Puissance législative. Mais il ne faut pas se persuader que l'admission de ce beau système puisse être sans
inconvéniens et ne produise que d'heureux
résultats, s'il n'existe pas, dans la loi fondamentale et constitutionnelle de l'État, des
règles immuables qui en déterminent l'application et l'usage. Quiconque, peuple ou simple individu, veut se soustraire au joug tyran-

*Du nombre
des Représen-
tans, et des
Rapports qu'il
doit avoir avec
la division du
territoire, etc.*

nique et pesant de l'homme, du caprice, de
l'arbitraire, doit consentir à se soumettre de
lui-même à l'empire bienfaisant des lois que
dicte le droit, la sagesse, la raison, la nature.
C'est à l'ombre de cette égide, c'est avec le
secours de cette protection, que se conquièrent
l'indépendance et la liberté. Plus les liens de
ce genre sont puissans et nombreux, plus les
remparts dont la prudence nous environne
sont forts et inébranlables, et plus les principes de l'équité et de la morale sont garantis
et hors d'atteinte, plus l'indépendance et la
liberté sont inviolables et sacrées.

Ne craignons donc pas de pousser aussi
loin qu'une attention scrupuleuse peut le
faire, la recherche de toutes les règles que la
prévoyance doit suggérer comme moyens propres à prévenir les inconvéniens du Système
représentatif; inconvéniens graves encore,
même dans un Gouvernement modéré, dans
une véritable Monarchie constitutionnelle,
lorsque, sur-tout, l'état des choses est tel que
celui où nous nous supposons maintenant
placés, c'est-à-dire lorsque le territoire est
étendu et la population nombreuse : car jus-

qu'à ce qu'une forme, une organisation plus parfaite de Gouvernement y ait apporté tous les remèdes praticables, l'étendue du territoire, l'accroissement de la population, amèneront infailliblement la perte des mœurs ; et la perte des mœurs, ainsi que le remarque Helvétius, entraîne inévitablement avec elle de grands maux et d'imminens dangers. « En tout pays, dit-il, la grande multiplication des hommes fut la cause inconnue, nécessaire et éloignée de la perte des mœurs....

« Si les nations de l'Asie, toujours citées comme les plus corrompues, reçurent les premières le joug du despotisme, c'est que de toutes les parties du monde l'Asie fut la première habitée et *policée* (a).

« Son extrême population la soumit à des Souverains. Ces Souverains accumulèrent les richesses de l'État sur un petit nombre de Grands, les revêtirent d'un pouvoir excessif; et ces Grands alors se plongèrent dans ce luxe,

(a) Tomber sous le Despotisme, c'est s'éloigner, et sous le point de vue le plus important, de la civilisation, plutôt que d'en approcher.

3.

languirent dans cette corruption, c'est-à-dire dans cette indifférence pour le bien public, que l'histoire a toujours si justement reprochée aux Asiatiques....

« Mais n'est-il point de loi qui pût prévenir les fâcheux effets de la trop grande multiplication des hommes, et lier étroitement l'intérêt des représentans à l'intérêt des représentés?.... En Angleterre, ces deux intérêts sans doute sont plus les mêmes qu'en Turquie, où le sultan se déclare l'unique représentant de sa nation; mais, s'il est des formes de Gouvernement plus favorables les unes que les autres à l'union de l'intérêt public et particulier, il n'en est aucune où ce grand problême moral et politique ait été parfaitement résolu. Or, jusqu'à son entière résolution, la seule multiplication des hommes doit, en tout empire, engendrer la corruption des mœurs.... » (a).

La première chose dont on doive ici s'occuper, c'est la fixation du Nombre des mem-

---

(a) De l'Homme et de son Éducation, sect. v, ch. viii.

bres dont chacune des deux Chambres représentatives doit être composée, et des rapports que cette règle essentielle d'organisation
doit avoir avec la division du territoire, avec
la nature des productions de l'agriculture, de
l'industrie, du commerce, et avec l'importance de la population.

A ce sujet, nous ne supposerons pas ce
qu'on pourrait fort bien induire de quelques
passages de l'Émile et du Contrat social, que
plus le territoire est étendu et la population
nombreuse, et moins il convient d'augmenter le nombre des Députés; qu'au contraire,
il est utile de le réduire (*a*) : mais nous dirons avec assurance qu'une bonne et utile
représentation dépend bien moins du grand
nombre des représentans, que de leur sagesse,
de leurs lumières, et, par-dessus tout encore,
de leur entière et parfaite indépendance.

Suivant Blackstone, de l'idée qu'on doit se
former d'un bon gouvernement il résulte
qu'il consiste en ce qu'un petit nombre

Voy. entre autres, les passages cités ci-dessus, vol. IV,
pag. 527 et 528.

d'hommes sont choisis par un grand nombre pour diriger les affaires publiques, afin que ceux-ci puissent d'autant mieux s'occuper des intérêts privés (*a*). Avant et depuis lui, beaucoup d'autres écrivains éclairés ont pensé que la sagesse règne plutôt dans un petit Conseil que dans les grandes Assemblées, toujours agitées par trop d'intérêts divers, d'opinions contradictoires, de passions ardentes, d'ambitions rivales et opposées.

Les Amphictyons, Députés ou Représentans de tous les peuples de la Grèce, n'excédaient pas ordinairement le nombre de vingt-quatre (*b*).

(*a*) Commentaires sur les lois angl., liv. 1, chap. 11; et *ci-dessus*, vol. iv, pag. 396.

(*b*) On appelait ces Députés ou Représentans des villes de la Grèce *Amphictyons*, du nom d'Amphictyon, Roi d'Athènes et fils de Deucalion, qui avait institué cette Assemblée célèbre, qui en dressa les statuts, qui régla jusqu'où s'étendrait leur pouvoir, et qui désigna les villes qui y enverraient des Députés.

Plusieurs auteurs comptent douze villes ou peuples *amphictyoniques*.

Le dénombrement qu'Eschine en fait ne monte qu'à onze : il y énonce les Thessaliens, les Béotiens, les Do-

A Sparté, le Sénat n'était composé que de vingt-huit membres:

A Athènes, le nombre des Prytanes ou Sénateurs ne passait pas cinquante; et il y a

---

riens, les Ioniens, les Perrhèbes, les Magnésiens, les Locriens, les Oëtiens, les Phthiotes, les Maléens et les Phocéens.

Il y a lieu de présumer que les Dolopes étaient le douzième.

Les Phocéens en avaient été exclus, pour avoir pillé le temple de Delphes, à l'exemple de leurs chefs *Onomarque* et *Phaylle.*

— Philippe, père d'Alexandre, ayant servi la vengeance des Grecs contre les peuples de la Phocide; pendant la guerre sacrée, exigea qu'en reconnaissance on lui déférât la place vacante, à lui et à ses descendans; et les *Amphictyonides* n'osèrent s'opposer aux prétentions de ce prince, qui s'était rendu redoutable par ses victoires.

— Chaque ville qui avait le droit d'*Amphictyonie* envoyait à son choix deux députés aux États-Généraux. L'un de ces deux députés, sous le nom de *Hiéromnemon,* était chargé de pourvoir aux intérêts de la religion; l'autre, sous le nom de *Pylagore,* c'est-à-dire, d'orateur député à *Pyles* ou aux *Thermopyles,* portait la parole.

Souvent la Députation de chacune des nations confédérées était de trois ou quatre personnes; mais, en quelque nombre que fussent ces députés, ils n'avaient tous ensemble que deux voix délibératives dans l'assemblée.

lieu de présumer que l'Aréopage ne fut jamais composé de plus de cent (a).

A Rome, le nombre des Sénateurs avait été fixé à cent; et, lorsque, par la suite, les Empereurs eurent la faculté d'y ajouter, cette faculté, dont ils usèrent souvent, l'augmentation, le désordre, qui en résultèrent dans ce Corps, furent une des causes les plus actives de sa décadence et de son avilissement.

Lorsque John Adams publia son ouvrage sur les Constitutions Américaines, le nombre des représentans composant l'Assemblée du Congrès des États-Unis ne s'élevait pas encore à soixante-cinq; « Et il est fort à désirer, pour la conservation de leur tranquillité, disait-il, que ce nombre ne soit pas par la suite de beaucoup augmenté » (b).

(a) Pendant près de trois siècles, depuis Médon jusqu'à Alcméon, les Archontes perpétuels ne furent qu'au nombre de neuf.

Le nom d'*Archonte* était plus particulièrement affecté au président.

Six étaient appelés *Thesmothètes* ou *Législateurs*; et parmi les trois autres il y avait un *Roi*, un *Président*, et un *Polémarque*.

(b) Défense des Constit. Améric.

Des auteurs plus modernes ont posé en principe qu'en aucun cas les Représentans ne devaient excéder le nombre de cent (*a*).

Ce qu'il est vrai de dire, ce qu'il y a de certain, c'est qu'en France, depuis *mil sept cent quatre-vingt-neuf*, les Assemblées représentatives ont toujours été trop nombreuses ; et c'est une des raisons pour lesquelles elles ont été, dès-lors, comme à présent, turbulentes et tumultueuses.

Le même vice existe en Angleterre ; et, quoiqu'on ait pu dire que le peuple anglais est en général flegmatique et patient, que les Français sont, au contraire, vifs, bouillans, susceptibles de céder facilement à un mouvement subit d'effervescence, d'emportement ou d'enthousiasme, dont ils ne peuvent se rendre maîtres, quelques allégations que l'on ait pu faire pour établir que ce vice d'organisation doit avoir peu d'inconvéniens dans ce premier pays, tandis qu'il en a beaucoup

(*a*) *Voy.*, *entre autres*, les Principes de Polit. Const., tom. II, liv. III, chap. 1, ayant pour titre : « *De la Représentation Nationale, ou du Sénat Dirigeant* ».

en France, nous sommes loin d'admettre
qu'il y ait en effet une différence bien réelle
à cet égard entre les deux Royaumes, et entre quelques autres peuples que ce puisse
être : car, en tous pays, les mêmes causes
produiront toujours à peu près les mêmes résultats ; et le grand nombre exclura nécessairement des Assemblées la tranquillité, l'ordre,
le calme et la modération nécessaires à leurs
délibérations.

On conçoit que les Assemblées représentatives, appelées à prendre une part essentielle
à l'exercice de la Puissance législative, à méditer et approfondir les questions les plus ar-
dues, les plus compliquées, les plus difficiles à résoudre, ont sur-tout le plus grand
besoin de sagesse, de réflexion, de calme,
d'impartialité et de modération ; il faudrait
qu'elles fussent scrupuleusement garanties
contre le trouble, la confusion, le tumulte,
l'esprit de désordre et de parti ; que chacun
de leurs membres eût la facilité de développer paisiblement, de soutenir, de discuter
librement et complètement son opinion ;
que le résultat des délibérations et la ma-

nifestation des votes pussent y être constatés facilement et sans scandale; et il n'en
sera point ainsi du moment où ces Assemblées seront trop nombreuses; dès-lors, au
contraire, leur agitation devient semblable
à celle d'un peuple entier; l'esprit qui les
anime est précisément celui de la violence,
de la passion, du désordre, de la confusion;
elles ne peuvent plus être considérées comme
des Assemblées de législateurs, de sages; et
elles offrent plutôt l'affligeant spectacle d'une
réunion de factieux, d'un rassemblement sé-
ditieux et populaire dans toute l'acception
vulgaire de ce mot.

Ces effets sont assez naturels, assez fréquens, assez connus et éprouvés, pour que
l'on soit dispensé d'en prouver l'assertion;
mais il nous est facile de l'appuyer d'autorités et d'exemples assez récens.

M. le comte Boissy-d'Anglas, par exemple,
s'exprimait ainsi, dans le discours que nous
avons déjà cité : « Formons le Corps législatif
de manière à ce que la loi n'en sorte jamais
que profondément méditée. Souvenons-nous
de tant d'orages excités parmi nous et dans le

sein des Assemblées qui nous ont précédés. La loi, préparée dans le combat de passions jalouses et turbulentes, perdait d'avance cette profonde moralité qui devrait faire sa force ; et, s'environnant des souvenirs scandaleux des agitations qui présidaient à sa naissance, elle ne se répandait sur tout l'empire que pour exciter de nouveaux troubles.

« Si les méditations des philosophes, si les recherches des savans exigent le recueillement de l'ame, demandent toute la puissance d'attention dont l'homme est susceptible, que sera-ce de la formation de la loi, qui réunit et les difficultés des grandes combinaisons de l'esprit, et l'observation des faits les plus difficiles à analyser, et la solution des plus grands problêmes du genre humain ? Comment le législateur s'élévera-t-il à ses hautes fonctions, s'il est placé, en formant la loi, de manière à ce que tout réveille ses passions, sans que rien puisse leur imposer de frein ; si l'agitation de son ame s'accroît et se perpétue par tout ce qui fermente autour de lui. Malheur à tout État qui reçoit ses lois d'une Assemblée de législateurs qu'on recherche comme un spectacle ; où l'on voit régner une effervescence , un désordre de sentiment plus vrai et plus profond que tout ce que peut offrir la scène ; où l'illusion est tellement complète , que les spectateurs eux-mêmes, se croyant acteurs , partagent et reproduisent l'illusion ; où des hommes enivrés se choquent, s'agitent dans le tumulte , et croient délibérer !

« Combien de fois , au sein des orages , ne nous sommes-nous pas dit : faisons taire nos passions , elles nous avilissent, elles déshonorent notre ouvrage ! Et pouvions-nous réprimer nos mouvemens ? quelle Constitution nous y forçait ? quel frein nous étions-nous imposé à nous-mêmes ? Sans cesse placés entre la sottise , qui ajourne sans s'éclairer , et l'ignorance , qui décide sans consulter , la surprise du moment pouvait décider de la loi. Elle se formait, elle se prononçait plus d'une fois , non pas lorsque nos esprits étaient éclairés, nos ames tempérées , mais lorsque nos forces physiques étaient épuisées. Ne nous le dissimulons pas , si , dans cette lutte pénible , nous avons vu souvent la passion de la liberté, celle du bien public, se montrer plus fortes et plus opiniâtres que les préjugés qu'elles renversaient, il est pourtant dans la nature des choses que les passions indivi- duelles, que la cupidité, l'ambition, la haine, la vengeance, aient une vigilance plus active, des accens plus véhémens, une habileté plus profonde, un plus grand talent d'égarer les hommes sous des prétextes perfides, que les passions bienveillantes, affectueuses, qui em- brassent l'intérêt général; en sorte que la victoire doit naturellement rester aux pre- mières.... » (a).

—« Dans les Assemblées nombreuses, disait beaucoup plus récemment un ministre alors membre ou président de la Chambre des Dé- putés, en développant une proposition dont le but était d'apporter divers changemens au réglement de cette Chambre, dans les Assem- blées nombreuses, c'est déja une difficulté pour ainsi dire insoluble que celle d'adopter un mode de réglement équitable pour ac-

___

(a) Discours de M. le comte Boissy-d'Anglas à la Con- vention nationale. — Août 1795.

corder la parole aux députés qui la réclament. Le mode actuel d'inscription a été reconnu essentiellement vicieux ; toutes les fois
qu'il y a concours, *il produit des scènes peu*
dignes de la gravité de la Chambre; elles ont
même parfois dégénéré en scandale. Ce point
de réglement a embarrassé toutes nos Assemblées délibérantes; et effectivement, à moins
que la Chambre ne se détermine à entendre
tous ceux qui voudront parler, et à épuiser
toute discussion, c'est un problème insoluble
que de chercher un mode équitable pour
donner la préférence aux uns plutôt qu'aux
autres » (*a*).

Dans la session de 1819, un autre ministre
disait à la tribune de la même Chambre : « A
d'autres époques, les délibérations furent atroces; mais jamais les paroles ne furent plus
amères qu'elles ne le sont aujourd'hui » (*b*).

(*a*) Développement de la Proposition de M. Deserre,
ayant pour objet quelques changemens à faire au réglement de la Chambre des Députés. — Session de 1817.—
Séance du 14 novembre. — Moniteur du 17, n° 321.

(*b*) Discours du ministre de l'Intérieur. — Séance du
17 mai 1820. —Journal Constitutionnel du 18, n° 139.

Nous pourrions encore rapporter plus d'une autorité, et surtout plus d'un exemple; mais à quoi bon? les discussions tumultueuses, acerbes et violentes, sont maintenant si fréquentes, qu'il n'y a plus de recherches à faire à cet égard, et que toutes les séances peuvent devenir en cé sens des preuves convaincantes et péremptoires (*a*).

(*a*) On peut cependant consulter plus particulièrement les Moniteurs des samedi 20, mardi et mercredi 23 et 24 décembre 1817, n°s 354, 357, 358; celui du lundi 6 avril 1818; la Séance du 9 juin 1819; l'Écrit de M. Benjamin-Constant, distribué à MM. les Députés, le 26 décembre 1820, et l'Extrait qu'en a donné le Courrier français, du jeudi 18, n° 557.

On peut voir aussi le compte rendu dans tous les journaux de la séance du 7 février 1821.

Dans les Moniteurs des 11, 12, 13 et 14 du même mois de février 1821, on trouvera les discussions vraiment affligeantes relatives à la rédaction du procès-verbal du 10 de ce même mois; dans le Moniteur et les journaux du 22, les querelles de M. le Garde-des-Sceaux avec M. Manuel, et plusieurs autres Députés; dans les journaux des 7 et 8 juin 1821, la relation des séances du 6 et du 7, etc., etc.

On sait enfin que, dans la séance du 27 du même mois, le Président de la Chambre déclara qu'il était bien difficile

Dira-t-on que cette discordance, cette in-
harmonie des Chambres tient à d'autres causes qu'au grand nombre des membres dont
elles se composent? Nous sommes bien éloignés de prétendre, d'avancer le contraire.
Nous avons même désigné, ce nous semble,
d'une manière assez claire, plusieurs de ces
causes, et nous en signalerons encore par
la suite quelques-unes; mais cela n'empêche
pas que le grand nombre, dans tous les cas,
n'y entre pour beaucoup, et que toutes les
autres causes eussent-elles même disparu,
celle-ci ne fût seule suffisante pour bannir de
leurs discussions l'ordre et la tranquillité.

---

de rappeler à l'ordre qui que ce fût dans une Assemblée où
il n'y avait point d'ordre. « Les interruptions qui viennent
de tous les côtés de la salle, disait-il dans cette même séance,
ne peuvent que troubler les délibérations. Il est impossible
qu'au milieu de ces interruptions un discours continue;
et la Chambre perd ainsi un temps qu'elle pourrait employer plus utilement. Je rappelle la Chambre entière à
l'observation du réglement, et la prie de vouloir bien
garder le silence ». (*Voy. entre autres*, la relation de
cette séance dans le journal des Débats, du jeudi 28
juin 1821 , n° 111). — (*Voy. encore ci-dessus*, 1re part.,
vol. III, pag. 359).

D'ailleurs, nous devons, nous ne saurions trop, insister sur ce point important; c'est bien moins du nombre que du bon choix, des lumières, de la sagacité, du patriotisme, de la probité, et sur-tout de l'indépendance des représentans, que dépendent la garantie d'une bonne législation, tous les avantages de la représentation, et la stabilité de l'institution.

Pour ne pas appeler un nombre trop considérable de membres dans les Chambres représentatives, il existe de plus, ainsi que nous le reconnaîtrons mieux par la suite, quelques motifs d'économie assez réels pour qu'ils ne doivent pas être négligés.

Il importe d'ailleurs essentiellement de n'enlever que le moins possible de citoyens aux sciences, aux arts, à l'agriculture, au commerce, à l'industrie, aux soins de leurs familles, à leurs travaux particuliers; et c'est, par exemple, ici le lieu de dire avec Jean-Jacques, qu'il est au moins inutile de vouloir faire avec un grand nombre de personnes ce que l'on fera aussi bien et même mieux avec peu.

Ce premier point reconnu, nous ferons une autre remarque importante. Le Gouvernement est un édifice dont il faut commencer la construction par le centre ; c'est une sorte de machine, de rouage, qui doit donner l'impulsion, le mouvement et la vie dans toutes les parties du système social : par des considérations éloignées et d'un ordre secondaire, il ne faut donc pas négliger de donner au point vital de ce grand corps toute la solidité et le nerf dont il a besoin : car, faute de solidité et de force en cet endroit, tout s'écroule ; faute de nerf et de vigueur au cœur, tout languit, périclite, s'éteint et périt.

On pourrait donc soutenir, sans choquer la raison, qu'il conviendrait autant ou mieux de régler la division du territoire d'après le nombre des membres qui peuvent être admis dans les Chambres législatives sans en altérer le principe, sans en détruire l'harmonie, que de déterminer le nombre des Représentans d'après la division arbitraire et non calculée du territoire.

Or, en restreignant pour la France, en fixant en général et pour tous les États, le nombre des membres des Chambres législatives *à trois cents* en totalité ; *cent cinquante* pour la Chambre des propriétaires, et *cent cinquante* pour la Chambre de l'industrie, (nombre qui ne peut guère être plus circonscrit, à cause des travaux *vraiment* nécessaires auxquels il doit suffire), et en admettant deux représentans par chaque division départementale, l'un pour la Chambre des propriétaires, l'autre pour la Chambre de l'industrie, on voit que, non-seulement l'ancienne division de la France en Gouvernements ou Provinces, mais même la division actuelle par Départemens, serait insuffisante, et qu'il serait utile d'en tracer une nouvelle qui fût en rapport avec le nombre des membres de la grande Représentation, admissible dans la composition des Chambres législatives.

Cette division n'est pas encore sans de grandes difficultés, quant à la connaissance et à la détermination de ses autres bases : les uns prétendent l'asseoir sur l'étendue de la circonscription territoriale; les autres sur la force et l'importance numérique de la population.

En Angleterre, il existe quelques vieux

bourgs, *Rotten-Boroughs* (*bourgs pourris*)(*a*),
d'une faible population et même d'un territoire
fort peu étendu, qui nomment cependant plusieurs Députés à la Chambre des Communes;
il y a même certaines espèces de *Rotten - Bo-
roughs*, qui consistent dans la propriété que
quelque riche citoyen a, dans une ville, du
tiers, de la moitié, ou même d'une plus
grande partie des maisons, à chacune desquelles est attaché le droit de voter pour la
nomination des membres du Parlement; ce
citoyen se trouve ainsi composer à lui seul la
majorité ou la presque majorité des votans.
C'est ainsi que lord Fitz - William a une

(*a*) « Les *Rotten-Boroughs* (*Bourgs-pourris*) sont de
pétites villes détruites par les effets de la guerre et du
temps, qui, aux termes des Chartes particulières, avaient
obtenu le droit de nomination d'un certain nombre de
membres au Parlement. Ces villes se trouvent aujour-
d'hui réduites à trois, à deux, quelquefois même à une
seule maison; de sorte que le droit de nomination appartenant autrefois à la ville, s'exerce aujourd'hui par
deux ou trois propriétaires, ou même par l'unique propriétaire de ce qui reste de la ville ». (De l'Administration
de la justice en Angleterre, par M. Cottu, conseiller à
la Cour royale de Paris, chap. VI, pag. 163, *n*. 1.)

grande portion des voix de la ville de Péters-
borough (a).

En France, on incline plus généralement
vers l'opinion qui admet l'importance numérique de la population pour base unique de
la représentation.

On n'a pas besoin de dire que toutes ces
bases d'élection, déja subsistantes et connues, soit en pratique, soit en théorie, sont
en elles-mêmes imparfaites; et qu'il ne peut
en exister une véritablement bonne, si elle
ne repose tout-à-la-fois sur la réunion et
l'ensemble de plusieurs considérations, toutes
essentielles ; si elle n'établit pas en même
temps un juste rapport, non-seulement avec
l'étendue du territoire, avec l'importance de
la population qui s'y rencontre, mais encore,
et par-dessus tout, avec la nature des productions du sol, de l'agriculture, et la différence
des branches et des genres de commerce,
d'industrie, qui y sont en honneur.

Ce sont, en effet, ces différences dans les

(a) De l'Administration de la justice en Angleterre,
par M. Cottu, Conseiller, etc.

produits du sol et de l'industrie, qui font naître une différence réelle dans les intérêts locaux.

S'agit-il, par exemple, de faire frapper quelque impôt, soit direct, soit indirect, sur l'une ou l'autre branche de l'agriculture ou de l'industrie; s'agit-il de permettre ou de défendre l'importation ou l'exportation des grains, des laines, des cotons, de la soie, des cuirs, des étoffes, des draps, de quelques autres produits du sol ou de la main-d'œuvre, il est évidemment certaines villes, certaines provinces, certains points, certaines portions du territoire, qui toutes ont un grand intérêt à être représentées, quelles que soient d'ailleurs leur population ou leur étendue respective : en d'autres termes, si, sur une petite portion, sur un point du territoire, il se rencontre, par exemple, un genre particulier, une branche importante de productions, de travail, d'industrie, de commerce, qui n'existe pas dans les parties contiguës, ou environnantes, cette division naturelle, cette petite partie du sol, quoique fort circonscrite, limitée, et, si l'on veut même, ne

renfermant pas une très-nombreuse population, n'en devra pas moins être représentée ; et
cela, non pas seulement en considération de
son intérêt particulier, mais en vue de l'intérêt
commun, du bien général du royaume, de
toutes les divisions de son territoire : car il
importe bien réellement à l'État, à la Société
dans son ensemble, qu'aucunes semblables
parties de ce territoire ne restent dépourvues
et malheureuses, ou ne deviennent abandonnées, incultes et désertes ; et il suffit
pourtant, comme on en a plus d'un exemple,
qu'une contrée, même riche et populeuse,
ayant ainsi un intérêt particulier bien dis-
tinct, ne soit pas représentée, pour que cet
intérêt, et les moyens faciles de lui procurer
les ressources, les encouragemens, les dé-
bouchés nécessaires et dont elle ne peut se
passer, soient totalement négligés, inaperçus,
ou mis en oubli, et pour qu'en conséquence,
quoique placée au centre d'autres provinces
également fertiles et habitées, elle devienne,
avant peu, pauvre, aride, abandonnée, dé-
serte.

Tandis qu'au contraire, s'il existe, quelque

part, une vaste étendue de territoire, qui ne
donne cependant que des productions de
même nature, elle n'a pas besoin pour être
bien représentée d'être subdivisée en plusieurs autres parties, dont chacune aurait ses
Représentans, ou d'avoir à elle seule, dans
les Assemblées législatives, un nombre de
Députés, proportionné à son étendue géomé-
trique ou purement superficielle : ou encore,
si une nombreuse population se trouve ré-
partie dans cette vaste étendue de territoire,
ou réunie sur un espace resserré, mais que
toujours le genre, la nature de ses occupations, de son travail, de son industrie, de
son commerce, en un mot toutes les sources de sa prospérité particulière, soient à
peu de chose près les mêmes, cette population, quelque nombreuse qu'elle soit, n'a pas
non plus besoin, pour être utilement représentée, d'avoir un nombre de représentans,
proportionné avec sa force purement arith-
métique. Il ne faut pas ici perdre de vue
que, dans un Gouvernement bien constitué,
il est nécessaire de simplifier, et que, pour
y parvenir, on ne doit jamais omettre d'unir,

lorsque l'occasion s'en présente, tout ce qui de sa nature peut être réuni (a).

Au surplus, cette division de la Monarchie, sous le rapport du droit à la participation de la Puissance législative par la voie du Système représentatif, ne peut être, comme on le voit, que le résultat laborieux et réfléchi d'une étude approfondie, d'une connaissance entière et parfaite de la statistique d'un royaume; elle doit être combinée et modifiée non-seulement d'après les lieux, mais encore selon les époques et les temps; il ne peut donc entrer dans la sphère du plan que nous nous sommes tracé de la déterminer pour la France ou pour quelque autre royaume que ce soit, et il nous suffit d'avoir, ici, donné quelques notions propres à en fixer les principales bases.

(a) *Voy.* encore sur cette grande question le Discours prononcé par Mirabeau à l'Assemblée Constituante, dans la séance du 19 novembre 1789, en réponse au projet de loi présenté par Thouret.

SECTION III.

Des Principes relatifs à l'éligibilité des Représentans.

Le nombre des Députés ou Représentans et leur répartition étant convenablement dé- terminés, il n'est pas moins nécessaire d'en- trer dans l'examen des règles ou principes re- latifs au mode de l'éligibilité, règles qui de même, bien loin de porter atteinte, de nuire à la liberté sociale, sont au contraire au nombre des moyens les plus infaillibles de la préser- ver de toute violation, de tout outrage; prin- cipes qui, loin de préjudicier en rien à l'in- dépendance de la Représentation nationale, sont de nature à en éloigner, à en prévenir les inconvéniens, les dangers, et à en faire ressortir les plus grands, les véritables avan- tages.

De l'Éligibilité des Députés ou Représentans.

Ne l'oublions jamais, (cela est de la plus haute importance en tout ce qui touche l'or- ganisation d'un Gouvernement sage et mo- déré), le plan de conduite que la raison,

l'intérêt public et la prévoyance comman-
dent, et les lois que, d'après ce plan, l'on se
prescrit à soi-même, n'ont rien qui choque et
qui nous puisse offenser : c'est le joug, ce
sont les entraves, qu'une volonté capricieuse
et arbitraire, que la force seule prétend nous
imposer, qui excitent en nous le murmure
de la conscience, et révoltent le sentiment
intérieur de notre indépendance.

1°.
Par qui les
Représentans
doivent être
élus.

De toutes ces règles fondamentales qu'il
s'agit de consacrer, celle que l'on doit examiner d'abord a pour objet de déterminer
d'une manière formelle et précise par qui
les Députés ou Représentans doivent être
élus. Or la raison de décider est, à cet égard,
évidente, simple et péremptoire : car il est de
droit naturel et incontestable, il est et sera
toujours constant en principe, que les mandataires sont nommés par ceux qu'ils doivent
représenter.

Dans un gouvernement participant de la
démocratie et de l'aristocratie, la classe plé-
béienne ou roturière nommerait ses Représentans ; et la classe nobiliaire, aristocratique

ou patricienne nommerait les siens. « Ainsi, dit M. de Montesquieu, raisonnant à peu près dans cette hypothèse, la puissance législative sera confiée, et au Corps des nobles, et au Corps qui sera choisi pour représenter le peuple, qui auront chacun leurs assemblées et leurs délibérations à part, et des vues et des intérêts séparés » (a). C'est conformément à ce principe qu'autrefois en France les gentilshommes et les ecclésiastiques ne paraissaient aux États qu'en vertu du choix des classes dont ils étaient membres et qu'ils devaient y représenter.

De même, dans la Monarchie constitutionnelle, les membres de la Chambre des propriétaires, et les membres de la Chambre de l'industrie et du commerce, seront élus par les citoyens faisant partie des classes qui doivent être représentées.

Quant au Chef de la Puissance exécutive, il est de la plus grande évidence que le droit de nommer les membres des Chambres re-

---

(a) Esprit des Lois, liv. xi, chap. vi. — *Voy.* encore *ci-dessus*, vol. vi, pag. 13.

présentatives, même celui de participer, de
coopérer en quelque manière que ce soit à
leur nomination, ne peut lui appartenir.
1º Nous l'avons reconnu et développé dans
le livre qui précède, il ne saurait y avoir lieu
à le représenter; il agit par lui-même, par
ses ministres, ses préfets, ses agens (a). 2º Il
serait difficile, disons même impossible, que
le Prince ne fût pas souvent égaré dans son
choix; et que ce choix du prince, de ses ministres, préfets ou autres agens, ne portât pas
habituellement sur ces intrigans insinuans et
adroits, qui n'ont pour tout mérite qu'un
zèle faux et affecté, à l'aide duquel ils parviennent cependant à se mettre en évidence,
à se faire rechercher, à persuader qu'ils sont
nécessaires, qui ne cherchent jamais dans le
fait que leur intérêt particulier, et dont bientôt il faut à chaque instant acheter le silence et
payer les suffrages. 3º Ce serait enfin ébranler
l'édifice jusque dans ses bases, méconnaître
et violer le principe fondamental de la dis-

_____

(a) *Voy. ci-dessus*, vol. iv, pag. 391 *et suiv.*

tinction des trois puissancès (*a*) et celui de la
division du Pouvoir législatif en trois branches (*b*). Un vice d'organisation aussi capital
substitué à l'un des plus importans principes
du systême de la Représentation, ne saurait
manquer de paralyser l'expression vraie du
vœu national ; il rendrait chimérique, vaine
et illusoire l'admission de ce systême ; il en
détruirait d'un seul coup, on peut le dire,
les plus heureux résultats, pour n'en faire
sortir que des fruits amers et corrompus.

On comprend bien que, dans un état d'organisation encore irrégulier et imparfait, les
ministres soient entraînés, et par le desir
particulier de se conserver en place, et en
général par la difficulté de leur position, à employer les nombreux moyens d'influence que
cette imperfection même des institutions met
à leur disposition, pour diriger les élections,
d'une manière plus ou moins indirecte, plus
ou moins patente ou cachée, afin d'obtenir une

(*a*) *Voy. ci-dessus*, vol. iv, pag. 56 ; et vol. v, pag. 476
et suiv.

(*b*) *Ibid.*, vol. v, pag. 518 *et suiv.*

représentation à leur guise, ou au moins, dans la représentation, une majorité dévouée à leurs personnes, et disposée à sanctionner aveuglément et sans examen leurs lois et leurs projets.

Alors l'argent, les faveurs, les places, les emplois, tout est livré, prodigué à l'intrigue; c'est à pleines mains que la corruption se verse : et quand elle a sa source au sommet, la corruption se répand promptement d'une extrémité à l'autre. Ceux qui agissent ainsi justifient, légitiment en quelque sorte, et provoquent même, l'agitation des partis, qui, de leur côté, cherchent aussi à exercer leurs influences particulières; et tout n'est plus que chaos : les vérités les plus incontestables, les principes les plus sacrés, sont remis en problème; l'esprit seul de faction, de brigue, d'injustice, d'égoïsme, de désordre, exerce universellement son pernicieux empire; partout il se répand, pénètre, règne, fausse le jugement, détruit le bon sens et la raison, étouffe le sentiment de la conscience, et anéantit celui de l'indépendance naturelle et de la vraie liberté.

Mais, dans une organisation plus complète et dont toutes les parties seraient en harmonie avec elles-mêmes, de quelque part qu'elle vînt, quelque cachée qu'elle fût, cette influence illégitime ou indirecte serait un crime, dont les lois pénales en général, et plus particulièrement l'application effective et réelle du Principe de la Responsabilité ministérielle, application si nécessaire, si désirée, tant promise et depuis si long-temps éludée, garantiraient pleinement à la société la sévère et rigoureuse répression.

Les classes appelées à concourir à l'exercice de la puissance législative, par l'intermédiaire de leurs représentans, peuvent elles-mêmes s'égarer dans le choix de ces représentans. Quel Publiciste n'a pas dit, qui ne sait pas, que le peuple fut et sera toujours dupe de sa négligence?

IIᵉ. Les Représentans doivent être choisis dans la classe qui les nomme.

Dans un vaste royaume, et sur-tout dans les grandes villes de ce Royaume, on ne peut pas suivre assez les hommes dans leurs actions, dans leur conduite habituelle et privée, pour bien juger leur moralité, leurs principes,

pour qu'il soit conséquemment possible de
les apprécier à leur juste valeur : tandis que
les intrigans, souples, adroits, fourbes et
ambitieux, ne trouvent toujours que trop de
facilité à abuser leurs concitoyens, à capter
leurs votes et leurs suffrages.

En général même, les élections se font partout (du moins en France) avec trop d'insouciance et de légèreté. Le choix des représentans est une chose d'une si haute importance
qu'aucun électeur ne devrait donner sa voix,
fût-ce même à son plus proche parent, à son
frère, à son ami le plus intime, sans y avoir
mûrement réfléchi : et le moyen le plus infaillible de ne pas s'exposer à faire un mauvais
choix, serait que volontairement, de lui-même
et sans que la loi en contînt une obligation
précise, littérale et formelle, chaque électeur
s'imposât pour règle immuable de ne donner
son vote qu'à ceux qui réunissent en leur
personne toutes les qualités que le bon sens
et la prudence indiquent et désignent comme
garanties véritables des lumières, de la sagesse, de la probité, et par suite comme gages
d'une bonne représentation.

Mais la loi, expression de la sagesse, de la volonté générale, la loi fondamentale surtout, doit avoir encore plus de pénétration et de clairvoyance que la volonté particulière et isolée de chaque citoyen ; elle doit suppléer à sa prévoyance, l'armer, le prémunir contre lui-même, contre ses affections, ses préférences, ses faiblesses ; et pour cela, il importe qu'elle renferme plusieurs dispositions fondamentales, qui, en laissant au droit d'élection toute la latitude et la liberté qui lui appartiennent, auront cependant pour objet et pour résultat de circonscrire, de diriger le choix de ceux qui exercent ce droit précieux, sur les citoyens qui réunissent en eux ces diverses qualités propres de leur nature à donner la plus forte garantie possible que leur mission sera remplie tout-à-la-fois d'une manière vraiment utile pour l'intérêt particulier de leurs concitoyens, de leurs mandataires, et pour le bien général de la société tout entière.

Dans cette vue, il est une précaution dont l'utilité se fait d'elle-même sentir, et qu'il suffit d'indiquer pour qu'on ne puisse pas la révoquer en doute.

5.

Pour apprécier les besoins des autres, il faut éprouver soi-même aussi les mêmes besoins, ou au moins être en position d'en ressentir de pareils; il est essentiel surtout de n'avoir pas des intérêts opposés à défendre. Les meilleures institutions seront toujours celles qui ne mettront pas les hommes dans la nécessité d'avoir à opter entre leur avantage, leur utilité du moment, et l'observation rigoureuse de leurs devoirs; ce seront celles qui éviteront scrupuleusement de provoquer ce combat intérieur de l'homme avec le sentiment de sa propre conscience : car, l'homme fût-il beaucoup plus parfait qu'il ne l'est, on aurait toujours à craindre que, dans cette lutte pénible, la vertu ne fût pas assez puissante pour le déterminer à faire une abnégation entière de lui-même, à sacrifier les intérêts qui le touchent de la manière la plus directe et la plus sensible, pour n'envisager et ne défendre qu'un intérêt général plus grand, plus réel sans doute, mais moins rapproché de lui, et par cela même moins pressant (a)

(a) *Voy. ci-dessus*, 2ᵉ part., vol. iv, pag. 142.

C'est donc dans le sein même de chacune des deux classes qui doivent être représentées, que les Députés ou Représentans seront choisis : car, ainsi que nous l'avons précédemment reconnu, les intérêts de l'une et de l'autre de ces deux classes principales peuvent différer, et même se trouver en opposition (a).

Si nous supposions encore un gouvernement qui participât tout-à-la-fois de la démocratie et de l'aristocratie; tout homme qui ne ferait pas partie de la classe aristocratique, ne saurait être considéré par elle comme étant propre à la représenter, et prudemment les autres classes de la société ne devraient pas non plus confier la défense de leurs intérêts à un représentant qui serait pris hors de leur sein, et choisi surtout dans la classe aristocratique.

De même, dans une monarchie constitutionnelle, le propriétaire foncier, le cultivateur retiré dans sa terre, et principalement appliqué aux soins d'en diminuer les charges, d'en augmenter les produits, ne peut pas représenter utilement les classes commerçantes

(a) *Ibid.*, vol. v, pag. 548 *et suiv.*

et industrieuses, dont il ne connaît point assez les ressources et les besoins.

De leur côté les négocians, essentiellement occupés des avantages, de l'extension, de la prospérité du commerce, l'artiste, le savant, livrés à l'étude des arts et des sciences, à la recherche des moyens d'en favoriser le développement, ne peuvent représenter la classe des propriétaires aussi utilement que le fera l'homme qui, par sa position et ses habitudes journalières, se trouve en état de prévoir, calculer et connaître toutes les charges, tous les besoins, soit habituels, soit passagers, de la propriété.

III°.
Les Représen-
tans doivent
être élus dans
le lieu où sont
situés leurs
propriétés,
leur domicile
ou
établissement.

Le même argument, le même moyen de décider peut encore recevoir une autre application naturelle.

Lorsque, (ainsi que nous venons d'établir en principe que cela doit se pratiquer), le territoire d'un royaume se trouve divisé en plusieurs provinces ou départemens dont les richesses, les productions, le genre d'industrie et de commerce, ont une source différente, et dont les intérêts et les besoins,

en bien des circonstances, se trouvent opposés (*a*), (on peut entre autres en voir un exemple (*b*) dans la discussion de la loi des finances, session de 1817); il ne faut pas que
les représentans de l'un de ces départemens
soient choisis dans un autre département ni
parmi les habitans d'un autre département :
ce qui serait agir moins conséquemment encore que ne fit l'Empereur Anastase, lorsqu'il
nomma Clovis consul.

Comment en effet le propriétaire dont les
biens sont situés dans la Picardie, la Flandre
ou la Bourgogne, pourrait-il juger sainement
les besoins des propriétaires de la Bretagne,
du Languedoc, de la Provence?

Comment les manufacturiers et les négocians de Lille, de Rouen, de Paris, pour-
raient-ils connaître parfaitement et défendre
efficacement, peut-être au préjudice de leur
propre avantage, les intérêts des manufacturiers et des négocians de Bordeaux, de Mar-
seille ou de Lyon?

Quel zèle d'ailleurs un représentant mettra-

(*a*) *Voy. ci-dessus*, vol. VI, pag. 52 *et suiv.*
(*b*) Moniteur du Dimanche 19 avril 1818, n° 109.

t-il à la défense des intérêts de ceux au milieu desquels il n'aura ni son principal établissement, ni son véritable domicile, ni le lieu de sa résidence habituelle? que lui importera-t-il d'obtenir, par son dévouement, par une conduite honorable et désintéressée, la considération de ceux auxquels il ne sera pas lié, parmi lesquels il ne sera pas ramené, par ses affections, ses habitudes, ses intérêts personnels? quelle privation s'imposera-t-il? quels efforts, quels sacrifices fera-t-il enfin, pour mériter la reconnaissance et l'estime de ceux qu'il connaîtra à peine, et dont il sera lui-même à peine connu?

Une loi sage, à cet égard, avait été établie à Rome, sur la proposition de Pompée; elle autorisait toutes les villes de la province de Bithynie à choisir pour sénateurs qui bon leur semblerait, pourvu que celui sur qui tomberait leur choix fût de la ville même où il serait élu; et cette loi avait été confirmée par l'empereur Trajan (a).

_____

(a) *Voy.* FÉLICE sur Burlamaqui. Principes du Droit naturel, 1re part., tom. 1, chap. x, *Rem.* 56, pag. 277. — *Ibid.*, liv. x, chap. 116.

« On connaît mieux, dit M. de Montesquieu, les besoins de sa ville que ceux des
autres cités, et l'on juge mieux de la capacité
de ses voisins que de celle de ses autres compatriotes : il ne faut donc pas que les membres du Corps législatif soient tirés en général
du Corps de la nation ; mais il convient que,
dans chaque lieu principal, les habitans choisissent un représentant » (*a*).

— « Strictement, dit Blackstone, tous les
représentans devraient être habitans des lieux
pour lesquels ils sont élus » (*b*).

C'est en partie dans ce sens que l'on a dit
aussi à la tribune de la Chambre des Députés,
session de 1816 : « Quand, tous les cinq ans,
des individus seront réunis *pour élire des Dé-*
putés auxquels, à certaines et honorables ex-
ceptions près, ils seront et demeureront étran-

(*a*) Esprit des Lois, liv. xi, chap. vi.

(*b*) (Stat. 1, du règne de Henri v, c. 4, — 23 du règne
de Henri vi, c. 13).

Cette condition, après avoir été long-temps négligée,
fut annullée par le statut 14 du règne de Georges III,
c. 58. (Commentaires sur les Lois Angl., tom. 1, liv. 1,
chap. 11).

gers, quels motifs d'intérêt, de confiance, et de responsabilité, ces Députés pourront-ils inspirer » (a) ?

Il est bien vrai que l'on s'est efforcé de combattre ce principe, en objectant qu'il faut maintenir l'unité, l'ensemble, entre toutes les parties d'un même empire, qu'il est important de faire ensorte que les habitans de toutes les parties de ce même État se considèrent toujours comme membres d'une seule et même famille. On a même été jusqu'à dire que ce sont les principes, et non les hommes ou les provinces, qui doivent être représentés (b).

Pour peu que l'on y fasse attention, tout ce que de semblables raisonnemens peuvent avoir de spécieux, s'évanouit à l'instant.

Et d'abord le premier devoir de tout représentant est sans doute de ne pas oublier qu'il doit toujours combattre pour les principes du droit et de l'équité, et, si l'on veut, si c'est

(a) Disc. de M. Deserre, sur la discussion du projet de loi relatif aux élections. — Moniteur du 28 décembre 1816.

(b) *Voy.., entre autres*, plusieurs écrits de M. J. Fiévée.

ainsi qu'on l'entend, de les représenter. C'est
dans ce sens aussi que Blackstone et d'autres
publicistes disent que chaque membre de la
Chambre des Communes, ou de toute autre
Chambre représentative, quoique choisi par
un district ou un département particulier,
sitôt qu'il est élu, devient le représentant,
l'homme de la nation entière (*a*).

Mais, nous l'avons déja dit, et on ne peut
pas l'avoir oublié, il existe aussi des intérêts
particuliers, distincts, et de localité, qui demandent à être défendus et représentés; il
peut s'élever à leur sujet certains points de
discussion, qui aient besoin d'être éclaircis et
développés par des hommes spécialement instruits, et dont au surplus la solution, dans
un sens comme dans l'autre, loin de choquer
les principes du droit, n'en est que l'application (*b*).

Ensuite, peut-on dire que ce soit parce
que chaque département dont un royaume

(*a*) *Voy.* Commentaires sur les Lois Angl., tom. 1,
liv. 1, chap. 11. — Et *ci-dessus*, 2ᵉ part., vol. IV, p. 396.
(*b*) *Voy. ci-dessus*, vol. IV, pag. 140.

(la France par exemple) se compose , sera
tenu par la Loi constitutionnelle de l'État de
choisir ses représentans parmi les hommes
qui y ont leurs propriétés, leur principal établissement , leur domicile, que les habitans
(les Français) ne sentiront plus leur intérêt
à demeurer citoyens (et Français), à ne pas
répudier leur patrie?

Ne sera-ce pas au contraire parce que le
système représentatif sera en tout point réglé d'après ses véritables bases, parce que
tous les départemens seront utilement et également représentés, parce que les représentans de chaque département seront à même
de défendre leurs propres intérêts en défen-
dant les intérêts de leurs plus proches compatriotes, enfin parce qu'ils discuteront tous
ensemble les intérêts respectifs de chaque département, que partout, depuis le centre jusqu'aux dernières extrémités du royaume, le
sentiment de l'amour de la patrie acquerra
un nouveau degré d'énergie et de force?

Quel est l'esprit assez crédule pour se
laisser persuader que l'ensemble, l'unité de
toutes les parties du territoire, puissent dé-

pendre de ce que les Députés des provinces
méridionales seront pris parmi les propriétaires ou domiciliés dans le nord, et ceux du
nord dans le midi?

N'est-il pas bien évident que rien ne serait
au contraire plus propre à affaiblir tous les
liens de fraternité, d'union, d'harmonie, si
naturels, si forts, si nombreux dans une véritable monarchie constitutionnelle bien réglée
et où toutes les bases et tous les détails de l'organisation auraient, chacun selon ses fins particulières, pour objet et pour résultat commun,
d'assurer en effet le triomphe des principes,
la défense légale et facile des droits, des intérêts particuliers, et même individuels, comme
aussi d'assurer par là le bien être, la prospérité générale de l'État?

Faudra-t-il, sur des motifs controuvés,
sur des craintes aussi puériles que chimériques, sur des allégations futiles, fausses,
dépourvues de fondemens, négliger les règles droites et essentielles du système représentatif, renoncer ainsi à en recueillir
les fruits, en voir s'évanouir tous les avantages, contribuer à les saper, à les détruire,

ne plus en faire qu'une institution inco-
hérente, vicieuse et funeste, tout bouleverser, tout confondre, et, par cette confusion,
par ce désordre fatal, conduire et réduire de
nouveau la patrie à l'esclavage?

Gardons-nous à l'avenir de nous laisser
surprendre par de semblables sophismes,
et soyons convaincus que les hommes qui
persisteraient encore dans le dessein de les
propager, sont profondément égarés et livrés
à une grossière erreur, ou que, plus cou-
pables, ils agissent dans la vue secrète de
ménager, soit au despotisme, soit à l'anarchie,
quelques moyens de retour.

IV°.
Il résulte de la
fortune une
garantie natu-
relle qui doit
la faire admet-
tre comme
l'une des con-
ditions essen-
tielles de
l'Éligibilité.

Ne prêtez pas non plus l'oreille aux discours des hommes qui, dans des intentions
semblables, ou par une même aberration d'esprit, un pareil écart de jugement, entrepren-
draient de prouver que le choix des électeurs
ne doit pas être spécialement dirigé, circonscrit même, sur les citoyens donnant encore,
par leur fortune, leurs propriétés territoriales,
ou leurs établissemens de commerce, une garantie plus forte de leur dévouement pour

le maintien de l'ordre, de la tranquillité
à l'intérieur et de la paix à l'extérieur du
royaume.

Par quels raisonnemens solides parvien-
drait-on à réfuter les argumens péremptoires
qui doivent faire admettre cette condition de
l'éligibilité comme une règle fondamentale et
essentielle du système de la représentation?
Y a-t-il rien de plus simple et de plus évident
que les causes naturelles de ce principe d'organisation ? Employer utilement pour les autres et pour soi-même la portion de force,
d'activité, d'intelligence, d'industrie, que la
Providence départit à chacun de nous, c'est
assurément la meilleure, et peut-être la seule
bonne manière de servir tout-à-la-fois Dieu,
la nature, la patrie; et le premier devoir de
l'homme jouissant de la plénitude de ses facultés
physiques et intellectuelles, c'est à coup sûr
de se rendre utile à l'État, aux siens, à lui-
même, et pour cela d'embrasser, de suivre
avec ardeur une profession qui puisse en effet,
en le rendant utile à l'humanité, assurer à
lui-même une existence aisée, honorable, un
sort indépendant, lui donner les moyens de

nourrir, d'élever une famille, et de satisfaire ainsi, sans crainte et sans regrets, au vœu le plus cher, à l'un des commandemens les plus formels de cet Être auteur de la reproduction et de la création. •

Or ceux qui déja, sous l'un de ces rapports, (celui d'une fortune acquise par des moyens auxquels l'honneur et la probité applaudissent), ont satisfait à la loi naturelle, rempli un devoir sacré, atteint du moins le premier but qu'il indique, certes, ceux-là ont droit à un plus haut degré de confiance et d'estime auprès de leurs concitoyens.

Il est vrai, on l'objectera peut-être, que cette espèce de droit peut manquer à des gens actifs, éclairés, irréprochables, parce que leurs efforts n'auront pas obtenu les succès qui devraient en être la récompense assurée ; la plus exacte probité, la plus courageuse, la plus louable persévérance, les travaux, les efforts les plus assidus et les plus constans ne parviennent pas toujours à vaincre les obstacles, à triompher de la mauvaise fortune ; il est bien vrai que l'honnête homme n'est pas toujours à l'abri des caprices et des injustices de cette aveugle déesse, quelquefois même des maux attachés à la pauvreté, à l'indigence. Mais cette rigueur, cette injustice du sort, ces exemples de stérilité non méritée, quoique beaucoup trop nombreux et trop fréquens sans doute, ne sont pourtant que des cas d'exception ; et l'on conçoit qu'aucune institution solide ne doit avoir pour fondemens et pour bases des exemples et des faits d'exception ; fussent-ils même plus nombreux qu'ils ne le sont, les faits de ce genre ne pourraient conduire les esprits sages et prudens à repousser l'adoption de la règle que nous venons d'exposer, dont les philosophes, de même que les publicistes et les législateurs, ont bien senti la nécessité, et que les institutions, soit anciennes, soit nouvelles, ont souvent consacrée.

Nous avons vu précédemment qu'autrefois, en Arragon, les titres purement honorifiques de ducs, de comtes, de marquis, ou autres qualifications nobiliaires, ne donnaient pas l'entrée et le droit de voter dans l'Assemblée des États, tandis que la seule qualité de propriétaire foncier, d'homme riche ou baron

(*los ricos hombres*) avait nécessairement ce résultat (*a*).

En Angleterre, chaque chevalier de comté doit avoir une propriété en franc-fief de six cents livres sterling de revenu annuel; et chaque député de ville ou de bourg en doit posséder un de trois cents livres (excepté les fils aînés des pairs, les personnes ayant les conditions nécessaires pour être chevalier de comté, et les membres des deux universités). Le représentant élu doit affirmer sous serment qu'il a les propriétés ainsi requises; et en donner la preuve écrite, lorsqu'il vient prendre séance (*b*).

Aux États-Unis, cette condition est aussi l'une de celles imposées à l'éligibilité des membres du Congrès des États (*c*).

En France, un ministre célèbre dont les bonnes intentions ont eu d'heureux résultats, mais qui eût peut-être rendu de plus éminens services à la monarchie si ses opinions eussent

(*a*) *Voy. ci-dessus*, vol. vi, pag. 25 et 26.

(*b*) Blackstone. Commentaires sur les Lois Anglaises, tom. i, liv. i, chap. ii.

(*c*) *Voy*. John Adams.

été aussi éclairées sur tous les points qu'elles l'étaient sur celui-ci, écrivait, dans les premières années de la révolution : « En nos propres affaires, le choix le plus libre est de droit naturel ; mais l'erreur se trouve ici dans le mot de *choix*, dans ce mot qui annonce une impulsion réfléchie vers ce qui nous convient le mieux. L'application de cette définition ne souffre aucune difficulté, lorsqu'on se représente un homme, au milieu du petit cercle de ses intérêts particuliers, dirigé par des lumières suffisantes vers ce qui lui est le plus avantageux, et exprimant ses vœux d'une manière distincte : mais aucune de ces circonstances n'est applicable aux actes destinés à désigner les députés du peuple aux Assemblées nationales. Les nomme-t-il lui-même, c'est le plus souvent sur l'opinion d'autrui qu'il se décide. Les nomme-t-il par la médiation d'un Corps d'électeurs, au choix desquels il a concouru, il court les hasards attachés, tantôt à leurs passions, tantôt à leur aveugle prédilection. Enfin, la majorité des suffrages entraînant le consentement de la minorité, c'est quelquefois un petit nombre

de voix qui détermine les préférences. Ce n'est
donc pas une violation des droits du Peuple,
que de lui donner pour guide son véritable
intérêt, lorsque cet intérêt peut être inter-
prété par des législateurs dans la sagesse desquels il a mis sa confiance; car cet intérêt est
bien plus le gage de son opinion, que son
opinion n'est le gage de son intérêt.

« Si donc l'Assemblée nationale avait pensé
comme les Anglais, comme les Américains,
comme toutes les nations, qu'une propriété,
et une propriété importante, garantissait l'attachement des citoyens à l'ordre public et aux
intérêts de l'État, elle eût servi le peuple, elle
eût servi la nation, en faisant de cette propriété une condition de l'avancement au rang
de législateur.

« J'ai souvent regretté que les notables
assemblés en 1788 n'eussent pas fait de la
propriété une condition de l'éligibilité aux
États-généraux. Le roi, fortifié par leur opinion, aurait, je le crois, adopté cette disposition; mais ils ont au contraire été plus faciles
qu'on ne l'était autrefois, du moins pour
l'admission des nobles.

« Un homme qui n'est pas propriétaire, n'est pas un citoyen complet, puisqu'il est sans intérêt au plus grand nombre des affaires publiques; et je n'entends pas comment des Députés aux Assemblées nationales, n'ayant pour toute possession qu'un riche fonds de paroles, se permettent d'influer, par toutes sortes de moyens, sur la décision des controverses dont le résultat leur est personnellement indifférent, ou ne les atteint tout au plus que par des affinités philosophiques. Ainsi des hommes bien sûrs de ne prendre part aux hasards de la guerre que par des exclamations et des bravos, bien sûrs encore de n'avoir à gémir, ni sur leurs champs ravagés, ni sur leurs maisons incendiées, ne sont pas les moins ardens promoteurs des rixes politiques. Que des milliers d'hommes passent, en un jour, de la vie à la mort, à travers les cris de la douleur et du désespoir, cela ne leur fait rien, ils n'en ont pris pour eux que la partie de l'Apothéose. Que les autres aient leur fortune bouleversée par le désordre des finances, suite ordinaire des troubles politiques, cela ne leur fait rien encore, ils savent

que la leur est placée dans l'asyle impénétra-
ble du néant » (*a*).

A une époque un peu plus rapprochée,
mais où l'expérience des résultats funestes
d'un système représentatif imparfait, sans
ordre et sans règles suffisantes, était encore
récente; dans un temps où les plus fausses
notions du principe de la liberté sociale laissaient encore sur le sol de la patrie désolée
des traces fraîches et profondes de leurs effets désastreux; où les ravages de la stupidité,
de l'ignorance, d'un zèle fanatique, d'un patriotisme furieux et égaré, ou de l'égoïsme,
de l'ambition, de la cupidité, des passions les
plus viles et les plus honteuses, la frénésie,
la fureur, que ces notions imparfaites ou ces
passions atroces avaient déchaînées sur la
France, remplissaient encore tous les souvenirs, toutes les pensées, de leur hideuse et
sanglante image; ce même orateur, dont nous
avons souvent rencontré les opinions, les
principes, dans la droite voie où l'amour de

(*a*) NECKER. Du Pouvoir Exécutif dans les grands
États, tom. 1, chap. IV, pag. 73.

l'ordre, de la justice, de la vérité, a jusqu'ici
guidé et dirigera constamment nos pas ; cet
orateur, dont le noble et grand caractère,
l'énergie, la sagesse, l'héroïsme, honorèrent
du moins ces temps affreux de désordre,
d'anarchie et d'horreur, M. le comte Boissy-
d'Anglas, disait encore à la Convention :'
« Nous devons être gouvernés par les meilleurs.
Les meilleurs sont les plus instruits et les
plus intéressés au maintien des lois ; et, à
bien peu d'exceptions près, vous ne trouverez de pareils hommes que parmi ceux qui,
possédant une propriété, sont attachés au
pays qui la contient, aux lois qui la protégent,
à la tranquillité qui la conserve, et qui doivent à cette propriété et à l'aisance qu'elle
leur donne, l'éducation qui les a rendus propres à discuter avec sagacité et justesse les
avantages et les inconvéniens des lois qui
fixent le sort de leur patrie. L'homme sans
propriétés, au contraire, a besoin d'un effort
constant de vertu pour s'intéresser à l'ordre
qui ne lui conserve rien, et pour s'opposer
aux mouvemens qui lui donnent quelque espérance. Il lui faut supposer des combinaisons

bien fines et bien profondes pour qu'il pré-
fère le bien réel au bien apparent, l'intérêt
de l'avenir à celui du jour. Si vous donnez à
des hommes sans propriétés les droits politiques sans réserve, et s'ils se trouvent jamais
sur les bancs des législateurs, ils exciteront
ou laisseront exciter des agitations, sans en
craindre l'effet; ils établiront ou laisseront établir des taxes funestes au commerce et à l'a-
griculture, parce qu'ils n'en auront ni senti,
ni éprouvé, ni prévu les déplorables résultats,
et ils nous précipiteront enfin dans ces convulsions violentes dont nous sortons à peine,
et dont les douleurs se feront si long-temps
sentir sur toute la surface de la France »(a).

C'est dans ce sens qu'il faut entendre ces
paroles de Mably, dont on connaît les principes libéraux, ou, si l'on veut, la popularité : « Que le législateur, dit-il, se garde de
confier aux simples artisans le dépôt ou l'administration de la souveraineté... La politique
ne doit admettre au gouvernement de l'État

(a) Discours de M. le comte Boissy-d'Anglas à la Convention nationale. Août 1795.

que les hommes qui possèdent un héritage....;
eux seuls ont une patrie » (*a*).

Et c'est dans le même sens encore que l'on
peut faire une juste application de cette image
dont se sert l'auteur du Livre de l'Esprit :
« Quand le ciel est serein et les airs épurés, le
citadin ne prévoit point l'orage : c'est l'œil intéressé du laboureur attentif qui voit avec effroi
des vapeurs insensibles s'élever à la surface de la
terre, se condenser dans les cieux et les couvrir de nuages noirs dont les flancs entr'ouverts vomiront bientôt les foudres et les grê-
les qui ravageront les moissons » (*b*).

Dans les dernières sessions, des hommes
d'état, plusieurs membres de la Chambre des
pairs et de la Chambre des députés, qui tous
n'étaient pas sans doute sur d'autres points
de sentiment unanime, ont, en diverses circonstances, réclamé l'application de ce même
principe.

L'un d'eux, chargé, dans la session de 1816,
de soutenir la discussion du projet de loi re-

(*a*) Mably. Entretiens de Phocion, chap. iii.
(*b*) De l'Esprit, tom. ii, Disc. 3, ch. vii, pag. 10.

latif aux élections, disait à ce sujet : « Ce n'est pas une exclusion de naissance ni d'état dont il s'agit ici.... N'est-ce donc pas un bon esprit à inspirer à une nation que l'esprit d'industrie et d'économie.....

« On objecte qu'on se prive par là des lumières et de l'expérience d'un certain nombre de personnes qui, sans avoir de patrimoine, ont trouvé dans la libéralité de nos institutions des moyens d'acquérir une éducation complète et heureuse... ; mais n'ont-ils pas d'autres moyens de servir l'État ? D'autres carrières leur sont ouvertes, la magistrature, l'armée; partout ils peuvent se distinguer et obtenir la considération publique » (a).

Dans la même occasion, un membre de la même Chambre disait : « Ne mettons jamais nos intérêts entre les mains de gens qui n'ont pas une grande responsabilité.....

(a) (Discours de M. Cuvier, commissaire chargé par Sa Majesté de soutenir la discussion du projet de loi sur les élections, dans la session de 1816. Moniteur du 30 décembre).

—Il serait fort à désirer que l'assertion qui termine ce passage ne pût être démentie.

« L'impôt doit être discuté par celui qui le paie. La garantie de l'ordre, le maintien de la propriété, de la royauté, de la légitimité, doivent être confiés à ceux qui ont beaucoup à perdre, et parconséquent le plus grand intérêt à conserver » (a).

En un mot, le principe en lui-même ne peut être contesté; les articles 58 et 59 de la Charte constitutionnelle donnée par le Roi de France, en 1814, le consacrent : et, sans nous arrêter ici à multiplier inutilement les citations, hâtons-nous plutôt d'en venir aux difficultés qu'il peut présenter dans son application.

Ces difficultés tombent sur deux points importants; d'une part la nature, d'autre part l'importance, de la propriété.

Relativement au premier ; nous le savons bien et nous avons déja eu lieu de le remarquer, on a plus d'une fois entrepris de prouver qu'en thèse générale, la classe des propriétaires

---

(a) Discours de M. de Caumont, sur le projet de loi relatif aux élections ; Chambre des Députés. — Session de 1816. — Moniteur des 26 et 27 décembre.

de biens fonds ou territoriaux est celle dont les intérêts se lient davantage aux intérêts de la société (a); et il est certain qu'en effet le propriétaire d'une partie du sol a en général intérêt au maintien de l'ordre, de la tranquillité publique, qu'il doit également redouter l'anarchie et haïr l'oppression, le pouvoir absolu, le despotisme. Mais on ne conçoit pas comment et par quelles raisons solides on pourrait établir que le manufacturier, le négociant, en général l'homme actif, laborieux, indépendant, exerçant une profession utile, ne doit pas avoir un intérêt et une volonté, un désir, semblables.

Le propriétaire foncier doit craindre les troubles, les révolutions, le désordre intérieur; il doit craindre la guerre, les impôts inutiles et désastreux, les invasions, la dévastation, le pillage, qui en sont les suites ordinaires; mais lorsque l'orage s'est éloigné, lorsque le fléau a cessé ses ravages et que le ciel a repris son calme et sa sérénité, le fonds du moins lui reste, et lui offre encore pour l'avenir l'abondance et la sécurité.

_____

(a) *Voy. ci-dessus*, vol. v, pag. 552 *et suiv.*

Souvent les résultats sont encore plus funestes pour le manufacturier, le négociant,
l'homme industrieux, dont le commerce, l'industrie, ne peuvent s'exercer utilement que
pendant la paix, et quand l'ordre et la justice
règnent à l'intérieur, quand les relations ami-
cales sont établies à l'extérieur, quand en général les principes du droit public, du droit
politique et du droit des gens sont respectés ; il voit tout-à-coup son activité paralysée,
ses spéculations renversées par les agitations
intestines ou par les guerres étrangères, qui
trop souvent entraînent sa ruine entière, et
le laissent sans ressources et sans espérance.
Sa prospérité tient donc, peut-être, de plus
près encore à la prospérité de l'État.

Ce qu'il y a d'incontestable et de vrai, c'est,
ainsi que nous l'avons dit, que les intérêts et
les vues de ces deux classes de citoyens, sans
être en rien contraires aux intérêts généraux
de la société, sont souvent différents, quelquefois même opposés entre eux ; et voilà ce
qui motive la nécessité de leur classification,
d'une délibération, d'un examen spécial dans
leurs intérêts particuliers et d'après leurs vues
distinctes et séparées.

Mais ensuite, et en thèse particulière, si cette classification est admise comme l'un des élémens principaux de l'Organisation, la difficulté n'existe plus, elle s'évanouit : car il est alors naturel que la société demande pour garantie au représentant de la classe des propriétaires fonciers, une propriété territoriale ou immobilière, et au représentant de la classe manufacturière, commerçante ou industrieuse, une propriété qui ait seulement une suffisante analogie avec les propriétés et les intérêts de la classe qu'il doit représenter. Elle peut même, sans injustice, établir une différence entre la quotité de la garantie pour ces deux classes, l'exiger moins forte, moins élevée dans le premier cas, c'est-à-dire, lorsqu'elle doit avoir pour base une fortune immobilière, que pour le cas contraire, puisqu'il est en effet évident que le marchand qui n'est porté sur le rôle des contributions personnelles ou mobilières, ou des patentes, que pour une somme de trois cents francs, par exemple, ne présente pas réellement, sous le rapport de la fortune, une garantie égale à celle du propriétaire qui paie la même somme de contribution foncière.

Quelle sera donc l'importance de cette garantie à l'égard des membres de l'une et de
l'autre des deux Chambres représentatives? Il
faut encore ici le reconnaître; d'une part, il
n'est pas de question dans la solution de laquelle il importe davantage de ne pas s'éloigner d'un juste terme; d'autre part, il n'en
est pas non plus dont la solution dépende
davantage des temps et des localités.

Sous le premier de ces deux rapports, du
juste terme dont il faut craindre de s'écarter,
il est quelques considérations importantes qui
doivent être placées dans la balance, et soumises à l'attention scrupuleuse du législateur.
Lorsque nous traiterons par la suite de la composition des Assemblées électorales, nous aurons lieu d'examiner d'une manière plus étendue cette question délicate, et nous démontrerons alors que la jouissance d'une honnête
et modeste fortune n'est pas une garantie
moins réelle de l'amour de l'ordre et du bien
public, que la possession d'une fortune immense et colossale. Mais nous pouvons dès à
présent invoquer ici l'autorité d'un philosophe
de l'antiquité; et voici comment Aristote,

dans l'un de ses traités politiques, s'exprime à ce sujet : « Dans l'oligarchie, le cens est si fort, qu'il n'admet à l'Assemblée de la nation que les gens les plus riches. Mais favorisez, de préférence, la classe moyenne, et rendez-la aussi influente qu'elle puisse l'être. C'est dans cette classe que vous trouverez le plus de mœurs et d'honnêteté. Les citoyens de cette classe, contens de leur sort, n'éprouvent et ne font éprouver aux autres, ni la basse envie que fait naître le besoin, ni l'orgueil méprisant qu'inspirent les richesses » (a).

Un pair de France, dans la session de 1819, disait dans le même esprit : « Une véritable erreur de principe est celle que, depuis peu de temps, on s'efforce d'accréditer : elle consiste à établir que l'intérêt à l'ordre doit croître en proportion de l'étendue du territoire qu'on possède.

« Cette opinion n'est pas soutenable ; si elle était vraie, il en résulterait donc qu'un petit État, tel que le duché de Bade, ou même que la république de Genève, aurait moins d'inté-

_____

(a) ARISTOTE. *De Repub.* — Anacharsis, chap. 62.

rêt au maintien de l'ordre et de la tranquillité publique, que la Prusse et que l'Autriche. C'est le contraire de cette proposition, qui est une vérité évidente. Une grande propriété résiste long-temps aux secousses qui ruinent une petite propriété. Le possesseur d'une terre de deux cent mille francs de rente échappe avec de grands débris aux tempêtes d'une longue révolution; tandis que le moindre orage peut anéantir la fortune du propriétaire d'une manufacture ou d'une ferme.

« Les hommes dépendans, et privés d'une propriété qui assure leur liberté, et qui leur donne les moyens de s'éclairer, n'offrent point, il est vrai, une garantie suffisante de leur intérêt à l'ordre public. Mais il n'en est pas ainsi de la moyenne classe; dans tous les temps, dans tous les pays, elle a été, par sa nature, par son intérêt, par ses habitudes, la classe la plus amie de l'ordre public.

« Elle ne l'est pas moins par ses mœurs; sur ce point, les moralistes, les publicistes, de tous les siècles, de toutes les contrées, sont d'accord.

« La classe pauvre est facile à aigrir, à cor-

rompre. La misère peut lui faire concevoir quelques espérances trompeuses dans les troubles.

« La classe des grands et des riches, amollie par le luxe, portée par l'ambition aux intrigues, produit tous ces grands mouvemens dans les États, dont l'histoire nous retrace à chaque page les tristes tableaux. L'appât du pouvoir est un aiguillon qui agite sans cesse cette classe brillante.

« C'est dans la classe moyenne seulement, dans cette *aurea médiocritas*, que de tout temps on a trouvé le respect pour les lois, les désirs bornés, et le besoin de la paix » (*a*).

A-peu-près à la même époque, un journaliste disait : « Entre l'extrême concentration des propriétés et leur excessive division, la propriété moyenne offre le plus de garanties ; elle craint de perdre, et elle veut acquérir ; elle est économe, active, vigilante ; elle est au gouvernement ce qu'elle est à la

_____

(*a*) Discours de M. le comte de Ségur, Pair de France, sur le projet de loi relatif aux élections. Session de 1819, séance du 24 juin 1820.

vie; elle fonde le bonheur public, comme elle assure le bonheur particulier » (*a*).

D'après ces considérations puissantes, et puisque nous avons commencé par établir que l'on ne peut admettre dans les deux classes principales de la société, appelées à participer à l'exercice de la puissance législative, que les citoyens qui ont une propriété et ceux qui exercent une profession utile, indépendante et libre (*b*), on pourrait raisonnablement en induire que tous les citoyens faisant partie de ces deux classes principales pourraient sans inconvénient être placés indistinctement aux rangs d'électeurs et d'éligibles.

Mais, comme, dans une société très-nombreuse, il importe de simplifier autant qu'il est possible de le faire; comme, dans cette même société, il importe de régler, de diriger, de circonscrire le choix des électeurs par des règles générales, pourvu que ces règles n'aient rien de véritablement exclusif et qui se ratta-

(*a*) *Voy*. le Journal Constitutionnel du samedi 22 avril 1820, n° 113.

(*b*) *Voy. ci-dessus*, vol. v, pag. 554 *et suiv.*

7.

che à l'esprit d'immunité et de privilége (a) ;
comme, chez un peuple où la concentration
des propriétés a introduit dans les classes élevées la mollesse, l'oisiveté, l'insouciance du
bien public et la corruption, il semble encore qu'il importe de ne pas appeler à l'administration du gouvernement, et principalement à l'exercice de la puissance législative,
les hommes que cet excès des richesses peut
avoir entachés de ces vices, de cette immoralité : peut-être ne serait-il pas contraire à la
raison et à l'intérêt public, de circonscrire spécialement le choix des électeurs sur les hommes
qui sont en possession d'une honnête aisance,
d'une fortune modeste, et de l'éloigner des
extrêmes, c'est-à-dire de ceux dont la possession est encore si bornée, qu'elle les laisse
dans un état voisin de la gêne et du besoin ;
et de ceux qui, vivant environnés de toutes
les superfluités du luxe et de l'opulence,
se trouvent, par cela même, si près de ces
mêmes vices que nous venons de signaler.

Sous le second rapport, celui des difficultés

(a) *Foy.*, *entre autres*, *ci-desssus*, vol. vi, pag. 33,
59 *et suiv.*

que rencontre la solution de la question relativement aux variations résultantes des temps et des lieux, ces difficultés sont faciles à pressentir. Aussi, quoique l'article 58 de la Charte constitutionnelle ait pour disposition formelle, qu'aucun membre de la Chambre des députés ne peut y être admis, s'il ne paie une contribution directe de 1,000 francs par année; l'article suivant y apporte aussitôt une véritable exception, une sorte d'amendement, en statuant que « s'il ne se trouve pas dans le département cinquante personnes payant au moins ces 1,000 francs de contribution directe, leur nombre sera complété par les plus imposés au-dessous de 1,000 francs, lesquels pourront être élus concurremment avec les premiers » (a).

Cette modification de l'article 58 est insuffisante; elle en laisse subsister le vice, et ne peut parer, pour tous les cas, aux inconvéniens qui doivent en résulter. Puisque l'importance relative du degré de fortune varie

---

(a) *Voy.* la Charte constitutionnelle de 1814, art. 58 et 59.

nécessairement d'après les temps et les lieux ;
que l'homme riche d'une province ne le sera
pas dans une autre ; que l'homme riche il y a
quarante ans, ne le serait pas aujourd'hui ; que
celui d'aujourd'hui ne le sera peut-être pas
après l'expiration d'un même laps de temps :
si l'on veut que la loi constitutionnelle, qui
doit être conçue dans un esprit de stabilité
et de permanence, contienne l'indication d'un
terme commun, (et il est convenable que cela
soit,) ce terme ne doit pas être fixe et déterminé, tel qu'il le sera, par exemple, par
la fixation d'une certaine quotité d'impôt ou
de revenu ; mais proportionnel et relatif,
comme il peut l'être, par exemple, par la détermination d'un certain nombre des habitans
les plus imposés ou les plus riches d'un département, exclusion préalablement faite, si
l'on veut, de ceux dont la fortune excéderait
ou n'atteindrait pas certaines limites précisées
par la loi.

Autrement, et si l'on ne s'arrêtait pas, dans
la rédaction du pacte constitutionnel, à ce
mode commun et facile à pratiquer, ce serait
aux localités seules qu'il faudrait abandonner

le soin de fixer la quotité d'impôt nécessaire
pour que le propriétaire ou le commerçant
d'un département y acquière l'aptitude à l'éligibilité.

Il y a donc tout-à-la-fois observation judi-
cieuse, et conclusion fausse, ou plutôt confusion d'idées, obscurité, dans ce passage
extrait d'un ouvrage de l'un de nos plus célèbres écrivains modernes : « La préférence,
dit cet auteur, est-elle due à la grande propriété? C'est un terme relatif et non absolu.
Qu'entend-on par grande propriété? où com-
mence-t-elle, où finit-elle? celle d'un lieu n'est
pas celle d'un autre. Le propriétaire du Li-
mousin ou de l'Auvergne pourrait être pauvre
à Paris, en Normandie, en Flandre. Faudra-
t-il établir une échelle de grande propriété, et
attribuer à chacune une députation spéciale,
de 5,000 fr. à 10,000, de 10,000 à 15,000 fr.,
de 20,000 fr. à 30,000 fr., et ainsi de suite ?

« On est donc forcé de prendre une mesure
commune, et cette mesure ne peut pas porter sur une chose matérielle, qui est l'argent
qui dans ce cas ne garantit rien; mais sur une
chose morale, qui est la faculté présumée et

apparente de pouvoir remplir convenablement les emplois de la société, faculté qui,
dans ce cas, s'évalue aussi par l'argent, lequel
alors renferme la preuve de la garantie » (*a*).

v.
La maturité de l'âge est encore une autre sorte de garantie, et par conséquent doit être considérée comme l'une des conditions essentielles de l'Éligibilité.

La maturité de l'âge n'est-elle pas encore
une garantie bien réelle des lumières et de
l'expérience dans un représentant ; et par conséquent ne doit-elle pas devenir une autre
condition essentielle de l'éligibilité?

De tous les temps, les anciens du peuple
ont attiré le respect et la vénération. Lorsqu'on veut parler des sages, des prudens, l'on
ne voit partout que le terme de *Seniores*.

Lorsque les Hébreux voulurent établir un
Conseil, le prophète leur dit : « *Assemblez
soixante et dix des anciens, gens sages et crai-
gnant Dieu.* »

A Athènes, dans les assemblées du peuple,
le héraut appelait les citoyens au-dessus de
cinquante ans pour opiner les premiers.

Les ambassadeurs et les magistrats, lorsqu'ils étaient élus par le peuple, ne pouvaient

---

(*a*) *Voy*. le Petit Catéchisme sur l'état de la France,
par M. l'abbé de Pradt, chap. IV, pag. 96 *et suiv*.

l'être que lorsqu'ils avaient aussi atteint l'âge de cinquante ans ; et Démosthène ne put être admis à la tribune, avant d'avoir de même accompli son dixième lustre (*a*).

Pendant long-temps le sénat de Rome ne fut point ouvert pour les hommes qui n'étaient pas au moins âgés de quarante ans ; et lorsque l'on admit par la suite dans son sein des sénateurs imberbes, il perdit toute considération, et les affaires commencèrent à décliner (*b*).

Quoi de plus dangereux en effet que d'abandonner à des jeunes gens, naturellement dépourvus de circonspection et de prudence, à des hommes dont la raison et le jugement ne sont pas mûris par l'âge et l'expérience, le soin important de délibérer sur la conduite et sur les plus grands intérêts d'un État ! et quoi de plus absurde et de plus dérisoire sur-tout, que de voir des enfans placés de droit au rang de législateurs, ou du moins décorés du titre respectable de sénateurs et de pairs !!!

(*a*) Héraclid. *In Pont.* — Polyb. *Hist.*, *lib.* xxvii.
(*b*) *Voy.* l'Histoire Romaine.

La Constitution du 13 décembre 1799 (22 frimaire an 8) fixait à quarante ans l'âge exigé pour les membres du Sénat-conservateur, et à trente ans seulement celui des membres du Corps-législatif (*a*).

La Charte constitutionnelle du 4 juin 1814 porte au contraire que les pairs auront entrée dans la Chambre à vingt-cinq ans, et voix délibérative à trente ans seulement, et qu'aucun député ne peut être admis dans la Chambre, s'il n'est âgé de quarante ans (*b*).

Nous avons vu aussi, au commencement de ce chapitre, que, par la Constitution du mois d'août 1795, la Convention nationale avait cru devoir porter plus loin cette garantie de l'âge pour les membres de l'une de ses Assemblées (le Conseil des Anciens), qu'elle considérait comme devant être le régulateur et le modérateur de l'autre partie (le Conseil des Cinq Cents); mais nous avons reconnu en même temps que cette distinction

---

(*a*) *Voy*. la Constitution du 22 frimaire an VIII, tit. II et III, *art*. 15 et 31.

(*b*) *Voy*. la Charte constitutionnelle, *art*. 28 et 38.

ne reposait pas sur de solides fondemens : puisque, s'il résulte de la maturité de l'âge une garantie réelle, il est également nécessaire de la prescrire comme condition essentielle de l'admission des membres dans les deux Chambres; la sagesse des vues, la droiture des intentions, la prudence des conseils, le calme et la modération des délibérations, n'étant pas moins nécessaires dans l'une que dans l'autre (*a*).

Et quelles sont, dans la vérité, les qualités essentielles qu'il faut avant tout rechercher dans un représentant? l'amour du bien, de la patrie, de l'humanité, de l'ordre et de la justice, du repos, de la tranquillité publique; un jugement sain, un cœur droit, intègre, attaché à ses devoirs, et sur-tout une grande modération. L'esprit cultivé, l'imagination active, les talens oratoires, la plus brillante éloquence, ne sont utiles que lorsqu'ils se trouvent unis à ces qualités premières; rarement même existent-ils sans elles; et si malheureusement ils s'en trouvent quelquefois séparés, ils sont

_____

(*a*) *Voy. ci-dessus*, vol. vi, pag. 23.

alors plus dangereux, plus nuisibles qu'utiles.
Aux yeux de l'honnête homme, le talent n'est
rien sans le bon usage; et on a dit avec vérité que la société et le gouvernement ont
besoin de flambeaux qui puissent les éclairer,
et non pas de torches et de feux qui incen-
dient et qui détruisent.

Suivant la parole de Salomon, « la science
sans vertus aveugle, au lieu d'éclairer »; et
Tacite dit de Tibère : « *Ut calidum ingenium,
ita anxium judicium* » (*a*).

Thucydide pense que les esprits subtils sont
plus dangereux qu'utiles au maniement des
affaires publiques; que, n'ayant pas de solidité,
ils y sont moins propres que les esprits médiocres (*b*).

Les Romains définissaient le véritable orateur « *vir bonus dicendi peritus* » ; et Vauve-

---

(*a*) On raconte aussi que Simonide ayant médité plusieurs jours sur la demande que lui avait faite Hiéron,
roi de Syracuse, son imagination lui présenta tant de
considérations embarrassantes et subtiles, qu'il ne sut
à laquelle s'arrêter.

(*b*) Thucyd., *lib.* 3.

nargues dit avec beaucoup de vérité que « les grandes pensées viennent du cœur ».

— « Le défaut de probité, dit un autre auteur, nuit communément plus que le défaut de capacité dans ceux qui sont à la tête des affaires publiques ; et, dans tous les États, le point important est de s'appliquer à former les citoyens aux bonnes mœurs, au respect pour les lois ; de proscrire des sociétés tout ce qui pourrait les corrompre, *et sur-tout de n'élever aux charges publiques que les plus honnêtes citoyens* » (a).

Or, ces qualités si importantes, et que l'on doit souhaiter de rencontrer dans les représentans, doivent en effet naître, se développer, se fortifier avec l'âge. Avant que l'homme ait atteint à sa parfaite maturité, elles sont encore en lui chancelantes et imparfaites. Bien loin de pouvoir alors délibérer utilement pour la société et sur ses intérêts, lui-même aurait besoin d'un mentor pour former et affermir par degrés son esprit et son jugement : pour lui faire discerner la vérité, des ombres qui

_____

(a) Esprit des Lois quintessencié, t. 1, lett. VI, p. 170.

l'environnent; la vertu, des fantômes impos-
teurs qui empruntent son image : pour régler
ses désirs, modérer ses espérances, et le diriger
à travers les premiers écueils de la vie, en le
secondant dans la tâche difficile de dompter
ses passions, d'éloigner les séductions, ou de
les combattre et d'en triompher.

Un orateur, dans un discours prononcé au
Corps-Législatif, lors de la présentation de
l'un des titres du Code civil, disait à-peu-près
dans les mêmes termes : « C'est à ce moment
même où l'esprit commence à exercer ses forces, où l'imagination commence à déployer
ses ailes, où l'expérience n'a pas encore formé
le jugement ; c'est à ce moment que, faisant
les premiers pas dans la vie, livré à toutes les
passions qui s'emparent de son cœur, vivant
de désirs, exagérant ses espérances, s'aveu-
glant sur les obstacles, l'homme a sur-tout
besoin qu'une main ferme le protége contre
ses nouveaux ennemis, le dirige à travers ces
écueils, dompte ou modère à leur naissance
ces passions, tourment ou bonheur de la vie
selon qu'une main mal-adroite ou habile leur
aura donné une bonne ou mauvaise direction.

C'est à cette époque qu'il a besoin d'un conseil, d'un ami qui puisse défendre sa raison naissante contre les séductions de toute espèce qui l'environnent ; qui puisse seconder la nature dans ses opérations, hâter, féconder, agrandir ses heureux développemens » (a).

Mais ce n'est pas seulement pendant et au sortir de l'adolescence que l'homme en général, bien loin d'être propre à gouverner l'État, a lui-même besoin d'un guide. C'est pendant plusieurs années encore que, semblable au vaisseau poussé par des vents contraires, il se sent battu de la tempête ; tour-à-tour soulevé de même jusqu'au sein des nuages et précipité dans la profondeur des abymes, il est encore prêt souvent à se briser et à s'engloutir dans un océan dont les flots sont amers et remplis de douloureux souvenirs.

Avant que l'homme ait vu s'accomplir son huitième lustre, le calme succède à peine à l'orage ; la fougue et l'effervescence des pas-

---

(a) Discours prononcé au Corps législatif, par M. Réal, Conseiller d'État, le 25 ventôse an XI, lors de la présentation du titre du Code Civil, *relatif à la Puissance paternelle.*

sions sont à peine amorties; il se trouve encore bien souvent exposé à être bercé et égaré
par de vaines et trompeuses illusions ; l'expérience n'a point encore entièrement dissipé
ses erreurs, et chassé loin de lui tous les rêves
dont le mobile et dangereux cortége accom-
pagne ses pas et se présente devant lui dans
les premières années de la vie : il est alors à
peine passé de cette confiance aveugle et té-
méraire qui naît de l'inexpérience, d'une folle
et orgueilleuse présomption, à cet état d'incertitude et de doute qui conduit à la recherche de la science et à la découverte de la vérité ; et de cet état de doute à celui de la
fixité, de la croyance éclairée, qui constituent
la véritable sagesse, et sans le secours desquelles il est impossible, non-seulement de
régir les intérêts de l'humanité, de la société,
mais même les intérêts de sa vie privée (a).

Ce n'est pas qu'il ne puisse encore exister
quelques exceptions : peut-être même sont-
elles assez nombreuses. Sans doute il est des

_____

(a) *Voy. ci-dessus*, 1re part., Conclusion ; et *ci-après*,
2.e part., Conclusion.

hommes favorisés par la nature, chez lesquels
le germe de la sagesse se développe avant
l'époque ordinaire de l'entière et parfaite maturité. Mais, par cela même que ces exemples
rentrent dans le cas des exceptions, ils ne peuvent pas servir de base à une disposition de
loi constitutionnelle et d'organisation. Qu'un
homme d'ailleurs soit assez heureux pour que
l'instruction, les lumières, la sagesse et la raison aient pris en lui un développement rapide
et anticipé; on ne pourrait en conclure que
la société ne fût pas toujours en droit d'exiger de lui, aussi bien que de tous les autres,
la garantie que, même à son égard, le temps
et l'âge seuls peuvent donner. Il suffit que
cette autre garantie puisse être ajoutée à celles
que nous avons déja reconnues, pour que le
législateur, organe de la volonté générale, ne
doive pas omettre d'en faire de même l'une
des conditions formelles de l'éligibilité des représentans. En un mot, dans l'intérêt du corps
social, il lui est prescrit de ne négliger aucune
de celles que l'étude de l'histoire pourra lui
découvrir, ou que la nature même des choses,
sa pénétration, sa sagacité, lui désigneront

manifestement comme pouvant avoir quelque efficacité. Cet intérêt de la société les réclame toutes impérieusement : il ne peut donc jamais trop en exiger ; et, il n'en faut pas douter, ce ne sera que par la liaison, par le complément entier, de ces diverses garanties réunies, fortifiées les unes par les autres, qu'enfin le système représentatif acquerra un jour le degré de perfection et de solidité, dont il a éminemment besoin, et dont peut-être il n'est déja plus personne aujourd'hui qui ne sente parfaitement la nécessité.

Laissez donc, en effet, à l'expérience, à la raison, à la vertu des hommes dont vous pourrez faire un jour vos représentans, que vous élèverez aux plus importantes, aux plus éminentes fonctions, le temps de se former, de s'affermir, de s'éprouver elles-mêmes, et de se faire bien connaître de leurs plus proches concitoyens. Avant d'appeler ces hommes à donner toute leur application, leurs travaux et leurs veilles aux délibérations relatives aux intérêts les plus chers de la patrie, donnez-leur le temps qui peut leur être nécessaire pour soigner, pour conduire sagement leurs affaires personnelles, pour accroître et consolider leur propre fortune : et, par la conduite qu'ils auront su tenir dans la gestion de leurs intérêts particuliers ; par les preuves d'honneur, de probité, d'intégrité, qu'ils auront données dans leur vie privée, vous pourrez juger plus sûrement de leur capacité, de leur aptitude en matière de législation ; de la noblesse de leur caractère, et de leur véritable attachement aux principes universels d'équité, de morale, dont la rigide et invariable observation est le fondement le plus ferme, le plus assuré, de vos droits et de vos libertés.

Et, dans le fait, ce n'est au surplus que lorsqu'il reste peu de chose à faire pour soi-même et pour sa famille, qu'il devient désirable et possible de rendre ses services utiles à l'État : qu'il est naturel de sentir plus vivement le besoin de consacrer quelques années de sa carrière à la gloire de contribuer d'une manière plus spéciale et plus directe au bien-être de l'humanité, à la prospérité de son pays ; à la propagation, à l'affermissement des saines doctrines ; à la consolidation, au perfectionnement de l'organisation sociale et des bonnes institutions.

Aussi voit-on que non-seulement la plupart des peuples dont la constitution participait d'un élément de démocratie ou même d'aristocratie, se sont fait de cette condition d'éligibilité une règle, une loi fondamentale; mais encore que les philosophes de l'antiquité et les publicistes modernes les plus célèbres se sont appliqués spécialement à en démontrer l'utilité.

Machiavel, à la vérité, émet un sentiment contraire, et prétend que les hommes sont plus propres à occuper les places publiques dans la jeunesse que dans l'âge mûr (a). Mais, indépendamment de ce qu'en thèse générale les opinions de Machiavel sont habituellement en opposition directe avec les préceptes de la droite raison, du bon sens, et de l'équité naturelle, les argumens qu'il fait ici valoir spécialement, à l'appui de sa proposition, ne peuvent être d'aucun poids, 1° parce qu'il raisonne seulement dans l'hypothèse d'un état

_____

(a) Discours politique, liv. 1, chap. 60.

de choses tel, que le mérite individuel de chaque citoyen pourrait être facilement reconnu du peuple entier, c'est-à-dire dans la supposition d'une société peu nombreuse, dont le territoire aurait peu d'étendue, et où conséquemment le système représentatif ne serait pas nécessaire : 2° parce que tous les points de son raisonnement, bien loin d'avoir rapport aux fonctions publiques qui se rattachent à l'exercice de la puissance législative, ne sauraient être applicables, et avoir quelque apparence de force et de solidité, qu'en ce qui concerne les emplois purement relatifs au commandement des armées, emplois où la force du corps, l'activité de l'esprit; la promptitude d'imagination, de conception, d'exécution ; la vivacité, la valeur, le sang-froid, le courage, dans l'action, sont en effet, sinon les seules ou les plus importantes qualités à désirer, du moins les qualités les plus ostensibles, celles que les soldats et le peuple en général peuvent le plus facilement reconnaître et apprécier.

Platon, au contraire, pensait que les charges publiques ne pouvaient être confiées, pour l'avantage de la société, qu'à des hommes réfléchis et d'un âge mur. « Il sera temps, dit-il, de conduire au terme ceux qui, à cinquante ans, seront sortis purs des épreuves, et se seront distingués dans la culture des sciences et dans toutes leurs actions ; de les porter à diriger l'œil de l'ame vers l'astre qui éclaire toutes choses, à contempler l'essence du bien, et à s'en servir ensuite comme d'un modèle pour régler leurs mœurs, celles de l'État et de chaque citoyen : s'occupant toujours de l'étude de la philosophie, ils se chargeront cependant tour-à-tour du fardeau de l'autorité et de l'administration, dans la seule vue du bien public, et avec la persuasion que leurs fonctions sont moins une place d'honneur qu'un devoir onéreux et indispensable » (a).

Les auteurs modernes disent : « Le Sénat, les Conseils, doivent être composés de personnes d'un âge mur.... L'expérience ajoute aux lumières naturelles, et elle est une suite de l'âge. L'homme de génie verra mieux à vingt-cinq ans qu'un autre d'un âge plus avancé ;

(a) PLATON. De la République.

mais il verra mieux et avec plus de réflexion
à quarante ans. Il se perfectionnera encore
jusqu'à soixante ans., et ne verra plus au travers du voile des passions » (*a*).

—« L'âge serait inutile sans l'expérience, dit
M. de Réal ; mais une expérience consommée
n'est jamais que le fruit du temps, et ne peut
se trouver que dans un homme d'un âge
mûr.... Les peuples, continue-t-il, ont d'ailleurs
plus de respect pour les décisions d'un Conseil composé de gens expérimentés, que pour
celles d'un Conseil formé de jeunes gens » (*b*).

Ajoutons enfin qu'il est encore possible de
reconnaître, dans la disposition constitutionnelle qui fait de la maturité de l'âge une condition essentielle de l'éligibilité, une autre source
de confiance et de sécurité, en ce que des
hommes déja parvenus, dans la carrière de la
vie, à un terme assez avancé, seront naturellement moins portés, ou à abuser de la por-

(*a*) Abrégé de la Républ. de Bodin, tom., 1, liv. iii,
chap. ii, pag. 357.

(*b*) Science du Gouvernement, tom. iv, chap. ix,
sect. 2, pag. 763.

tion de souveraineté qui leur aura été confiée, ou à anticiper sur les autres parties de cette même autorité souveraine, que les bases fondamentales de l'organisation, que le bien, l'intérêt de la société, défendent impérieusement de leur laisser usurper; et qu'ainsi ils n'exciteront pas, de l'une ou de l'autre manière, dans la législation ou même dans la constitution de l'État, un bouleversement, un désordre, dont il leur resterait à peine, du moins dans la vue de leur intérêt personnel, l'espérance et le temps de pouvoir profiter.

VI.
Les titres d'époux, de père de famille, sont encore des garanties naturelles d'une bonne représentation; et doivent de même être textuellement exigés, comme conditions essentielles de l'Éligibilité.

Les législateurs les plus célèbres ont fait, sur le célibat, des lois qu'à certains égards il n'est pas inutile de rapporter ici.

L'histoire des Juifs, qui nous a transmis les noms de Gédéon ayant soixante et onze enfans; de Jaër, père de trente fils portant les armes; d'Abdon ayant quarante fils et trente petits-fils (a), nous apprend que chez eux la stérilité passait pour une espèce d'infamie dans les deux sexes, et pour la marque la moins

***

(a) *Juges*, VIII, v. 30; X, v. 4; XII, v. 14.

équivoque de la malédiction de Dieu. Ils pensaient au contraire que c'était un témoignage authentique de sa bénédiction , d'avoir un grand nombre d'enfans.

Les ordonnances de Moïse ne leur laissaient pas la liberté de vivre dans le célibat; et ses commentateurs, ou les Talmudistes, imposaient aux hommes l'obligation de se marier avant l'âge de vingt ans, en vertu de ce précepte divin, *croissez et multipliez* (*a*); ils flétrissaient du nom d'homicides ceux qui ne songeaient pas à se donner une postérité. A l'égard des femmes, s'ils ne les regardaient pas comme obligées de se marier, parce que cela ne dépendait pas d'elles, ils pensaient qu'aussitôt qu'il se présentait une occasion convenable, c'était pour elles un devoir indispensable de l'accepter (*b*).

Dans son Histoire de la Législation , M. de Pastoret dit : « Moïse connaissait trop bien l'influence du mariage sur les mœurs et la popu-

---

(*a*) *Genèse*, 1, *v.* 28 ; chap. viii, *v.* 17 ; ix, *v.* 1 ; xxxv, *v.* 11.

(*b*) *Voy. ci-après*, pag. 132, *n.* (*b*).

lation, pour ne pas y inviter les Hébreux. Persuadé qu'on trahit la destination de la nature et de la société en se refusant aux devoirs imposés à tous les êtres comme père et comme époux, il ordonna de se marier presque au sortir de l'adolescence.

« *Croissez et multipliez* fut un des premiers préceptes donnés aux hommes par le législateur suprême : il le confirma par la bouche de Moïse; et l'Écriture est pleine de faits qui prouvent jusqu'à quel point on l'observa. Les Talmudistes déclarent semblable à un homicide celui qui ne s'occupe pas de sa postérité : à les en croire, éloignant l'esprit saint du peuple israélite, il outrage à-la-fois la perfection de l'homme et la majesté divine (*a*). Ils ont fixé l'âge à dix-huit ans (*b*) : celui qui en passe vingt, sans être marié, est coupable aux yeux de la loi. Les livres saints reprochent souvent à des fils, comme un véritable

---

(*a*) Gémare de Babylone, *de Fratriis*, chap. vi.

— Selden, *Uxor hebr.* 1, cap. ix. — Basnage, tom. vi, pag. 476, chap. xxii, § 1.

(*b*) *Voy.* Léon de Modène, 4e part., chap. ii.

crime, de n'avoir pas soutenu la maison de leur père et fait revivre son nom. Les femmes sont comprises, ainsi que les hommes, dans ces reproches utiles : aussi, enchaînée au célibat par le vœu de son père, la fille du vainqueur des Ammonites, accompagnée des jeunes vierges de Maspha, parcourt-elle les montagnes pendant deux mois, en pleurant sur la nécessité à laquelle Jephté l'a condamnée, de renoncer pour jamais au titre de mère et d'épouse.... (*a*).

« Quand Rachel sort enfin de la stérilité, elle bénit le seigneur d'avoir mis un terme à l'opprobre où elle languissait. Elle demande à Dieu de joindre encore un fils à celui qui vient de naître, et le nom de *Joseph* est l'expression de ce vœu... (*b*).

« Le titre de père avait des droits certains à la vénération publique. L'Écriture loue souvent des Israélites de ce qu'ils ont une famille étendue (*c*); et le Seigneur, satisfait d'Abra-

---

(*a*) *Juges*, xi, *v.* 37 *et* 38.

(*b*) *Genèse*, xxx, *v.* 23 *et* 24.

(*c*) *Juges*, x, *v.* 4; xii, *v.* 14. 2 Paral. xi, *v.* 2; xiii, *v.* 2.

ham, promet de lui accorder une postérité nombreuse (a). *La couronne des vieillards*, dit le Livre des proverbes, *ce sont les enfans de leurs enfans;* et plus haut : *Un peuple nombreux est la gloire d'un roi; le petit nombre des sujets en est la honte* (b). La naissance d'un fils est célébrée par une fête domestique; son anniversaire est toujours consacré à la joie, à la prière, à la reconnaissance pour Jehova » (c).

Le législateur de Lacédémone punissait par la honte et l'infamie les hommes qui vivaient dans le célibat; il les éloignait de tous les emplois civils et militaires; ils ne pouvaient, sans encourir des peines graves, se montrer dans les lieux où les filles s'exerçaient au combat; exclus des jeux publics, ils devenaient eux-mêmes la risée du peuple dans de certaines fêtes solennelles; ils étaient alors obligés de faire le

---

(a) *Genèse*, XVII, *v*. 5.

(b) *Proverb.* XIV, *v*. 28; XVII, *v*. 6.

(c) Buxtorf, chap. II; et Léon de Modène, 4ᵉ part., chap. VIII. — *Genèse*, XXI, *v*. 8; et I Reg. I, *v*. 24.

— Histoire de la Législation, tom. III, chap. XIX, pag. 515; et tom. IV, chap. XXII, pag. 67, etc.

tour de la ville, à demi nus, et de réciter une chanson faite pour les tourner en ridicule, et dont le sens était qu'ils souffraient cette peine pour avoir désobéi aux lois ; et, lorsqu'ils étaient devenus vieux, ils étaient privés de tous les honneurs, des respects et des soins que les jeunes gens étaient généralement tenus de rendre à la vieillesse.

Au rapport d'Élien, il suffisait, à Sparte, d'avoir trois enfans pour être dispensé de la garde, et cinq pour être exempt de toutes les charges (*a*).

Suivant Dinarque, à Athènes, ni les orateurs, ni les commandans de l'armée ne pouvaient être admis au gouvernement de l'État qu'après avoir eu des enfans (*b*).

Dans ces deux républiques, comme le célibat devait être puni, on avait introduit plusieurs formules d'accusation relatives à ce délit. A Athènes, dit Pollux, on avait établi une accusation *d'agamie* ou *de célibat*. A Sparte, outre cette accusation de célibat, il y en avait une qu'on appelait *opsigamie*, contre les hommes

---

(*a*) *Voy.* Varr. Hist. *lib.* vi, *cap.* 6.
(*b*) Dinarch. *Invectiv. in Demosth.*

qui se mariaient trop tard ; et une autre qu'on appelait *cacogamie*, contre ceux qui faisaient un *mauvais mariage* (*a*). Les biens du citoyen qui mourait sans enfans passaient à celui qui en avait le plus (*b*).

A Rome, l'une des instructions des Censeurs leur enjoignait expressément de ne pas permettre qu'aucun citoyen restât dans le célibat. *Cœlibes esse prohibento* (*c*) : et, pour le rendre odieux, ceux qui y vivaient n'étaient reçus ni à tester ni à rendre témoignage (*d*).

Les gens mariés et ceux qui avaient le plus grand nombre d'enfans étaient toujours préférés, soit pour l'obtention des emplois auxquels ils aspiraient, soit pour les honneurs résultant de l'exercice de ces emplois (*e*). Le consul

---

(*a*) Julius Pollux, *in Onomastico*, lib. VIII, ch. VI.
— *Voy. ci-après*, pag. 132, *n.* (*b*).

(*b*) *Instit. Laconic. ; et in vita Lycurg.*

(*c*) Cette loi est rapportée par Cicéron (*De Legib.*).

(*d*) La première question que le Censeur faisait à ceux qui se présentaient pour prêter serment, était celle-ci : « *Ex animi tui sententia, tu equum habes ? tu uxorem habes* » ?

(*e*) SUETON. *In Augusto*, ch. XLIV. — TACIT., *lib.* II : *Ut numerus liberorum in candidatis præpolleret, quod lex jubebat.*

qui avait le plus d'enfans prenait le premier
les faisceaux (*a*); il avait le choix des provinces (*b*). Le sénateur qui avait le plus d'enfans était inscrit le premier dans le catalogue
des sénateurs, ce qui était un grand honneur,
et il disait au sénat son avis le premier (*c*).
L'on pouvait parvenir avant l'âge aux magistratures, parce que chaque enfant donnait
dispense d'un an (*d*). Si l'on avait trois enfans, on était exempt de toutes les charges
personnelles (*e*). Les femmes nées libres qui
avaient trois enfans, et les affranchies qui en
avaient quatre, sortaient de cette perpétuelle
tutelle (*f*) où les retenaient les anciennes lois
de Rome (*g*). Lorsqu'il était question de conclure une alliance, de déclarer la paix ou
la guerre, la députation des *Féciaux* n'était
jamais confiée qu'à des hommes dont le père

(*a*) AULU-GELL, *lib.* 11, *cap.* xv.

(*b*) TACIT. Annal. *lib.* xv.

(*c*) *Voy.* la Loi vi, § 5. *De Decurion.*

(*d*) *Voy.* la Loi 11, ff. *De minorib.*

(*e*) Loi 1, et 11, ff. *De Vacatione, et Excusat. Muner*

(*f*) Fragm. d'Ulpien, tit. 29, § 3.

(*g*) PLUTARQUE. *Vie de Numa.*

était encore vivant, et qui étaient eux-mêmes pères de plusieurs enfans. De là le nom de *pères patrats*, ou *pères d'effet*, qu'on leur donnait.

César et Auguste promirent de grandes récompenses à ceux qüi auraient beaucoup d'enfans *(a)*. Auguste même ne se borna pas à donner des récompenses ; il imposa des peines nouvelles à ceux qui n'étaient pas mariés *(b)*, et augmenta les récompenses de ceux qui l'étaient et de ceux qui avaient des enfans, en même temps qu'il déclara nuls les contrats de mariage, lorsque la fille avait moins de dix ans *(c)*. Tacite appelle ces lois *Juliennes (d)*; « Il y a grande apparence, remarque M. de Montesquieu, qu'on y avait fondu les anciens réglemens faits par le sénat, le peuple et les censeurs» *(e)*. Trente-quatre ans après qu'elles

---

(a) Dion, *lib.* xliii ; Suéton., Vie de César, chap. xx ; Appien, liv. ii, *De la guerre civile.*

(b) L'an 736 de Rome.

(c) Dion., lib. liv, *ann.* 736 ; et dans le même auteur, lib. lvi, *la Harangue d'Auguste.*

(d) *Julias Rogationes*, Annal., lib. iii.

(e) Esprit des Lois, liv. xxiii, chap. xxi.

eurent été faites (*a*), les chevaliers en deman-
dèrent la révocation : mais Auguste les ayant
fait assembler, plaça d'un côté ceux qui
étaient mariés, et de l'autre ceux qui ne l'é-
taient pas ; et ces derniers s'étant trouvés les
plus nombreux, il augmenta encore les peines
qu'il avait déja établies contre eux, et donna
la loi qu'on nomma de son nom, *Julia*, et *Pap-
pia Poppæa*, du nom des consuls (*b*) d'une
partie de cette année, ou subrogés, qui eux-
mêmes n'avaient pas d'enfans et n'étaient pas
mariés (*c*). Par cette loi, il établissait des distinctions entre les citoyens, relativement au célibat,
au mariage, aux enfans. Ceux qui ne se mariaient pas avant vingt-cinq ans, étaient exclus,
après ce terme, des charges et des honneurs.
Ils payaient un tribut particulier à la république, et devenaient incapables de recevoir
aucun legs, à moins que le testateur ne fût

(*a*) L'an 762 de Rome. Dion, lib. LVI.

(*b*) Marcus Pappius Mutilus, et Q. Poppæus Sabinus.
Dion, lib. LVI.

(*c*) « La grandeur du mal, remarque encore M. de
Montesquieu, paraissait dans leur élection même ». (Esprit des Lois, liv. XXIII, chap. XXI).

au moins leur parent au sixième degré (*a*). Ceux qui, étant mariés, n'avaient pas d'enfans, n'en recevaient que la moitié (*b*). Les gens mariés, exempts de ces peines, précédaient encore, dans tous les endroits où les places étaient marquées, ceux qui n'avaient pas de femmes (*c*) ; mais ils étaient précédés à leur tour par les citoyens qui avaient des enfans ; et parmi ces derniers la place la plus honorable appartenait de droit à ceux qui avaient trois enfans, ce que l'on appelait le droit de *jus trium liberorum*, dont il est souvent parlé dans tous les auteurs qui ont écrit après Auguste.

La loi donnait à un mari ou à une femme qui survivait, deux ans pour se remarier (*d*),

---

(*a*) *Voy*. les Fragm. d'Ulpien, aux tit. 14, 15, 16, 17 et 18, « *qui sont*, dit M. de Montesquieu, *un des beaux morceaux de l'ancienne jurisprudence romaine* ».

(*b*) *Sozom*., liv. 1, chap. ix. — Fragm. d'Ulpien, tit. 16, § 1. — Et leg. unic. cod. Theod. *de infirm. Pœnis Cœlib. et Orbitat.*

(*c*) Cette coutume s'observe encore chez les peuples modernes.

(*d*) (Fragm. d'Ulpien, tit. 14). — Il paraît que les premières lois *Juliennes* donnèrent trois ans. (Harangue

et un an et demi dans le cas du divorce. Les
pères qui ne voulaient pas marier leurs enfans ou donner de dot à leurs filles, y étaient
contraints par les magistrats (*a*).

On ne pouvait faire de fiançailles, lorsque
le mariage devait être différé de deux ans (*b*);
et comme on ne pouvait épouser une fille
qu'à douze ans, on ne pouvait la fiancer qu'à
dix. La loi ne voulait pas que l'on pût jouir
inutilement (*c*), et sous prétexte de fiançailles, des priviléges des gens mariés.

Il était défendu à un homme qui avait
soixante ans, d'épouser une femme qui en
avait cinquante (*d*). Comme on avait don-

---

d'Auguste dans Dion, liv. lvi. — Suéton., Vie d'Auguste,
chap. xxxiv). — D'autres lois *Juliennes* n'accordèrent
qu'un an. — Enfin la loi *Pappienne* en donna deux.
(Fragm. d'Ulpien, tit. 14):

(*a*) C'était le trente-cinquième chef de la loi *Pappienne*,
leg. 19, ff., *de Ritu Nuptiarum*.

(*b*) Dion, lib. liv, *anno* 736 ; Suéton., *in Octavio*,
chap. xxxiv.

(*c*) *Ibid.;* et dans le même auteur, liv. lvi, la Harangue
d'Auguste.

(*d*) Fragm. d'Ulpien, tit. 16 ; et la loi xxvii, cod., *de
Nuptiis.*

né de grands priviléges aux gens mariés,
la loi ne voulait point qu'il y eût des mariages
inutiles. Par la même raison, le sénatus-con-
sulte Calvisien déclarait *inégal* le mariage
d'une femme qui avait plus de cinquante ans
avec un homme qui en avait moins de soixante;
de sorte qu'une femme qui avait cinquante
ans ne pouvait se marier sans encourir les
peines de ces lois (*a*). Tibère ajouta à la rigueur de la loi *Pappienne*, et défendit à un
homme de soixante ans d'épouser une femme
qui en avait moins de cinquante; de sorte
qu'un homme de soixante ans ne pouvait se
marier en aucun cas, sans encourir la
peine (*b*).

(*a*) Fragm. d'Ulpien, tit. 16, § 3.
(*b*) Sueton., *in Claudio*, chap. XXIII.
—On doit en effet s'appliquer à éviter les *mésalliances*;
et nous entendons par ce terme, non pas celles dans lesquelles il existe, entre les parties contractantes ou leurs
familles, quelques-unes de ces vaines distinctions de
rangs, de titres, de naissance, mais ces mariages qui,
par une trop grande disproportion d'âges, sont d'avance
condamnés à rester stériles, et qui deviennent presque
toujours funestes aux bonnes mœurs, au bonheur et à la
paix des familles ; ceux qui sont la suite d'une vile spé-

D'après Strabon, en Perse, le roi propo-
sait tous les ans des récompenses pour ceux

culation, et dans lesquels on sacrifie à l'avantage de la
fortune toutes les autres considérations possibles, même
celles de la santé ou de l'honneur. Hyppodamas, législateur, avait établi, à Milet, que les pauvres épouseraient
les riches ; et un Publiciste moderne dit : « Une coutume
qui ne serait pas à mépriser, est celle qui est en usage
dans le pays de Galles, et dans la petite contrée des
Basques. Jamais une héritière n'épouse un héritier. Cette
coutume serait utile sous deux points de vue importans :
deux fortunes puissantes ne pourraient se réunir pour
en faire une disproportionnée avec les autres ; et les familles déchues pourraient se relever ». (Abrégé de la
Républ. de Bodin, vol. 1, liv. 11, chap. xi, pag. 292).

Dans un État où l'on doit se faire un extrême scru-
pule de porter la plus légère atteinte à la liberté individuelle, ce serait moins par une défense directe et positive,
par une prohibition impérative, que par cette influence
éloignée, mais toujours puissante, lorsqu'on sait l'exercer, sur les mœurs, sur l'honneur, que le législateur
devrait arriver à proscrire, à rendre comme impossibles
et les unions de cette sorte, et celles où il existe disproportion d'âges, ou telle autre que la raison et la nature
condamnent.

Sans qu'il soit besoin de l'intervention du législateur,
toute femme riche, qui écoute la voix de la raison et qui
a une piété éclairée, devrait s'attacher à rechercher dans
l'homme qu'elle va accepter pour époux tant les qualités

qui donneraient le plus de citoyens à l'État (*a*);
et, suivant Helvétius, le célibat est encore considéré dans ce pays comme un crime : « Rien,
disent les Persans, de plus contraire aux vues
de la nature et du créateur, que le célibat » (*b*).

Chez les Gaulois, de même que chez les
Spartiates et chez les Athéniens, on ne pouvait sans déshonneur et sans honte n'être pas
marié à vingt ans.

Louis XIV, par des lettres patentes en

---

physiques qui peuvent lui donner l'espérance fondée de
donner naissance à une génération saine et robuste, que
les qualités morales de l'esprit et du cœur, l'honneur,
la probité, indispensables et premiers élémens d'une
bonne éducation, sans jamais s'occuper de ces mêmes
distinctions chimériques uniquement fondées sur les
titres et sur la naissance : ce qui s'applique, à plus forte
raison encore, au choix que l'homme riche doit faire
d'une compagne. Si cette règle de conduite, conforme à
la raison, au véritable intérêt, au droit naturel, était
plus généralement suivie, on verrait dans le monde
moins de ménages si mal assortis, et d'unions dont toutes
les suites sont malheureuses.

(*a*) STRAB. Géogr. lib. xv, pag. 753.

(*b*) HELVÉTIUS. De l'Homme et de son Éducation,
tom. 1, pag. 212.

forme d'édit, données à Saint-Germain-en-
Laye, au mois de septembre 1666 (*a*), créa
des pensions et des récompenses en faveur
des gentilshommes, bourgeois, et autres pères
de familles, et de leurs femmes, lorsqu'ils auraient dix enfans, non prêtres, religieux ou
religieuses ; le pape Benoist XIV, par un édit
du mois de mars 1745, rétablit dans ses États
les priviléges dont jouissaient, chez les anciens
Romains, ceux qui avaient un grand nombre
d'enfans ; et le roi de Sardaigne, Victor Amé-
dée, ordonna que ceux de ses sujets qui auraient douze enfans légitimes seraient exempts
pendant toute leur vie des impositions, et charges publiques sur leurs biens, des droits de
gabelle et autres pour les marchandises et
denrées nécessaires à leur entretien, et que
l'on compterait au nombre de ces enfans ceux
du premier degré, les enfans des enfans pré-
décédés, et ceux qui seraient morts au service du prince pendant la guerre. Dans le
Canton de Berne, les nominations aux places

(*a*) Ces lettres sont rapportées par Larroque, dans son
Traité *de la Noblesse*, pag. 337. *Édit. de Rouen*, 1710.

de sénateurs se font en partie par la voie du sort, en partie par la voie d'élection; mais celui que le sort désigne et qui a en outre réuni le plus de voix, n'est cependant élu qu'autant qu'il est marié.

« A Berne, dit Burlamaqui, les membres de l'État ne peuvent obtenir des bailliages, s'ils ne sont pas mariés » (a).

Les plus célèbres philosophes de l'antiquité, les publicistes et les moralistes modernes sont ici d'accord avec ces diverses législations, sous ce point de vue important, la considération, le respect, l'encouragement même, dus aux bonnes mœurs, au mariage, qui contribue puissamment à les conserver, et à la paternité.

Platon, dans son Traité des lois, tolère le célibat jusqu'à trente-cinq ans; mais passé cet âge, il veut que l'on impose une amende aux hommes qui ne se marient pas (b); il leur in-

---

(a) Princ. du Droit de la nature et des Gens, 2ᵉ part., tom. vi, chap. viii, § 6. pag. 407. Édit. 1768.

(b) Ne serait-ce pas une justice d'établir, dans chaque commune, ou dans chaque canton, arrondissement ou département, plus spécialement à leurs frais, un hospice,

terdit aussi les emplois, et leur assigne les derniers rangs dans les cérémonies publiques (a).

Aristote rapporte, relativement à Sparte, les mêmes faits qu'Élien, avec cette différence que, suivant son propre sentiment, quatre enfans suffisaient pour exempter un citoyen de toutes les charges de la république (b).

Cicéron, par qui la loi *cœlibes esse prohibento*, précédemment citée, est rapportée, voulait que les hommes vivant dans le célibat fussent regardés comme indignes de tous les honneurs (c).

Plutarque, qui nous a transmis une partie des faits qui viennent d'être rapportés, ajoute au sujet de la loi sur les *féciaux*, que « Cette loi fut un effet de la prudence de Numa, qui était avec raison persuadé qu'un citoyen ayant

---

une maison de charité, destinée à recueillir, nourrir, élever, les enfans des familles les plus pauvres, et surtout les enfans trouvés ?

(a) Plato. *De Leg.*, lib. iv et vi; *in Lycurg.*; et *in Apophtheg.*

(b) Aristotf. Politique, liv. ii, chap. ix.

(c) Cicero. *De Legib.*

un père et des enfans, est naturellement plus porté à demeurer fidèle à sa patrie » (*a*).

M. de Montesquieu, dont on a déja pu pressentir l'opinion à ce sujet, par les remarques qu'il a faites sur la législation ancienne des Romains et que nous venons de voir, s'exprime en ces termes, au même chapitre de l'Esprit des lois : « Les anciennes lois de Rome cherchèrent beaucoup à déterminer les citoyens au mariage. Le sénat et le peuple firent souvent des réglemens là-dessus, comme le dit Auguste dans sa harangue rapportée par Dion.

« Denys d'Halicarnasse (*b*) ne peut croire qu'après la mort des trois cent cinq *Fabiens* exterminés par les *Véiens*, il ne fût resté de cette race qu'un seul enfant ; parce que la loi ancienne, qui ordonnait à chaque citoyen de se marier et d'élever tous ses enfans, était encore en vigueur (*c*).

« Indépendamment des lois, les censeurs

(*a*) PLUTARQUE. Vie de Numa.

(*b*) Liv. II.

(*c*) L'an de Rome 277.

eurent l'œil sur les mariages; et, selon les besoins de la république, ils y engagèrent et
par la honte et par les peines (*a*).

« Les mœurs, qui commencèrent à se corrompre, contribuèrent beaucoup à dégoûter
les citoyens du mariage, qui n'a que des peines pour ceux qui n'ont plus de sens pour
les plaisirs de l'innocence. C'est l'esprit de
cette harangue que *Métellus Numidien* fit au
peuple dans sa censure.... (*b*).

« César défendit aux femmes qui avaient
moins de quarante-cinq ans, et qui n'avaient
ni maris ni enfans, de porter des pierreries,
et de se servir de litières (*c*); méthode excel-
lente d'attaquer le célibat par la vanité.

« Les lois d'Auguste furent plus pressan-
tes.... (*d*).

« Ces lois d'Auguste furent proprement un
code de lois et un corps systématique de tous

(*a*) *Voy.* sur ce qu'ils firent à cet égard, Tite-Live.
liv. XLV; l'Épitomé de Tite-Live, liv. LIX; Aulu-gelle.
liv. I, chap. VI; Valère-Maxime, liv. II, chap. XIX.
(*b*) Elle est dans Aulu-gelle, liv. I, chap. VI.
(*c*) EUSÈBE, dans sa chronique.
(*d*) DION, liv. LIV; et *ci-dessus*, pag. 128.

les réglemens qu'on pouvait faire sur ce sujet.
On y refondit les lois juliennes (*a*), et on
leur donna plus de force : elles ont tant de
vues, elles influent sur tant de choses, qu'elles
forment la plus belle partie des lois civiles
des Romains.

« On en trouve les morceaux dispersés
dans les précieux fragmens d'Ulpien, dans les
lois du Digeste tirées des auteurs qui ont écrit
sur les lois Pappiennes, dans les historiens et
les auteurs qui les ont citées, dans le Code
Théodosien qui les a abrogées, dans les pères
qui les ont censurées, sans doute avec un zèle
louable pour les choses de l'autre vie, mais
avec très-peu de connaissance des affaires de
celle-ci...... (*b*).

« Mais, dans la suite les dispenses furent
données sans ménagement, et la règle ne fut
plus qu'une exception.

« Des sectes de philosophie avaient déja introduit dans l'Empire un esprit d'éloignement

(*a*) Le titre 14 des Fragmens d'Ulpien distingue fort
bien la loi *Julienne* de la loi *Pappienne*.

(*b*) Jacques Godefroi en a fait une compilation.

pour les affaires, qui n'aurait pu gagner à ce point dans le temps de la république (*a*), où tout le monde était occupé des arts de la guerre et de la paix. De là une idée de perfection attachée à tout ce qui mène à une vie *spéculative* (*b*) : de là l'éloignement pour les soins et les embarras d'une famille. La religion chrétienne (*c*), venant après la philosophie, fixa, pour ainsi dire, des idées que celle-ci n'avait fait que préparer.

« Le christianisme donna son caractère à la jurisprudence : car l'empire a toujours du rapport avec le sacerdoce (*d*). On peut voir le

---

(*a*) *Voy.* dans les Offices de Cicéron, ses idées sur cet esprit de spéculation. (*Note de l'Esprit des Lois*).

(*b*) Ou plutôt *contemplative.*

(*c*) Mal interprétée et mal comprise.

(*d*) Remarque importante, et propre à convaincre qu'il ne faut jamais admettre, d'une manière plus ou moins directe, à l'exercice de la puissance législative, les hommes revêtus de l'autorité spirituelle.

— Par le statut 41 du règne de Georges III, chap. 73, intitulé : « *Acte pour détruire les doutes relativement à l'éligibilité des personnes entrées dans les ordres sacrés, comme représentans à la Chambre des Communes,* il a été déclaré et arrêté que nul de ceux qui au-

Code Théodosien , qui n'est qu'une compilation des ordonnances des empereurs chrétiens....

« Il est certain que les changemens de Constantin furent faits, ou sur des idées qui se
rapportaient à l'établissement du christianisme,
ou sur des idées prises de sa perfection (a).
De ce premier objet vinrent ces lois qui donnèrent une telle autorité aux évêques, qu'elles ont été le fondement de la juridiction ec-
clésiastique; de là ces lois qui affaiblirent
l'autorité paternelle (b), en ôtant au père la
propriété des biens de ses enfans. Pour étendre une religion nouvelle, il fallait ôter l'ex-

---

raient été ordonnés prêtres ou diacres, ne peut ou ne
pourra être élu membre de la Chambre des Communes;
et que, s'il y siége, il encourra une amende de 500 liv.,
par chaque jour, et sera incapable d'occuper aucun emploi ou office à la nomination du roi. (*Voy.* les Commentaires de Blackstone, tom. 1, liv. 1, ch. 11. — *Voy. aussi
ci-dessus*, vol. v, pag. 118 *et suiv.*).

(a) *Voy.* la note (c) *ci-dessus* au recto de ce feuillet.

(b) *Voy.* la Loi 1, 11 et 111, au Code Theod. : *De bonis
maternis , maternique generis*, et la Loi unique au même
Code , *de Bonis quæ Filiis famil. acquiruntur.*

trême dépendance des enfans, qui tiennent toujours moins à ce qui est établi.

« Les lois faites dans l'objet de la perfection chrétienne, furent sur-tout celles par lesquelles il ôta les peines des lois *Pappiennes* (a), et en exempta, tant ceux qui n'étaient point mariés, que ceux qui, étant mariés, n'avaient pas d'enfans....

« Les principes de la religion ont extrêmement influé sur la propagation de l'espèce humaine : tantôt ils l'ont encouragée, comme chez les Juifs, les Mahométans, les Guèbres, les Chinois (b) : tantôt ils l'ont choquée, comme ils firent chez les Romains devenus chrétiens.

« On ne cessa de prêcher par-tout la continence, c'est-à-dire cette vertu qui est plus

---

(a) Leg. unic. Cod. Theod. *De infirm. Pœn. Cœlib. et Orbit.*

(b) Ce serait une erreur de croire que la polygamie soit favorable à la propagation de l'espèce. Il se peut qu'au premier aperçu, elle semble la favoriser ; mais l'expérience et la réflexion prouvent toutes deux le contraire. (*Voy. ci-après*, à ce sujet, l'Appendice, liv. II, n. 7).

parfaite, parce que par sa nature elle doit être pratiquée par très-peu de gens.

« Constantin n'avait point ôté les lois décimaires, qui donnaient une plus grande extension aux dons que le mari et la femme pouvaient se faire à proportion du nombre de leurs enfans : Théodose le jeune abrogea (*a*) encore ces lois.

« Justinien déclara valables tous les mariages que les lois *Pappiennes* avaient défendus (*b*). Ces lois voulaient qu'on se remariât : Justinien (*c*) accorda des avantages à ceux qui ne se remarieraient pas.

« Par les lois anciennes, la faculté naturelle que chacun a de se marier et d'avoir des enfans, ne pouvait être ôtée : ainsi, quand on recevait un legs à condition de ne point se marier (*d*), lorsqu'un patron faisait jurer à son affranchi qu'il ne se marierait point, et qu'il n'aurait point d'enfans (*e*), la loi *Pap-*

(*a*) Leg. ii et iii, Cod. Theod. *De Jur. Lib.*

(*b*) Leg. Sancimus, Cod. *De Nuptiis.*

(*c*) Nov. 127, chap. iii; Nov. 118, chap. v.

(*d*) Leg. liv, ff. *De Condit. et Demonst.*

(*e*) Leg. 5, § 4, *De Jure Patronat.*

pienne annullait et cette condition et ce serment (*a*).

« Les clauses, *en gardant viduité*, établies
parmi nous, contredisent donc le droit ancien, et descendent des Constitutions des
empereurs, faites sur les idées de la perfection.

« Il n'y a point de loi qui contienne une
abrogation expresse des privilèges et des honneurs que les Romains païens avaient accordés aux mariages et au nombre des enfans :
mais là où le célibat avait la prééminence, il
ne pouvait plus y avoir d'honneur pour le
mariage; et puisque l'on put obliger les trai-
tans à renoncer à tant de profits par l'abolition
des peines, on sent qu'il fut encore plus aisé
d'ôter les récompenses.

« La même raison de spiritualité qui avait
fait permettre le célibat, imposa bientôt la
nécessité du célibat même. A dieu ne plaise
que je parle ici contre le célibat *qu'a*
adopté (*b*) la religion : mais qui pourrait se

(*a*) Paul, dans ses Sentences, liv. iii, tit. 4, § i5.
(*b*) Il n'est rien assurément qui plus évidemment soit

taire contre celui qu'a formé le libertinage ;
celui où les deux sexes, se corrompant par
les sentimens naturels mêmes, fuient une
union qui doit les rendre meilleurs, pour vivre dans celle qui les rend toujours pires?

« C'est une règle tirée de la nature, que
plus on diminue le nombre des mariages qui
pourraient se faire, plus on corrompt ceux
qui sont faits; moins il y a de gens mariés,
moins il y a de fidélité dans les mariages :

---

moins d'institution divine. « *Mariez-vous*, dit saint Paul,
plutôt que de brûler de feux illégitimes.... »

Suivant Zénon, la perfection de l'homme consiste à
vivre conformément aux lois de la nature ; c'est elle qui
nous conduit à la vertu. (Diog. Laert.) — «Etre vertueux,
dit Cicéron, c'est vivre selon la nature de l'homme,
vivere ex hominis natura». — « La règle de la vie, selon
Arrien, est de faire tout ce qui est conforme à la nature
de l'homme». —En un mot, résister aux impulsions de la
nature, lorsque la résistance est utile pour soi-même,
c'est prudence : s'en imposer la renonciation, lorsqu'elle
est évidemment nécessaire aux autres, c'est noblesse et
courage : mais lorsqu'il n'en résulte ni utilité pour soi
ni avantage réel pour autrui, ce n'est ni sagesse, ni
mérite, ni courage, ni vertu ; c'est absence de raison, c'est
folie. — *Voy.* au surplus, à ce sujet, l'Appendice, liv. 1,
note (42).

comme lorsqu'il y a plus de voleurs, il y a plus de vols » (*a*).

« Il n'y a malheureusement point de milieu, dit l'Ami des hommes ; la débauche ou le mariage ; mais l'une est stérile, et l'autre est fécond » (*b*). —« Il faut être époux, dit un autre auteur, il faut devenir père, pour juger sainement de ces vices contagieux qui attaquent les mœurs dans leur source, de ces vices doux et perfides qui portent le trouble, la honte, la haine, la désolation, le désespoir, dans le sein des familles.

« Un célibataire, insensible à ces afflictions, qui lui sont étrangères, ne pense ni aux larmes qu'il fera répandre, ni aux fureurs et aux vengeances qu'il allumera dans les cœurs. Tout occupé, comme l'araignée, à tendre ses filets, et à guetter l'instant d'y envelopper sa

---

(*a*) Esprit des Lois, liv. xxiii, chap. xxi.

(*b*) (Tom. i, chap. vi. *De la nécessité et des moyens d'encourager l'agriculture*, pag. 135).

Il n'y a pas long-temps encore qu'en Espagne, les sandales des moines, posées en sentinelle à la porte de la chambre à coucher, en interdisaient l'entrée au mari lui-même.

proie, ou il retranche de sa morale le respect des droits les plus saints, ou, s'il lui en revient quelques souvenirs, il les regarde comme des lois tombées en désuétude. Ce que tant d'autres se permettent de faire, ou s'applaudissent d'avoir fait, lui paraît, sinon légitime, du moins très-excusable. Il croit pouvoir jouir de la licence des mœurs du temps.

« Mais, lorsque lui-même il s'est mis au nombre de ceux que les séductions d'un adroit corrupteur peuvent rendre malheureux pour toute la vie; lorsqu'il voit que les artifices, le langage flatteur et attrayant d'un jeune fat, n'ont qu'à surprendre ou l'innocence d'une fille ou la faiblesse d'une femme, pour désoler le plus honnête homme, et lui-même peut-être un jour; averti par son intérêt personnel, il sent combien l'honneur, la foi, la sainteté des mœurs conjugales et domestiques sont, pour un époux, pour un père, des propriétés inviolables; et c'est alors qu'il voit d'un œil sévère ce qu'il y a de criminel et de honteux dans de mauvaises mœurs, de quelque décoration que le revête l'éloquence, et sous quelques dehors de bienséance et d'honnêteté que le déguise un industrieux écrivain » (*a*).

Sous un autre point de vue, qui se rapproche encore davantage de l'objet qui nous occupe ici spécialement, Bentham dit : « La force des sympathies naturelles est une des raisons qui ont fait préférer par les législateurs les hommes mariés aux célibataires , et les pères de famille à ceux qui n'ont point d'enfans. La loi a bien plus d'empire sur ceux qu'on peut atteindre dans une plus grande sphère : et d'ailleurs, plus intéressés au bonheur de ceux qui doivent leur survivre, ils unissent dans leur pensée le présent à l'avenir ; tandis que les hommes qui n'ont pas les mêmes liens, n'ont d'intérêt que dans une possession viagère » (*b*).

Un autre publiciste (Burlamaqui) s'exprime ainsi : « Le mariage est non-seulement la pépinière du genre humain ; mais encore il dispose merveilleusement l'homme à la socia-

---

(*a*) MARMONTEL. OEuvres posthumes, tom. III , liv. x, pag. 205. *Édit. in-8°*.

(*b*) Traité de Législation civ. et pén. , tom. I , pag. 60.

bilité. Ce tendre amour des pères pour leurs enfans fait que l'homme, en devenant père de famille, devient en même temps beaucoup plus propre à remplir les devoirs de citoyen; ses enfans sont autant d'autres lui-même; ce sont les branches d'un même tronc, qui ne font qu'un tout avec lui, et pour lesquels l'homme ne s'intéresse pas moins que pour soi-même : aussi l'expérience fait-elle voir que, toutes choses d'ailleurs égales, ceux-là sont de beaucoup meilleurs citoyens qui sont pères de plusieurs enfans, que ceux qui vivent dans le célibat; c'est que les premiers tiennent à la société par beaucoup de liens; c'est proprement ici une extension d'amour-propre; l'on peut donc déja assurer à cet égard que la condition naturelle de l'homme, par rapport au plaisir d'un amour légitime, renferme en elle-même comme les premières semences de la sociabilité....

« J'ose même dire que cette disposition naturelle de l'homme, à le considérer en général, donne à l'ame un caractère, et, pour ainsi dire, une trempe de douceur et d'humanité. Tout ce qui met les hommes dans une dépendance les uns des autres par rapport à leur bonheur, à leur utilité, à leurs plaisirs, contribue infiniment à donner à leurs mœurs une impression de tendresse et de sensibilité, si nécessaire au bonheur de la vie sociale en général : aussi a-t-on remarqué que ces hommes disgraciés de la nature, qui sont, pour ainsi dire, morts au moment de leur naissance, ou les victimes d'une main barbare, sont de tous les mortels les plus insociables, gens durs et cruels, incapables de compassion, et inaccessibles à la pitié » (a).

C'est peut-être en partie par l'un des motifs indiqués dans ce passage de Burlamaqui, que, dans les Gouvernemens despotiques, on confie les plus hautes charges et la magistrature aux eunuques. Au Tunquin, dit Dampierre, tous les mandarins, tant civils que militaires, sont eunuques. C'était autrefois de même à la Chine. Les deux Arabes mahométans qui y voyagèrent au neuvième siècle, disent *l'eunuque,* quand ils veulent parler du gouverneur d'une ville. « L'on confie

(a) Lettre sur le Mariage, écrite à Milord Kilmorey.

à ces gens-là les magistratures, ajoute M. de Montesquieu, parce qu'ils n'ont point de fa-mille : et, d'un autre côté, on leur permet de se marier, parce qu'ils ont les magistratu-res...... (*a*). Ils n'ont point de famille ; et quoi-qu'ils soient extrêmement avares, le maître ou le prince profitent à la fin de leur avarice même » (*b*).

L'auteur de l'Histoire de la Législation dit que, chez les Hébreux, on excluait au con-traire de la magistrature, et ceux que la nature avait disgraciés, et ceux que rendaient sus-pects leurs habitudes morales ou la profession qu'ils exerçaient. L'eunuque fut de ce nom-bre, ainsi que le père frappé de stérilité. On supposait que l'ame du premier, flétrie par la douleur, serait disposée à la cruauté, et que

---

(*a*) « C'est pour lors, dit-il encore, que les sens qui restent veulent obstinément suppléer à ceux que l'on a perdus ; et que les entreprises du désespoir sont une espèce de jouissance. Ainsi, dans Milton, cet esprit à qui il ne reste que des désirs, pénétré de son impuis-sance, veut faire usage de son impuissance même».

(*b*) Esprit des Lois, liv. xv, chap. xix.

le second, n'ayant jamais serré un fils contre son sein, manquerait peut-être de cette douceur, de ces entrailles paternelles, si nécessaires au magistrat.... (*a*).

Telles sont les expressions du même auteur dans un autre ouvrage (le Traité des Lois pénales) : « Pour aimer une société, pour tenir à elle, pour la servir, il faut des liens. Ces liens sont une famille, une propriété, de l'aisance, du bonheur; mais où sont les liens d'un pauvre célibataire.....? On honore le célibat, qui outrage le premier devoir ou le premier penchant de la nature. Quelle source de maux pour un Gouvernement que cette pensée. Le célibat, une vertu....! Ah! plutôt que les impositions diminuent à proportion des enfans dont on enrichit la patrie.

« Au - dessus de trois enfans, exemptez d'un douzième; au - dessus de quatre, d'un dixième, etc., etc. Ajoutez au contraire une quantité déterminée à l'impôt de celui qui, à un âge fixé, à tel autre âge ensuite, et ainsi

---

(*a*) Histoire de la Législation, tom. III, chap. IX, pag. 242.

successivement, reste célibataire et par conséquent inutile. N'être pas marié à vingt ans fut
un objet de honte chez les Gaulois que nous
appelons barbares; et nous voyons, chez un
peuple de l'antiquité qu'on n'accusera pas de
cette barbarie, chez les Athéniens, un grand
philosophe proposer d'exiger, chaque année,
une forte amende, consacrée à Junon, de
celui qui, âgé de sept lustres, n'a pris encore
aucun engagement. *Chacun fera réflexion,*
avait déja dit ce philosophe, *que le genre
humain participe à l'immortalité. Sa durée
est de même nature que celle du temps. On
se succède sans interruption; une génération
en remplace une autre, et l'espèce est toujours la même. C'est donc un crime,* ajoutait-
il, *de se priver volontairement de cet avantage, et c'est consentir à s'en priver que de
refuser de prendre une femme et d'avoir des
enfans* (a). *Ainsi celui qui se conformera à la*

(*a*) Certes, si l'intelligence spirituelle et morale de
l'homme, survivant en lui à son existence physique et
corporelle, conserve dans l'éternité de sa vie future
quelque rapport intime avec les êtres intelligens qui
habitent la terre, cette félicité ne doit pas être la moin-

loi, n'aura rien à craindre pour soi : mais qui-
conque y sera rebelle, et n'aura pas encore
pris d'engagement à l'âge de trente-cinq ans,
paiera, chaque année, telle ou telle somme,
afin qu'il ne s'imagine pas que le célibat soit
un état commode et avantageux. Il n'aura
non plus aucune part aux honneurs que la
jeunesse rend chez nous à la vieillesse » (a).

Un autre auteur dit : « Le célibat est contraire à la nature, parce qu'il a pour but
d'arrêter les effets de la multiplication.

« Il est contraire à l'état de société, parce
qu'il a pour but d'alimenter un coupable
égoïsme.

« Il est contraire, enfin, à l'état de famille,
parce qu'il entraîne toujours le refus de rendre les mêmes soins qu'on a reçus.

« Un célibataire est le fléau des bonnes
mœurs; dans un État libre, il doit être considéré comme un citoyen dangereux : chacune

---

dre récompense des hommes qui, laissant après eux une
postérité recommandable, retrouveront en elle des liens
puissans d'union et de sollicitude paternelles.

(a) Traité des Lois pénales, 4ᵉ part., tom. ii, ch. xiv,
pag. 88.

de ses démarches, chacune de ses actions doit inspirer la défiance, et fixer l'attention des magistrats.

« A Rome, Jules César donnait des récompenses à ceux qui avaient des familles nombreuses.

« Auguste, après lui, soumit à une amende ceux qui refusaient de se marier.

« Il est des peuples qui ne choisissent leurs magistrats que dans la classe des pères de famille ; là, les célibataires sont exclus de tous emplois.

« Il en est d'autres chez qui les premières places appartiennent de droit aux citoyens qui ont le plus grand nombre d'enfans.

« Il en est, enfin, où la fécondité des mères fixe l'honneur dans les familles, et conduit à l'affranchissement des impôts.

« Tous ces usages me semblent salutaires, et ils devraient être consacrés par autant de lois » (a).

Nous ne partageons pas complètement

_____

(a) Princip. étern. de Polit. constit., tom. II, liv. IX, chap. III, pag. 122 et 123.

cette dernière opinion; nous ne pensons pas qu'il fût opportun ni même utile de renouveler de nos jours, en leur entier, ces lois différentes, existantes à diverses époques chez les peuples de l'antiquité et chez les nations modernes.

Sous le rapport du développement de la population, sur-tout, à quoi bon revivifier les dispositions pénales, coercitives ou rémunératoires de César, d'Auguste, de Tibère, de Louis XIV, et de quelques autres souverains plus ou moins despotiques?

Sous un bon Gouvernement, ces dispositions de lois, pour nous servir d'une expression de M. de Montesquieu, n'auront pas de lieu, c'est-à-dire qu'elles seront entièrement superflues; car, partout où les principes seront respectés, l'agriculture, l'industrie, le commerce, seront en honneur, l'aisance se répandra, le bien-être s'établira dans toutes les classes; et partout où les hommes seront heureux, la population s'accroîtra. Ces vérités sont unanimement reconnues et professées par les économistes, par ceux même qui sont le plus divisés d'opinion sur beaucoup d'autres questions importantes.

Sous un mauvais Gouvernement, au contraire, par une suite naturelle de la dépravation, de l'immoralité, du décroissement rapide de la population, qui en sont les conséquences ordinaires, on pourra bien regarder ces lois comme nécessaires (a); mais elles y seront insuffisantes et n'atteindront que très-imparfaitement leur but. Le mal vient alors de plus loin, et il ne peut être détruit, si l'on ne découvre pas, si l'on n'atteint pas ses principales racines.

Mais ce n'est pas pour ressaisir dans son ensemble quelque corps de législation, presque toujours plus ou moins défectueux et imparfait, et dont l'imperfection et les vices ont nécessité la révocation, ou produit l'inexécution et amené la désuétude, que le publi-

---

(a) « Il n'est pas surprenant, dit Saintfoix, que l'on soit obligé de faire des lois semblables dans des pays où un homme qui jouit d'une fortune aisée veut toujours faire et soutenir une certaine figure, et où on trouve plus honnête d'avoir six chevaux dans son écurie que de donner six enfans à l'État ».

ciste et le législateur étudient l'histoire. L'un
et l'autre doivent s'attacher à y recueillir des
idées vastes, de nombreuses notions, parmi
lesquelles ils puissent ensuite choisir quelque
bonne semence, quelque germe fécond, propre au nouveau sol qu'ils ont à cultiver, et
dont il puisse un jour sortir des fruits salu-
lutaires et d'abondantes moissons.

Or, sous plus d'un rapport important, ne
serait-ce pas en effet une chose parfaitement
concordante avec les institutions représentatives, et dont les résultats ne sauraient être
qu'utiles, d'ajouter à toutes les autres conditions de l'éligibilité des membres de la représentation nationale, celles qui résultent naturellement des titres sacrés d'époux et de pères? 1° Dans un Gouvernement mixte, il faut
nécessairement que les parties distinctes de
l'Organisation, qui participent de la nature
de l'aristocratie, et plus encore de la démocratie, soient assises et constituées sur des
règles et des bases fixes et calculées d'avance,
sans quoi on n'en doit attendre qu'anarchie,
désordre, confusion; ou, ce qui n'est pas
moins fatal, si le ministère prétend substituer

à ces règles constitutionnelles et immuables
son influence arbitraire et du moment, on
n'en verra encore naître que bouleversement,
esclavage et corruption ; 2° il faut encore le
répéter, il importe que ces règles fondamentales d'organisation appellent et fixent, sur
un petit nombre d'éligibles seulement, le
choix des électeurs; car ce choix ne peut jamais porter que sur quelques candidats; et si
ces candidats ne sont pas offerts et désignés
à l'opinion publique, à l'élection, par une
suite naturelle des restrictions constitutionnelles, ils le seront infailliblement, et l'expérience chaque année le prouve, tantôt par
les cabales et les brigues d'un parti, tantôt
par celles du ministère; 3° sous un Gouvernement assis sur ses véritables bases, ne sera-
ce pas toujours une chose de la plus grande
utilité, que d'honorer le mariage, institution
divine, qui tend à l'accomplissement des
premières vues de la nature, et d'appeler
tout-à-la-fois sur les hommes au zèle, au
patriotisme desquels la société confie le maintien et la conservation des principes élémentaires du pacte social, la considération,

l'honneur, le respect que l'opinion publique attachera alors d'autant plus aux titres
d'époux et de père. Dans la session de
1816, lors de la discussion relative au projet de loi sur les élections, le ministre
de l'intérieur disait : « Nous ne saurions
trop élever, trop honorer les pères de famille et la puissance paternelle » (*a*). 4° Ces
titres sont en effet au nombre des garauties
les plus fortes que les représentans puissent donner de leur amour de l'ordre et
de leur attachement aux vrais principes.
Certes, pour quelques avantages temporaires
et passagers, un bon père de famille (et un
système d'élection bien médité n'en appellera
pas d'autres à l'exercice de la représentation),
un bon père de famille ne sacrifiera point
l'honneur, le bien-être, la liberté de ses enfans. Il s'appliquera, au contraire, à conqué-
rir, à cimenter, à affermir chaque jour davantage cette précieuse liberté, source de
toute prospérité. C'est principalement pour

(*a*) Chambre des Députés. — Séance du 4 janvier 1817.
— Moniteur du 6.

l'avenir, dans l'intérêt de la postérité, que la législation agit et statue; et c'est conséquemment par les hommes que le bonheur de cette postérité touche réellement, que la législation doit être exercée. Et dans la discussion même des intérêts du moment, et les plus urgens, s'agira-t-il, par exemple, de résoudre, de déclarer la guerre, quel autre que le père de famille, à qui ses chances, toujours incertaines et dangereuses, ses désastres, ses ravages peuvent enlever non-seulement ses biens, sa fortune, mais tout ce qu'il a de plus cher au monde; quel autre que le père de famille sera plus intéressé, plus circonspect, plus attentif à n'y donner son assentiment, que dans le cas d'une justice et d'une nécessité absolues, évidentes et rigoureuses?

Sans doute, il existe encore ici des exceptions; sans doute il est des célibataires vertueux et animés de l'amour du bien public, tant pour le présent que pour l'avenir. Mais les législateurs et les publicistes, en considérant les choses sous le point de vue général auquel ils doivent se fixer, n'ont-ils donc pas été fondés à penser que les célibataires sont des égoïstes, de dangereux cosmopolites ou plutôt des hommes qui ne sont d'aucun pays et qui ne tiennent ni à la patrie ni à l'humanité?

Se détachant, s'isolant de tout dans le monde, rétrécissant la sphère de sa propre existence autant que d'autres cherchent à l'étendre, en la rattachant à une famille, à des amis, à tous les êtres sensibles, l'homme qui volontairement se condamne à vivre dans le célibat, l'homme à qui les nœuds mêmes qui font le plus doux charme de la vie, paraissent des liens importuns et pesans, méconnaîtra bien davantage encore ceux qui doivent l'unir à l'humanité et à la patrie. Pour lui, l'humanité, la patrie, ce sont des mots incompréhensibles, vides de sens, des sentimens chimériques et inconnus. Son ame desséchée, rétrécie, perd son énergie et son ressort; elle se replie sur elle-même, et ne fait, pour ainsi dire, que végéter en passant sur la terre pour en sortir sans y laisser de traces et de souvenirs.

Qui plus encore qu'un célibataire sera près de tomber dans le dérèglement des mœurs, la débauche et la dégradation, s'il n'est du

moins soutenu par les vrais principes de religion, si rares aujourd'hui parmi ceux même
qui en suivent par état ou par respect purement humain, toutes les pratiques extérieures?
Il n'est malheureusement que trop fréquent
de voir de tels hommes ensevelis dans le vice,
et descendus tout vivans dans le sépulcre de
l'immoralité.

Combien d'autres glissant dans le même
précipice, s'efforcent de porter la discorde, la
désolation, la douleur et la haine dans les familles! ils repoussent loin d'eux les plaisirs
purs; ils sont inaccessibles aux sentimens naturels: l'amour conjugal, l'amour paternel, sont
pour eux sans charmes et sans douceurs; ils
veulent en ignorer, ils en méconnaissent en
effet les privations et les jouissances, les sol-
licitudes et les espérances, les soins et les
récompenses : et vous déposeriez entre leurs
mains la faculté de dicter des lois relatives
aux droits, aux devoirs des époux, à leur
durée, à leur indissolubilité, à tous leurs résultats! et vous leur confieriez l'autorité nécessaire pour vous dicter des lois relatives à
l'éducation de vos enfans, à la conservation

des bonnes mœurs, des principes et de la
vertu ! Quelle imprévoyance ! quel délire!
quelle inconcevable absurdité! L'exercice de
vos droits sur des points si importans ne peut
être remis qu'à ceux qui, chaque jour, sont à
portée de sentir, d'apprécier davantage toute
l'étendue et la force des immenses obligations
qui en découlent; et il serait impie, aussi bien
que contraire au but social, d'aller chercher
ailleurs les garanties que réclame impérieusement, que nécessite un tel mandat !

Dans la plupart des anciennes républiques
de la Grèce, il fallait avoir rempli honorablement les emplois inférieurs, pour pouvoir
être élu aux premières charges de l'État. Un
publiciste dit à ce sujet : « Solon, pour remplir deux objets, avait fait statuer que personne ne pourrait être élu aréopagite qu'il
n'eût rempli les postes les plus importans et
les plus délicats sans essuyer aucun reproche.
On peut alors compter, non-seulement sur la
capacité, mais aussi sur la probité et le désintéressement, qualités essentielles. Lorsqu'on n'a pas chancelé dans les occasions, le

VII.
Septième con-
dition d'Éligi-
bilité : exercice
préalable de
quelques fonc-
tions locales,
municipales,
ou autres de
nature sembla-
ble.

caractère est décidé, il est connu, du moins autant que les hommes peuvent se flatter de le connaître » (*a*).

A Rome, on exigeait que le sénateur eût préalablement exercé quelques autres charges publiques. L'édilité, la questure, étaient des degrés par lesquels il fallait passer pour monter au sénat. « L'expérience s'acquérait ainsi, remarque le même auteur ; et le peuple ne voyait s'asseoir parmi les sénateurs que les hommes qui, par ses suffrages, avaient déjà été élevés aux chaises curules » (*b*).

A Venise, comme dans ces républiques anciennes, un noble même ne parvenait aux grandes magistratures qu'après s'être acquitté des moindres à la satisfaction de ses concitoyens (*c*).

(*a*) Abrégé de la Républiq. de Bodin, tom. ii, liv. iii, chap. ii, pag. 358.—

(*b*) *Ibid.*

(*c*) *Voy.* l'Histoire de la République de Venise, par Amelot, pag. 24. *Édit.* 1676. — La Ville et la Républ. de Venise, par Saint-Didier. — De l'Ambassadeur et de ses fonctions, par Vicquefort, vol. 1, pag. 176 et 177. *Édit.* LA HAIE, 1724.

Dans le Canton de Berne, non-seulement un sénateur ne peut être élu qu'autant qu'il est marié, et de plus membre du grand-conseil depuis dix ans ; mais les seizeniers (électeurs et censeurs) sont pris parmi les membres de ce grand-conseil qui ont occupé les places de baillis, et qui sont arrivés au terme de leur administration (*a*).

En Angleterre, la presque totalité des membres des deux chambres ont été juges de paix, et ont ainsi acquis une connaissance assez approfondie de toutes les questions qui leur sont soumises, pour les juger avec discernement. Pendant la moitié du temps de leur session, ces deux chambres représentent même l'assemblée de tous les juges de paix du pays, divisée en divers comités (*b*).

Mirabeau, dans un discours prononcé à l'Assemblée nationale, le 10 décembre 1789,

---

(*a*) BURLAMAQUI. Princip. du Droit de la nature et des gens, 2ᵉ part., tom. vi, chap. viii, § 6.

(*b*) *Voy.* le Tableau de l'Administration intérieure de la grande Bretagne, par M. le président prussien baron de Vincke, publié par Niebuhr. (*Berlin, in-8°*). — Et la Revue encyclopédique, vol. 1, 1ʳᵉ livraison, pag. 78.

a renfermé tout ce qu'il est possible de dire de plus démonstratif et de plus concluant sur ce principe, en lui donnant même plus d'extension qu'il n'en doit encore recevoir ici.

Dans l'espérance que, les esprits étant un jour plus ouverts et plus mûrs pour la conquête ou l'affermissement de la liberté, il en résultera aussi plus d'efficacité, nous ne pouvons mieux faire que de rapporter ici littéralement cette partie de son discours. Il s'y exprime ainsi : « Il s'agit, dans la motion que je propose, d'examiner s'il convient d'assujettir à une marche graduelle les membres des différentes administrations. Vous voyez que je n'ai point eu la prétention des idées nouvelles. C'est dans la pratique des républiques les mieux ordonnées, les mieux affermies, que j'ai trouvé la trace de cette loi; mais ni son antiquité, ni sa simplicité, ne seront à vos yeux des titres de réprobation.....Si nous n'avions posé l'égalité comme loi fondamentale, on dirait peut-être qu'il est contraire aux préjugés de quelques individus de commencer la carrière des affaires publiques par des commissions subalternes; mais cette égalité dont nous avons fait une loi, il nous importe qu'elle ne soit pas une chimère; il nous importe qu'elle soit retracée dans toute la constitution, qu'elle en devienne le principe indestructible; que, par une suite de nos établissemens politiques, les mœurs, les habitudes, les sentimens se rapportent aux lois, comme les lois se rapportent au modèle de la raison et à la nature des choses. Si nous négligeons les secrets de cet accord, si nous ne mettons pas l'homme en harmonie avec les lois, nous aurons fait un beau songe philosophique, nous n'aurons pas fait une constitution. Les règles fondamentales d'un bon Gouvernement sont faciles à connaître : mais lier si bien ces règles à l'exécution, que l'obéissance de la loi découle de la loi même; enchaîner les citoyens par toutes leurs habitudes, au joug de la loi, c'est aller au-delà du philosophe, c'est atteindre le but du législateur.

« Une marche graduelle n'est-elle pas indiquée par la nature elle-même dans toutes ses opérations, par l'esprit humain dans tous ses procédés, par l'expérience dans tous ses résultats, comme la marche à laquelle a voulu nous assujettir l'auteur éternel des êtres?

«La politique est une science, l'administration est une science et un art. Le Gouvernement embrasse tout ce qu'il y a de grand dans l'humanité : la science qui fait le destin des États, est une seconde religion et par son importance et par ses profondeurs. L'art le plus difficile serait donc le seul qu'il ne fallût point étudier.....? Raisonnerions-nous sur la politique autrement que sur tous les objets de la vie?

« Si l'expérience ne se forme que par degrés, si elle étend sa sphère peu-à-peu, si la marche naturelle est de s'élever graduellement du simple au composé, la nature et la raison veulent que l'on passe par les fonctions les plus simples de l'administration avant que de parvenir aux plus compliquées; qu'on étudie les lois dans leurs effets, dans leur action même, avant que d'être admis à les réformer et à en dicter de nouvelles; qu'on ait subi enfin un genre d'épreuve qui écarte l'incapacité ou la corruption, avant que d'arriver à l'Assemblée nationale.

« Je vais présenter à l'appui de ce systême quelques observations plus particulières, et résoudre une objection spécieuse.

« Si vous décrétiez qu'il faudrait avoir réuni deux fois les suffrages du peuple comme membre de quelque assemblée administrative...., avant que d'être éligible à l'Assemblée nationale, vous donneriez une double valeur à toutes les élections, vous mettriez ceux qui se destinent aux emplois dans l'heureuse nécessité de dépendre de l'estime de leurs concitoyens, dès les premiers pas de leur carrière. J'ose dire que vous opéreriez une révolution dans les habitudes de la jeunesse, qui passe de la frivolité à la corruption et de la corruption à la nullité. Il ne s'agirait plus d'enlever les élections nationales par la brigue, par l'ascendant des familles, par ces préjugés toujours favorisés dans les constitutions les plus libres; vous sembleriez dire par le décret que je vous propose : *Qui que vous soyez, ne vous flattez pas de tout obtenir sans avoir acheté vos honneurs par des travaux et des sacrifices; vous n'avancerez qu'en justifiant à chaque pas l'opinion publique;*

vous serez pesé dans la balance de l'expé-
rience, et comparé sans cesse avec vos rivaux.
La faveur ouvrirait plutôt la barrière ; mais
tandis que des hommes qui vous valent bien
parcourront lentement tous les degrés de
cette échelle instructive, une indulgence, nui-
sible à vos propres talens, ne vous élèvera
pas au sommet, sans que vous ayez donné
des gages à la confiance de la nation.

« Encore une fois, cette loi serait un noble
moyen de prévenir la dégénération d'une
classe qui, dans tous les pays du monde, en
faisant des exceptions qui n'en sont que plus
honorables, semble s'abaisser dans l'ordre
moral, en proportion de ce qu'elle s'élève
dans celui de la société.

« Le second motif, qui, je le déclare, m'entraîne irrésistiblement vers le système graduel, c'est la nécessité de rendre toutes les
fonctions publiques intéressantes et honorables, de répandre une émulation de vertu et
d'honneur dans les municipalités, de rehaus-
ser le prix des suffrages populaires, lors même
qu'ils ne confèrent qu'une place subalterne
d'administration.

« Vous ne craindrez plus alors que les municipalités soient dédaignées par les uns comme des emplois inférieurs, redoutées par les autres comme des postes de fatigue et d'ennui, abandonnées à un petit nombre de postulans, qui, dépourvus de tout mérite, de toute faculté, de toute considération personnelle, ne tarderaient pas à les avilir; car les places ne valent souvent aux yeux des hommes que par l'idée qu'ils se forment de ceux qui les recherchent et qui les occupent.

« Vous le savez, il n'est pas d'emploi si mince dans la société qu'il ne puisse donner du lustre à celui qui n'en a aucun, ni si peu lucratif qu'il ne présente une ressource à quiconque en est dépourvu; mais nous devons élever les municipalités au-dessus des ambitions et des intérêts de ce genre.

« Si les Romains n'avaient pas tout concentré dans Rome, s'ils avaient jeté plus d'éclat sur les administrations municipales; s'ils en avaient fait le premier échelon des honneurs, ils n'auraient pas été réduits à faire des lois de contrainte et de rigueur pour soumettre les citoyens des villes à ces fonctions onéreu-

ses. Ces lois sont restées ; elles attestent les
fautes des maîtres du monde. Évitons-les; cul-
tivons nos provinces ; donnons-y de l'éclat à
tous les emplois décernés par la patrie : anéan-
tissons ce malheureux préjugé qui sur la
ruine des distinctions anciennes ne manquerait pas d'élever des distinctions d'une nouvelle espèce; qui sur les débris des classes et
des ordres créerait de nouvelles classes, de
nouveaux ordres tirés du sein des élections
mêmes, des différences entre les municipalités, les administrations de département, et
l'Assemblée nationale. Nous n'aurions fait notre devoir qu'à demi, si nous n'ôtions à l'orgueil cette ressource dangereuse : mais nous
mettrons de la fraternité entre toutes les fonctions publiques, si la moins éclatante de ces
fonctions est déja nécessaire pour s'élever; si
la plus haute tient par des transitions inévitables aux grades inférieurs; si tous les honneurs publics sont comme une onde pure
distribuée dans des canaux différens, mais
coulant des uns dans les autres, toujours lim-
pide, et sur-tout toujours la même.

« Cette filiation des emplois produirait un

autre effet non moins avantageux ; l'ambition des hommes deviendrait, dans les places les moins brillantes, la caution de leur zèle à en remplir les devoirs. Ah! que le législateur est puissant, quand il a su donner aux passions cette direction morale ; quand il a su montrer aux citoyens leur intérêt dans leur probité ; quand il a l'heureuse habileté de prendre leurs inclinations dominantes pour les leviers de la loi! Quelque fonction qu'un homme exerce, lorsqu'elle est un état passager d'épreuve sur lequel on apprécie ses talens, son intégrité, pour l'élever à des postes plus éminens, dès-lors on peut compter sur son attention continuelle à se maintenir irréprochable, et à se concilier l'estime de ses concitoyens.

« Vous avez fait de sages décrets pour assurer la responsabilité de tous les officiers publics : mais punir, réprimer, retenir par la crainte, c'est peu de chose ; au lieu d'aiguiser contre les lois la subtilité des hommes et leur fatale industrie à les éluder, il faut asseoir leur observation sur des motifs qui pénètrent au fond des cœurs, la rendent douce et facile. On n'arrache jamais par des lois réprimantes qu'une obéissance trompeuse et dégradée; mais l'honneur mis en dépôt dans les suffrages du peuple; mais l'espérance habilement ménagée de place en place et de fonction en fonction; mais l'ambition appelée à tout mériter, au lieu de tout envahir; voilà des ressorts dont la force est en proportion avec les obstacles qu'il faut surmonter; des efforts qui ont la trempe indestructible de la liberté.

« Je m'appuie avec confiance d'une autorité respectable à tous les amis du bien public; l'auteur immortel du Contrat social a donné, en toute occasion, les plus grandes louanges au système graduel que j'ai l'honneur de vous soumettre. Dans les beaux temps de Rome, dit-il, on passait par la préture pour arriver au consulat. — Il n'y avait rien de plus intègre, observe-t-il encore, que les questeurs des armées romaines, parce que la questure était le premier pas pour arriver aux chaises curules.....

« Il n'est pas inutile d'observer que, dans le système graduel, les fonctions d'ailleurs obscures s'ennoblissent par la perspective de celles qui sont plus relevées : les hommes se montent naturellement au niveau de leurs espérances. Voulez-vous vivifier toutes les parties d'un royaume jusqu'aux plus petits emplois ? que les services soient les uniques voies d'avancement, et que tout état public serve d'épreuve pour parvenir à un autre.

« Mais, dira-t-on, n'allons pas attenter à la liberté des élections; nous avons posé pour principe qu'elles ne doivent dépendre que de la confiance, et nous allons prescrire des limites à la confiance....

« Je ne crois pas que cette objection soit fondée.

« Déterminer,...... un certain ordre de naissance et en faire une condition d'éligibilité, c'est frapper tous ceux qui sont hors de la ligne; c'est prononcer exclusion contre eux ; c'est les déshériter d'un droit naturel : mais fixer, à la marche des avancemens, des règles qui soient les mêmes pour tous, qui laissent à tous les mêmes droits, les mêmes espérances, qui soient dirigées contre les priviléges en faveur de l'égalié; ce n'est point blesser

le principe, c'est le protéger, c'est le garantir. Le principe illimité de la liberté d'élire
irait donc à condamner aussi ces lois des peuples libres, que nous avons adoptées pour assurer l'amovibilité des emplois, pour en forcer le renouvellement, après un certain
nombre d'années ! Ce principe irait donc à
condamner aussi les lois qui fixent l'âge du
majorat civil et politique ! mais si la loi a
voulu s'assurer de l'expérience, de la raison
de ceux qui aspirent aux emplois, comme la
raison et l'expérience dépendent encore moins
du temps qu'on a vécu, que de l'usage que
l'on en a fait, c'est entrer dans l'esprit de
cette loi que d'exiger un noviciat pour être
éligible au Corps législatif » (a).

M. le comte Boissy d'Anglas a depuis repro-
duit les mêmes argumens en faveur de ce principe. « Nous vous proposons, disait-il à la
Convention nationale, de décréter que, dans
quelques années, nul ne pourra remplir une
place dans l'Organisation, s'il n'en a précé-

(a) Discours prononcé par Mirabeau, à l'Assemblée
nationale, le 10 décembre 1789.

demment occupé une d'un ordre inférieur.
Cette idée n'est pas nouvelle, plusieurs hommes d'état l'ont indiquée. L'immortel auteur
du Contrat social, qui l'avait puisée dans la
législation des républiques anciennes, l'avait
présentée aux Polonais. Mirabeau, à qui on
ne contestera pas les vues profondes d'un
homme d'état, l'avait proposée à l'Assemblée
constituante. N'appeler aux grandes places
que les hommes expérimentés, déja connus
par le choix du peuple, déja éprouvés par
l'exercice de fonctions plus ou moins importantes, déja livrés, pendant plusieurs années,
au scrutin épuratoire de l'opinion publique,
voilà le premier avantage de cette disposition.
Ajoutez y que, par ce moyen, vous investis-
sez d'un nouvel éclat toutes les fonctions
secondaires, vous les rendez également honorables, également précieuses à obtenir, puisqu'elles sont l'acheminement nécessaire vers
celles d'un ordre supérieur : vous garantissez
qu'elles seront bien remplies ; car, du zèle de
ceux qui en seront pourvus, dépendra leur
avancement : ainsi, vous établissez cette émulation d'honneur et de vertu, qui est le fon-

dement des républiques, et vous faites con-
spirer l'ambition même en faveur de l'exécution de vos lois. Enfin, vous garantissez au
peuple , ce qui n'est pas sans avantage, que
les fonctionnaires du premier ordre seront
choisis avec égalité dans tous les points de la
république, puisque l'on ne pourra guère être
élu que dans les lieux où l'on aura exercé les
fonctions qui auront rendu éligible » (a).

L'utilité, l'émulation, l'ordre, la garantie,
les avantages inappréciables qui résulteraient
de cette autre condition d'éligibilité, sont
évidentes et palpables. Comment donc l'exemple de quelques nations, la dialectique des
publicistes, les conseils et les vœux des législateurs mêmes, les efforts, l'éloquence des plus
grands orateurs , ont-ils été infructueux jusqu'ici auprès des peuples modernes qui sem-
bleraient devoir être les plus éclairés sur leurs
véritables intérêts et les plus jaloux d'obéir à
la voix du bon sens et de la raison, pour les
déterminer à en faire l'une des bases fonda-

(a) Discours de M. Boissy-d'Anglas, à la Convention.
—Août 1795.—*Voy. aussi ci-dessus*, pag. 70 *et suiv.*

mentales de leurs institutions, à la considérer comme un principe essentiel et nécessaire de l'Organisation...?

On a lieu d'en être surpris ; mais on le serait encore bien davantage, et avec·raison, si l'on ne savait pas aussi, s'il n'était pas également évident que, sous une forme de Gouvernement encore imparfaite, il est difficile de ne pas tomber dans un mal en voulant en éviter un autre; que lorsque le rouage principal est faible et mal réglé, il est impossible que les parties qui y correspondent et qui en reçoivent leur impulsion, acquièrent un plus haut degré de perfection et une marche plus régulière ; qu'enfin lorsqu'un édifice est construit sur un sol mobile, il n'est pas surprenant que plusieurs de ses parties s'écroulent, tandis que l'on s'occupe à en relever quelques autres.

———

Nous venons de développer les diverses conditions de l'éligibilité, qu'une société dont le Gouvernement participe d'un élément de démocratie, doit s'imposer à elle-même. Toutes ces diverses conditions sont également indispensables ; et non-seulement elles ne peu-

Conclusion.

vent être considérées comme contraires à la raison, injustes, exclusives; mais, nous n'hésitons point à le dire, il n'en est pas une seule qu'il soit permis à l'homme sensé de croire inutile, et à l'homme de bien de regarder comme indifférente.

Et, s'il pouvait être nécessaire d'ajouter à la démonstration de cette vérité, nous rappellerions, dans cette vue, qu'en traitant des principes élémentaires du droit public, dans le premier volume de cet ouvrage, nous avons eu lieu de remarquer que le droit d'élire les représentans, droit qui constitue en partie la liberté sociale, peut et doit même être réglé, restreint et modifié, pour qu'il assure en effet la conservation et le respect de toutes les autres libertés (a); que le principe de l'égalité ne prescrit pas non plus de ne faire aucune distinction personnelle entre les hommes, lorsqu'il s'agit de confier les places et les emplois utiles au maintien de l'ordre, au mouvement, à l'action, à l'existence même

---

(a) *Voy. ci-dessus*, vol. i, pag. 66 et 67, n. (a) de la pag. 64.

de la société. Nous avons reconnu alors qu'il
serait non - seulement juste, mais rigoureusement nécessaire, pour l'intérêt public de
la société et pour l'intérêt particulier de
chacun de ses membres, que les places ne
fussent occupées que par les citoyens qui
réunissent en leurs personnes toutes les qualités morales qu'elles exigent, par ceux qui
ont l'intelligence, l'intégrité, l'instruction, la
sagesse et la fermeté nécessaires ; et que ce
n'est pas là choquer ni détruire le principe de
l'égalité, mais employer au contraire les plus
sûrs moyens de le consolider et de l'affermir (*a*).

Mirabeau, qui pensait, comme nous venons
de le voir, que fixer à la marche de l'avancement, des règles qui soient les mêmes pour
tous, qui laissent à tous les mêmes droits,
les mêmes espérances, qui soient dirigées
contre les priviléges en faveur de l'égalité
même, ce n'est pas blesser ce principe, mais
le protéger et le garantir ; Mirabeau a dit
encore, dans la même ou en quelque autre
circonstance, « que l'aptitude à l'éligibilité ne

(*a*) *Voy. ci-dessus*, vol. 1, pag. 139 *et suiv.*

peut pas être considérée comme un droit universel et appartenant à tous les hommes; que
cette aptitude ne peut pas être générale et la
même dans tous les citoyens; mais qu'elle
doit être réglée de manière à devenir l'un
des moyens d'organisation propres à assurer
les droits de tous; et que, lorsque les règles
auxquelles elle sera soumise n'auront point
véritablement d'autre but, ces règles seront
incontestablement favorables à l'égalité, bien
loin de lui être contraires » (a).

Un membre de la Chambre des députés
rendait aussi hommage à ce même principe,
en général, lorsqu'il disait dans la session de
1816, lors de la discussion du projet de loi
relatif aux élections : « On est habituellement
plus mûr et plus réfléchi à trente ans qu'on
ne l'est à vingt. Si donc la loi m'oblige à choisir des électeurs parmi les hommes de trente
ans et au-dessus, il est plus probable que mon
choix tombera sur un homme sage et réfléchi, que si j'avais eu la faculté de choisir un

---

(a) *Voy.* Mirabeau peint par lui-même, ou Recueil
de ses Discours politiques.

homme moins âgé » (*a*) : car ce raisonnement peut s'appliquer à toutes les autres conditions d'éligibilité que nous venons d'examiner.

Pour nous convaincre, l'expérience se joint à la voix de la prudence et de la raison : ouvrez l'histoire, et voyez.

Par l'inobservation de quelques-unes de ces règles fondamentales du système représentatif, les autres, manquant d'appui et de soutien, se sont trouvées à-peu-près nulles et sans efficacité. Faute d'avoir respecté leur ensemble, l'édifice s'est écroulé. Sans elles, que sont devenues et que deviendront encore les Corps représentatifs chez tous les peuples du monde...? Les uns détruiront, bouleverseront tout, et bientôt s'anéantiront eux-mêmes. Du lieu de leurs assemblées bruyantes, tumultueuses, en quelque sorte semblables aux antres d'Éole, s'échapperont et se répandront, du sein même de la société sur la société tout entière, l'anarchie, la destruction, la mort. Les autres,

---

(*a*) Discours de M. de Villèle, sur la discussion du projet de loi relatif aux élections. — Chambre des Députés. — Séance du 26 décembre 1816.

traîtres à leurs devoirs, à l'honneur, à la patrie, ne seront que les automates ou les vils
agens dont un chef ambitieux se servira pour
tout envahir, et soumettre tout au joug de
son arbitraire volonté, faire successivement
adopter les lois les plus tyranniques, les plus
dures, les plus funestes, et entraîner l'État
dans des guerres inconsidérées et désastreuses. D'autres encore, sous les apparences
mensongères d'un beau zèle, de l'amour prétendu du bien public, qu'ils appellent, les
uns du nom de l'amour de la royauté et de
la monarchie, les autres du nom de l'amour
du peuple et de la patrie, mais réellement
entraînés, dirigés, par un absurde et dangereux systême ou de domination ou d'opposition, combattront indistinctement toutes les
propositions du ministère : et les projets de loi
les plus sages, les plus évidemment nécessaires, y seront combattus et repoussés avec
autant d'acharnement et de violence que les
mesures les plus dangereuses et les plus subversives de l'ordre social. Sans cesse ils ou-
blieront que, s'il est essentiel que les deux
actions (celle du pouvoir législatif et celle du

pouvoir exécutif) soient distinctes et séparées, il n'est pas moins indispensable, ainsi que nous l'avons reconnu, et que le dit M. Necker, «que les deux esprits se mêlent et s'unissent » (a). Obéissant, soit à un sentiment d'égoïsme, d'envie et d'animosités personnelles, soit même à un faux point d'honneur, tous leurs discours et leurs actions auront pour unique but de renverser le ministère; et peut-être même trouverait-on, en sondant le fond de leur pensée, qu'il n'est pas jusqu'au chef de la monarchie qu'ils ne souhaitassent de voir renversé et foulé aux pieds pour hâter le triomphe d'une faction, et l'exécution des plans de révolution ou de contre-révolution, de démocratie ou d'aristocratie, les plus absurdes et les plus funestes pour la société et pour eux-mêmes. C'est à ces corps, ou en général aux membres dont ils se composent, que ce qui suit doit surtout être appliqué : « On trouve, dit l'auteur de la Science du gouvernement, des détracteurs, gens dangereux, dont le plus doux

(a) Du Pouvoir exécutif dans les grands États, tom. II, ch. x, pag. 168. — Et *ci-des.*, vol. v, pag. 485 et 486.

plaisir est de nuire aux autres sous les apparences de la justice; et il n'y a que trop, dans
tous les États, de cette sorte de gens qui,
citoyens par leur naissance, sont ennemis par
leur volonté. Ils veulent faire passer pour des
injustices toutes les actions du prince; ils
l'outragent, ou saisissent les prétextes les plus
légers contre la conduite des ministres; mais,
lors qu'on pénètre la cause de leur mécon-
tentement, on trouve qu'il vient bien plus de
ce qu'ils ne sont pas chargés du ministère,
que d'une véritable douleur de voir la patrie
en danger par la mauvaise conduite du prince
ou de ses ministres; ils ne se plaignent du
Gouvernement que parce qu'il n'est pas entre leurs mains. Ces prétendans aux premières
places paraissent toujours portés à la réfor-
mation des abus jusqu'à ce qu'ils soient en
état de la faire; mais alors ils ne la trouvent
plus nécessaire, ou bien, selon eux, elle est
hors de saison et serait dangereuse » (a).

En parlant de ces mêmes hommes, un orateur disait à la Chambre des députés dans la

(a) Science du Gouvern., tom. IV, chap. II, sect. 12,
pag. 412.

session de 1816: « Un ministère sera par eux culbuté pour un autre qui sera culbuté à son tour ; ils se succéderont comme les flots de la mer, et, comme les flots de la mer, ils dévoreront le rivage.....

« Il est juste qu'une nation veille sur les dépositaires de l'autorité, de peur qu'ils n'en abusent et contre la liberté et contre l'intérêt du Roi.....

« Mais il est un autre genre de défiance que les nations doivent aussi avoir. Si l'on doit se méfier des ministres, croyez-vous qu'on n'ait pas aussi à se défier des hommes qui ont envie d'être ministres...?

« J'ai vu quelquefois dans l'histoire que les dépositaires de l'autorité laissaient tomber les États dans une espèce de faiblesse et d'inertie ; mais j'ai vu plus souvent que ceux qui ambitionnent l'autorité, déchiraient les États ; que, sous prétexte de mieux servir leurs rois, ils affaiblissaient l'autorité royale ; qu'ils finissaient souvent par la détruire à force de zèle réel ou apparent » (a).

(a) Discours de M. Cuvier, commissaire du Gouver-

—« Je demande, disait un autre orateur dans une autre session, comment il peut exister quelque part un Gouvernement, si une proposition de loi, telle qu'elle soit, ouvre une arène où le ministre soit obligé de se débattre, moins encore sur le projet que sur des reproches étrangers à la matière, et qui, détruits la veille, se reproduisent le lendemain avec une nouvelle amertume; et si la discussion s'égare sans cesse sur les hommes au point qu'on ait la plus grande peine à la ramener sur les choses » (*a*).

— « Un gouvernement qui n'opprime personne, dit dans le même sens l'auteur de l'Essai sur les Garanties individuelles, peut bien commetre encore des erreurs; mais que

---

nement. — Chambre des Députés. — Session de 1816. —Moniteur du 30 décembre.

(*a*) (Discours de M. Beugnot, sur la discussion du projet de loi relatif au recrutement et à l'organisation de l'armée. — Moniteur du samedi 24 janvier 1818).

Voy. aussi les Discours de MM. Courvoisier, de Causans, Dupont de l'Eure et de Corbières, sur la discussion du même projet de loi. — Moniteur du dimanche 25 janvier 1818.

ses actes et ses projets aient toujours les mêmes partisans ou les mêmes censeurs, ce
n'est point là le cours naturel des choses ;
une telle régularité est, à mon avis, un désordre extrême. Des hommes publics ou privés
résolus d'avance à contredire en tout point
le pouvoir, sont infailliblement ou les ennemis de la tranquillité publique de l'État, ou
des ambitieux ligués contre des ministres
auxquels ils sont impatients de succéder, ou
de misérables intrigans qui mendient des emplois par des menaces, et demandent des
graces à main armée. Quand on préconise cet
étrange système comme l'une des garanties
sociales, c'est qu'on manque plus ou moins
de celles qui le rendraient ridicule ou même
impossible » (a).

_____

(a) Essai sur les Garanties individuelles, par M. C. F.
Daunou, chap. viii, pag. 196.

SECTION IV.

Des Principes relatifs, 1° aux Incompatibi-
lités, 2° à l'Exercice, 3° à la Durée, des
fonctions représentatives.

Ce serait déja avoir beaucoup fait pour le
perfectionnement du système représentatif,
que d'avoir adopté l'ensemble des règles constitutionnelles et fondamentales dont la démonstration précéde; et cependant l'observation
de ces règles serait encore insuffisante. Plusieurs autres principes d'organisation, non
moins indispensables, doivent les compléter,
leur servir en quelque sorte d'auxiliaire, et
assurer par là leur entier succès.

1°.
Incompatibi-
lité des fonc-
tions représen-
tatives.
Le premier et le plus incontestable de ces
autres principes d'organisation, celui dont la
nécessité est le plus généralement reconnue,
quoique peut-être il soit encore moins respecté que les autres, c'est que les fonctions
représentatives sont absolument incompatibles avec toutes celles qui se rattachent de

leur nature à l'exercice de la puissance exécutive et de la puissance judiciaire.

Dans tout Gouvernement où la puissance
législative, la puissance exécutive et la puissance judiciaire ne doivent pas se trouver
confondues et réunies dans les mêmes mains ;
où certaines classes de la société, par l'intermédiaire de leurs représentans, doivent participer, avec le chef suprême du pouvoir exécutif, à l'exercice de la puissance législative ;
violer ce principe, c'est évidemment attaquer
l'existence même de l'institution, et ébranler
l'édifice dans sa principale base.

Tout esprit judicieux doit partir d'une première vérité, et en admettre ensuite les
conséquences naturelles et nécessaires : tout
homme qui veut raisonner et se conduire
sensément, conséquemment, doit, ou se soumettre honteusement au joug du despotisme, à
l'esclavage ; se résigner à tous les maux, résultats inévitables de tout Gouvernement imparfait, vicieux et mal constitué ; repousser
avec obstination, et malgré leur plus parfaite
évidence, toutes les vérités jusqu'ici reconnues et démontrées : ou bien, s'il se croit digne

de vivre sous un meilleur Gouvernement, s'il est tout-à-la-fois assez clairvoyant, assez noble, assez grand, assez courageux, pour vouloir, dans son propre intérêt et dans celui de sa posté- rité, l'établissement d'une constitution vrai- ment libérale, et où la distinction des puissan- ces et la séparation de la puissance législative en trois branches donneront la garantie de la modération du pouvoir, qui ne peut subsister sans cette division, il faut qu'il regarde comme un principe d'organisation également inviolable et sacré, cette incompatibilité des fonctions représentatives avec toutes celles qui se rattachent à l'exercice de la puissance exécutive et de la puissance judiciaire.

Dans un gouvernement monarchique con- stitutionnel où le système de la représentation est admis, tout représentant, pour remplir fidèlement son mandat, et dans l'intérêt du prince aussi bien que de la société, doit avoir les yeux ouverts sur les actes de l'autorité exécutive; il doit attentivement surveiller et rechercher les abus, qui parviennent toujours avec le temps à s'introduire dans les diverses branches de l'administration, et qui devien nent, en s'accumulant, la véritable, la plus forte cause des révolutions; il doit élever énergiquement la voix contre ces abus, et les dénoncer dans les chambres, à la tribune, au prince, à l'opinion publique même. Dans la session de 1816, un commissaire du Gouvernement disait dans la Chambre des députés, lors de la discussion du projet de loi sur les élections, et conformément à cette vérité : « Il y a une Chambre élective dans l'intérêt de la nation et du Gouvernement tout ensemble, afin que les longues erreurs et les grandes injustices, qui sont le principe des discordes civiles et des révolutions, ne s'amassent point dans le Corps social; mais que la société tout entière, et toutes les vicissitudes apparentes ou ignorées qui s'opèrent en elle, retentissent au sein du Gouvernement, et sollicitent sans cesse son attention; et qu'ainsi le Gouvernement, averti jusqu'à l'importunité, soit forcé à la vigilance, à la prudence, à la prévoyance; qu'il soit un avec la nation, et ne vieillisse point avant elle » (a).

(a) Discours de M. Royer-Collard. — Séance du 26 décembre 1816. — Moniteur du 27.

13.

Dans ce Gouvernement monarchique constitutionnel où le système de la représentation est admis, tout représentant , dans l'intérêt du prince et de la société, doit méditer, approfondir, avec la plus scrupuleuse attention, tous les projets de loi , toutes les propositions du ministère; les juger avec une entière impartialité; et leur refuser son assentiment avec la plus inébranlable fermeté, toutes les fois que ces propositions lui paraissent contraires à l'intérêt public et subversives des principes du droit, élémens tacites ou formels du pacte social; toutes les fois qu'elles lui paraissent de nature à vicier et détruire les institutions, au lieu d'être propres à les perfectionner, à les affermir.

Pour remplir exactement de si importantes fonctions, il faut donc avoir, par-dessus tout, une grande liberté d'opinion , une parfaite et entière indépendance morale, qu'on ne peut pas raisonnablement espérer de rencontrer dans l'homme qui doit avoir tout naturellement, par position, par nécessité, par devoir même, une volonté subordonnée et dépendante.

Est-ce donc à ceux qui proposent la loi qu'il faut s'en remettre du soin de la méditer, de l'approfondir?

Autant vaudrait-il ne reconnaître dans l'État qu'une volonté seule, unique, despotique, toute-puissante et arbitraire.

Est-ce donc à ceux qui sont placés de manière à pouvoir profiter des abus, et qui, par cela même, en sont souvent les auteurs, qu'il faut confier le soin de les réformer?

Autant vaudrait-il de suite se résoudre à les voir se multiplier, s'accroître chaque jour davantage, jusqu'à ce qu'ils aient enfin comblé la mesure, et provoqué les convulsions de l'anarchie, de la vengeance, du désespoir.

Non, ce ne sera jamais en mettant ainsi les hommes en opposition avec leur propre conscience et avec leurs devoirs, que l'on parviendra à instituer rien de véritablement utile et durable. L'homme le plus fort, le plus juste, le plus intègre, est en danger de faiblir, de s'égarer, de perdre son indépendance morale, lorsque ses intérêts directs et personnels, sa fortune, son existence, celle de sa famille; lorsque son ambition même, sen-

timent naturel, utile, et souvent louable en
lui-même, peuvent se trouver, à un certain
point, contraires à sa raison, à sa droiture.
Il obéit à une impulsion secrète; il fléchit
insensiblement; il cède, pour ainsi dire, malgré lui, et sans s'en apercevoir; et bientôt il
a perdu réellement cette entière liberté d'opinion sans laquelle il ne peut être tout-à-fait
juste et écouter uniquement les décisions
de l'équité, de la prudence, de la sagesse
et de la vérité. « On n'a pas, dit un auteur,
beaucoup de liberté d'aller vers quelque endroit, lorsque par une force contraire on est
attiré vers le côté opposé » (a).

Si l'on n'a donc pas encore mis en oubli
qu'il est de l'intérêt du prince, aussi bien
que de l'intérêt de la société tout entière, que
les résolutions des Chambres représentatives
soient parfaitement libres et indépendantes,
on ne pourra pas douter que cette incompatibilité absolue de la qualité et des fonctions de
député ou représentant avec toutes les fonctions qui se rattachent à l'exercice de la puis-

---

(a) *Voy.* JEAN-JACQUES. Contrat social.

sance exécutive, n'importe très-essentiellement au monarque lui-même ; et nous croyons devoir appuyer ici sur ce que nous avons seulement eu l'occasion de remarquer dans une note du livre qui précède. « Un roi qui veut exercer une influence indirecte quelconque dans l'une ou l'autre des Chambres législatives, ressemble (s'il est permis de comparer les petites choses aux grandes) à un banquier qui paierait un grand nombre d'agens et de commis, non pour lui faire connaître la véritable situation de ses affaires ; mais uniquement, au contraire, pour lui dérober la vérité, pour approuver d'avance et favoriser sans aucun examen ses projets, ses opérations les plus hasardeuses et les plus propres à l'entraîner à sa ruine » (a).

Conformément à ce principe, sans doute, la Constitution norvégienne porte que les conseillers d'état et les employés de leurs bureaux, les hommes qui ont des charges à la Cour, et ceux qui en sont pensionnés, ne peuvent être élus représentans.

_____

(a) *Voy. ci-dessus*, vol. v, pag. 204, *n.* (a).

C'est conformément à ce principe, et d'a-
près des motifs semblables, sans doute, qu'en
Angleterre, aux termes des statuts, les hommes qui contractent avec l'administration
pour les approvisionnemens des flottes, pour
les entreprises des vivres, ne doivent pas
siéger au parlement. « Les fournisseurs, dit
Bentham, pouvant être délinquans et soumis au jugement du parlement, déja par ce
motif il ne convient pas qu'ils en soient
membres : mais il y a des raisons plus fortes
encore pour cette exclusion ; elles sont tirées
du danger d'accroître l'influence ministérielle » (a).

On se rappellera facilement que naguère,
en France, un ministre n'hésita pas à faire à
la tribune l'aveu naïf qu'il avait en effet en
lui deux opinions différentes et opposées :
l'une comme ministre, l'autre comme député.

Et, dans la session de 1820, un membre de
la Chambre des députés disait : « Si l'on se
plaît tant à rechercher des vices dans la Charte,

_____

(a) Princip. du Code pénal, 4e part., tom. III, ch. I,
pag. 14.

pourquoi se taire sur l'article 54, qui donne aux ministres le droit d'être députés? Certes, il est bien absurde de voir un ministre proposer et défendre un projet au nom du Roi, et quelques instans après se lever comme député pour son adoption. Voilà sans doute l'un des vices qui auraient dû réveiller la sollicitude du Gouvernement » (*a*).

On doit encore appuyer ce principe d'une considération générale et importante; on doit dire que l'homme ne saurait être universel, et que, quelles que fussent même l'étendue et la variété de ses facultés intellectuelles, le temps du moins a des limites qui ne permettent pas qu'une même personne, que l'homme le plus instruit, le plus actif, exerce plusieurs emplois à-la-fois aussi utilement que s'il n'en remplissait qu'un seul. Aristote blâmait la manière dont se faisait la distribution des emplois à Carthage, spécialement en ce qu'un même homme pouvait y posséder plusieurs

---

(*a*) Discours de M. Rodet, lors de la discussion sur le projet de loi relatif aux élections. — Séance du 18 mai 1820.

— *Voy. ci-dessus*, vol. v, pag. 198 *et suiv.*

charges et emplois : et l'auteur de la Science
du Gouvernement dit : « Le Souverain ne
doit jamais donner plusieurs emplois à une
même personne. Un homme qui n'a qu'une
charge, a le loisir d'examiner les affaires, et la
facilité de les expédier·promptement; mais la
diversité des emplois importans demande des
talens divers qui ne concourent pas ordinairement dans un même sujet. Elle demande
aussi plus de temps qu'un même homme
n'en peut avoir. Il ne faut donc donner
qu'un seul emploi à un seul; lui en donner
plusieurs, c'est rendre inutiles les bons sujets,
et se priver des moyens de les récompenser.
Le bien de l'État veut que, pour exciter l'émulation parmi les gens de mérite, les faveurs
soient partagées. La multiplicité des charges
rend orgueilleux celui qui les possède, et
son injuste élévation provoque des murmu-
res..... » (a).

La qualité de Représentant exclut les graces qui émanent de la munificence du Prince.

La reconnaissance est un sentiment qui im-

(a) Science du Gouvern., tom. vi, chap. i, sect. 12
§ 99, pag. 208.

ose des obligations et des devoirs tellement
acrés (*a*), qu'il peut aussi exercer une influence
angereuse et destructive de l'indépendance,
e la liberté d'opinion que les membres des
hambres législatives doivent conserver dans
oute leur intégrité ; et cela suffit assurément
our qu'une disposition formelle de l'acte
onstitutionnel leur fasse une loi de ne rece-
oir pour eux et de ne solliciter pour qui que
e soit, pendant la durée de leurs fonctions,
t même au-delà, aucuns titres, aucunes gra-
es, faveurs ou distinctions. « Satisfaits, dit
auteur du Système social, du choix honora-
le de leurs concitoyens, ou, si l'on veut, du
laire fixé par la nation, les représentans
engageront de la manière la plus solennelle
ne recevoir ni faveurs, ni pensions, ni graces
u trône, sous peine d'être déchus par le fait

(*b*) « Les hommes qui reçoivent un bienfait, dit l'au-
ur des Considérations sur les mœurs, prennent des
ngagemens si sacrés, qu'ils ne sauraient être trop atten-
fs à ne les contracter qu'à l'égard de ceux qu'ils pour-
ont estimer toujours ». (*Voy.* chap. xvi, *sur la Recon-
aissance et sur l'Ingratitude*).

du droit de stipuler les intérêts de leurs concitoyens » (a).

C'est par un semblable motif de prévoyance
que la république de Venise défendait aux
nobles, non-seulement d'avoir des terres dans
les États des princes étrangers, mais encore
d'en recevoir des présens et des pensions,
sous peine de dégradation de noblesse, de
confiscation de biens et de bannissement (b).

En Angleterre, non-seulement toute personne qui jouit d'une pension *sous le bon
plaisir du roi*, dût cette pension être limitée
à un certain nombre d'années, est déclarée
incapable d'être élue membre du parlement;
mais tout membre de la Chambre des communes qui accepte un emploi de la main du
roi (à moins que ce ne soit un officier qui
accepte une nouvelle commission dans l'armée de terre ou de mer), fait vaquer sa
place dans la Chambre : seulement il peut
être réélu (c).

(a) Système social, 2ᵉ part., chap. ɪv.

(b) *Voy.* AMELOT. Hist. de la Républ. de Venise.

(c) Voici quelles sont les personnes qui sont déclarées
incapables d'être élues membres du Parlement en Angle-

Fénélon, dans le projet de constitution fé-
érative qu'il avait tracé pour la France,
oulait de même, pour que les députés con-
ervassent leur indépendance, qu'aucun d'eux
e reçût aucun avancement du roi que trois
nnées après que sa députation aurait fini.
'était, dit à ce sujet M. le comte Boissy-

---

rre, savoir : Toutes celles qui sont employées dans le
aniement des droits ou des taxes qui ont été créés depuis
592 (excepté les commissaires de la Trésorerie); les
ommissaires pour les prises maritimes, pour les trans-
rts, pour les malades et les blessés, pour les permissions
e débit du vin, pour la marine et les approvisionnemens;
s secrétaires ou receveurs pour les prises; les contrôleurs
s comptes des armées; les agens des régimens; les Gou-
rneurs des colonies et leurs délégués; les employés à
inorque et à Gibraltar; les employés de l'Excise et des
ouanes; les commis des divers bureaux de la Trésorerie,
e l'Échiquier, de la marine, des approvisionnemens, de
Amirauté, de la Trésorerie de l'armée ou de la marine,
es secrétaires d'État, des droits sur le sel, sur le papier
mbré, et autres droits de la même régie, des droits des
pels, des droits sur les licences pour débit du vin, sur
s carrosses de louage, sur les colporteurs; enfin toute
ersonne tenant de la couronne un office ou emploi créé
epuis 1705; tout pensionnaire de la couronne, soit
our un temps à volonté, soit pour un nombre quel-
nque d'années. (Blackstone. Commentaires sur les
ois Anglaises, tom. 1, liv. 1, chap. 11).

d'Anglas, aller plus loin que l'Assemblée constituante, qui n'avait fixé ce terme qu'à deux
années » (*a*).

Quel scandale, quelle honte, de voir les
représentans d'une grande nation chaque jour
assiéger les administrations, les bureaux, les
anti-chambres des ministres......!

Représentans, connaissez mieux toute l'importance et l'élévation des fonctions que vous
êtes appelés à remplir! n'oubliez pas que ces
hautes et nobles fonctions sont égales, du
moins quant à l'exercice de la puissance suprême ou législative, à celles de la royauté
même....!

II.
Principes
relatifs à l'exer-
cice des fonc-
tions représen-
tatives.

Mais ce n'est pas à des représentans, à des
hommes, c'est à la société même, que cet
avertissement et cette exhortation peuvent
être adressés. Veut-elle que de si hautes et
si importantes fonctions soient environnées
de la considération, du respect, qu'elles doivent inspirer? Veut-elle que ceux qui sont
appelés à les exercer, s'estiment et se respec-

(*a*) Essai sur la vie, les écrits et les opinions de M. de
Malesherbes, 1ᵗᵉ part., pag. 370.

tent eux-mêmes autant qu'ils doivent l'être?
C'est à elle de produire cet effet en donnant
à ces fonctions toute la dignité, le lustre et
l'éclat qui leur appartiennent.

Pour cela, qu'il soit d'abord accordé aux députés ou représentans un traitement convenable, proportionné à l'état, au rang qu'ils doivent tenir dans la société : car, il ne faut pas se le dissimuler, telle est encore la faiblesse de l'homme, que, pour qu'il puisse conserver toute son indépendance et sa dignité, pour qu'il soit entièrement inaccessible à toutes les suggestions, à toutes les ambitions étrangères à son devoir, il faut nécessairement le placer de manière à ce que sa fortune ne se trouve point au-dessous des obligations que son rang lui impose.

Doit-il être attaché un traitement aux fonctions représentatives ?

Il est bien vrai que, si la fortune est une des·conditions essentielles de l'éligibilité (a), les députés se trouveront, par là même, dans la possibilité de pourvoir aux frais qu'une grande représentation nécessite, sur-tout chez les peuples modernes ; mais cela ne suffit pas

(a) *Voy. ci-dessus,* vol. VI, pag. 78 *et suiv.*

encore; et cette représentation exige un sur-
croît de dépenses dont l'État doit les indem-
niser.

Tout travail d'ailleurs mérite un salaire
juste, équitable, proportionné à son importance; et l'hypocrisie ou le faux honneur,
l'orgueil et la vanité, entreprendront, seuls,
de prouver le contraire.

Les fonctions représentatives doivent être
aussi, à un certain point, la récompense de
services déja rendus à ses concitoyens, à l'État,
dans un long exercice de fonctions publiques
locales, souvent pénibles, quelquefois dangereuses (a); or, pour que le titre de député
ou représentant, loin d'être en effet une
sorte de récompense nationale, n'offre pas au
contraire une tâche totalement onéreuse et
pénible à remplir, qui bientôt entraînera infailliblement le découragement, la fatigue et
le dégoût, il ne doit pas être purement ho-
norifique et gratuit.

Si quelques écrivains n'ont pas eu cette
opinion, les plus sages publicistes l'enseignent

(a) *Voy. ci-dessus*, vol. VI, pag. 165 *et suiv.*

ainsi. « S'il n'y a pas, dit Bentham, une certaine proportion entre la dignité dont un homme est revêtu et les moyens de la soutenir, il est dans un état de souffrance et de privation, parce qu'il ne peut pas répondre à ce qu'on attend de lui, et rester au niveau de la classe qu'il est appelé à fréquenter. En un mot, les besoins croissent avec les honneurs, et le nécessaire relatif varie avec les conditions. Placez un homme dans un rang élevé sans lui donner de quoi s'y maintenir, quel en sera le résultat? Sa dignité lui fournit un motif pour mal faire, et sa puissance lui en donne les moyens » (*a*).

— « Il est un point, dit John Adams, sur lequel il faut absolument changer la politique de tous les peuples du monde, avant que l'on puisse se flatter d'atteindre à quelque perfection en fait de Gouvernement ; je veux parler de la manie de vouloir être servi gratuitement...

« Nous avons déja fait voir, continue-t-il,

(*a*) Princip. du Cod. pén., 4ᵉ part., tom. iii, ch. viii, pag. 69;

combien ce système erronné peut être funeste : il en résulte , 1° que les' riches *seuls*
peuvent aspirer aux places : c'est confiner les
droits d'élection dans une caste aristocratique;
c'est donner un grand avantage à la pire des
aristocraties , qui est celle des richesses.
2° C'est introduire un système d'hypocrisie ma-
chiavélique dans les élections populaires. Les
hommes les plus intéressés, les plus corrompus, les plus déterminés à trafiquer de la chose
publique, sont aussi ceux qui en offrent le plus
haut prix et ceux qui font le plus de parade
du désintéressement de leurs motifs. Ne voit-
on pas tous les jours des scélérats, des êtres
assez vils pour vendre leurs parens, leur
pays, leur dieu , à prix d'argent , en échange
de quelque autorité, parler cependant le langage et se couvrir du masque de la vertu ?
L'hypocrisie, la dissimulation, la ruse, sont
moins pratiquées dans les Cours que dans les
Assemblées électorales , et les Souverains ne
les récompensent pas mieux que le peuple.
Si on ne trouve pas quelques moyens nouveaux de l'éclairer sur tous ces points, en
sorte que la droiture et la bonne foi devien-

nent l'intérêt commun des Gouverneurs et des gouvernés, c'est en vain qu'on opérera de grandes améliorations dans le Gouvernement.....

« Si le service public, dit-il encore, soit dans l'armée, soit dans la marine, soit dans le conseil, n'est, comme le veut M. Marchamond Nedham, qu'une tâche onéreuse et pénible, où trouvera-t-on des ames humaines assez fortes, assez exaltées en patriotisme, pour sacrifier leur temps et leur santé, la société habituelle de leurs parens, de leurs femmes, de leurs enfans, à des occupations qui ne leur permettront ni plaisir ni profit ? Est-il dans la morale ou dans la religion quelque article qui prescrive un pareil dévouement......? On pourrait répondre *oui*; mais il n'en est pas moins vrai que ce point de morale et de religion est insuffisant.... » (*a*).

Smith dit que « Les services publics ne sont jamais mieux exécutés que lorsque la récompense est une conséquence de l'exécution,

_____

(*a*) Défense des Constit. améric., tom. ii, lett. viii, pag. 135.

et se proportionne à la manière dont le service a été exécuté » (a). Et dans son traité d'Économie politique, M. Say s'exprime ainsi : « Il en est de la probité comme du talent. On n'a des gens intègres qu'en les payant. Rien d'étonnant à cela. La probité est une qualité utile; partant, elle a une valeur, de même que la force ou l'adresse....

« Les règles d'une stricte économie conseilleraient peut-être d'économiser le salaire en argent, là où l'on reçoit un autre salaire (d'honneur ou de pouvoir) suffisant pour exciter l'empressement de ceux qui prétendent aux charges , s'il n'y avait, à prendre ce parti, des inconvéniens plus graves que celui de la dépense. Il est à craindre qu'un homme qui donne gratuitement ses travaux, *ne vende son pouvoir.*

« Une grande fortune ne suffit pas pour préserver un fonctionnaire public de la vénalité : car les grands besoins marchent d'ordinaire avec une grande fortune, et fréquemment la devancent; sur-tout quand il faut joindre à la

---

(a) Traité des richesses.

représentation de l'homme riche celle du magistrat. Enfin, en supposant qu'on puisse
rencontrer, ce qui n'est pas rigoureusement
impossible, avec une grande fortune, l'intégrité, et avec l'intégrité, l'activité nécessaire
pour bien remplir un emploi utile, pourquoi
ajouter à l'ascendant déja trop grand des richesses, celui que donne l'autorité? Quels comptes demander à l'homme qui peut se donner,
soit avec le Gouvernement, soit avec le peuple, l'air de la générosité... » (a)?

Dans la session de 1817, un membre de la
Chambre des pairs, M. le comte Boissy-d'Anglas, disait : « Comment retenir indéfiniment
à Paris, sans leur accorder aucune indemnité,
un grand nombre de députés qui ne peuvent
ajouter au sacrifice de leur temps, celui de
leur fortune? Comment exiger d'eux un sé-
jour de six mois dans la capitale...? En reje-
tant ainsi toute indemnité, on parviendra
bientôt à n'avoir dans la Chambre des députés que des ministres, des conseillers d'état,

---

(a) Traité d'Économie polit., tom. II, liv. V, ch. VIII,
pag. 412.

des procureurs-généraux; et on ne prétendra pas sans doute qu'elle doive être exclusivement composée de cette manière.... » (a).

Et dans la session de 1820, un membre de la Chambre des députés (M. Girardin) a dit: « Rien, selon moi, n'est plus contraire aux principes de l'égalité que de diminuer les traitemens des fonctionnaires publics, au point que les places ne puissent être occupées que par les gens riches. Il faut que les places paient leurs dépenses, afin qu'elles puissent être données au mérite qui se trouve le plus souvent dans une médiocre aisance. Ces sortes d'économies sont nuisibles à l'État » (b).

On peut faire ici une application juste de ce que, au sujet du traitement accordé aux ecclésiastiques, M. de Pradt dit, dans son ouvrage sur les quatre concordats : « Est-ce donc que, depuis le trône jusqu'au dernier emploi de la société, tous ne sont pas rétribués par les tributs publics. Le magistrat

***

(a) Moniteur du samedi, 3o mai 1818, n° 15o.

(b) Séance du 15 juin 1821. — *Voy*. le Journal Constitutionnel, du samedi 16 juin, n° 167.

sent-il, dans la distribution de la justice, sa conscience liée par la rétribution attachée à ses fonctions? Le guerrier croit-il ses lauriers flétris et son sang méprisé par l'affectation d'un salaire à son grade? L'administrateur regarde-t-il les soins qu'il donne aux intérêts publics comme dégradés par le traitement attaché à ses fonctions? La société paie par sentiment d'honneur, parce qu'étant au dessus de tout, elle ne doit rien recevoir de personne. Elle paie par sentiment de justice, parce qu'elle n'a pas le droit de faire servir les uns gratuitement par les autres, et qu'on ne peut arracher un homme à ses travaux sans lui donner un dédommagement » (*a*).

Enfin quelqu'un a encore dit avec raison : « Si vous n'accordez aucune indemnité aux représentans, les intrigans ne désireront d'être nommés que pour arriver à d'autres places ; et les hommes honnêtes, mais sans ambition, ne se verront éloignés de leurs propriétés et ne rempliront leurs fonctions qu'à regret ».

(*a*) *Voy.* les quatre Concordats, par M. l'abbé de Pradt, tom. ɪɪ, chap. xxɪv, pag. 128.

Quoique le principe qui vient d'être déve-loppé ne soit pas pratiqué en ce moment en France, on y a certainement senti la nécessité d'attacher aux fonctions représentatives un haut degré d'estime et de considération; mais comment, de bonne foi, pourrait-on jamais se persuader qu'il fût possible d'y parvenir, en créant en leur faveur, ainsi que l'avait fait la Constitution du 3 septembre 1791 (tit. 3, chap. 1, section 5, *art* 7.), et comme le fait encore la Charte constitutionnelle du 4 juin 1814 (art. 34 et 51), une prérogative in-juste, une exception qui déroge scandaleuse-ment à l'uniformité de la législation, aux principes de l'égalité sociale et de l'égalité ci-vile (*a*), en prétendant les soustraire à toutes les poursuites pour dettes, à l'exercice de la contrainte par corps en matières civiles, ou commerciales, ou même en matières crimi-nelles. Cette disposition législative est, dans bien des cas, trop rigoureuse peut-être (*b*);

(*a*) *Voy. ci-dessus*, 1re part., vol. 1, pag. 122 *et suiv.*
(*b*) *Ci-après*, même tit., § 2.

mais, tant qu'elle fait partie des élémens de la législation, elle doit être générale (*a*).

Il n'est pas au contraire de moyen évidemment plus propre à attirer la haine, la déconsidération, le mépris, sur des hommes dont il faut pouvoir dire en quelque sorte, comme César disait de Pompéia, qu'il ne suffit pas qu'ils soient exempts de fautes, mais qu'ils doivent l'être même du soupçon.

« Laissons, disait encore Mirabeau à l'Assemblée nationale, laissons à cette nation voisine de qui la constitution offre tant de vues sages dont nous craignons de profiter, cette loi injuste, reste honteux de la féodalité, qui met à l'abri de toutes poursuites pour dettes le citoyen que la nation appelle à la représenter dans son parlement. Profitons de l'exemple des Anglais; mais sachons éviter leurs erreurs; et, au lieu de récompenser le désordre dans la conduite, éloignons de toute place dans les Assemblées, tant nationales que provinciales et municipales, le citoyen qui, par une mauvaise administration de ses pro-

_____

(*a*) *Ci-dessus*, 1re part., vol. 1, pag. 243 *et suiv.*

pres affaires, se montrera peu capable de bien gérer celles du public » (a).

Il est même une disposition plus sévère et plus rigoureuse, que, dans l'intérêt du corps social, la loi constitutionnelle de l'État doit consacrer.

C'est celle qui, sans aucunement porter atteinte au principe de l'indépendance, de l'inviolabilité des Chambres, qui sera bientôt expliqué (b); mais précisément dans la vue de donner à ce principe un nouveau degré de solidité et de force réelle, déclarera chaque représentant *individuellement* responsable, ou passible d'être traduit en jugement; et qui déterminera le mode de sa mise en accusation, dans tous les cas où pendant l'exercice de ses fonctions il se rendrait coupable de quelque infraction aux obligations, défenses et injonctions que cette loi constitutionnelle doit leur prescrire à tous, ainsi que nous venons de le dire (c), comme aussi de quelques crimes

---

(a) Discours prononcé le 27 octobre 1789.

(b) *Voy. ci-après*, sect. 5.

(c) *Voy. ci-dessus*, vol. vi, pag. 202 *et suiv.*

ou délits en matière d'état, en matières criminelles ou correctionnelles.

Rappelons-nous à ce sujet ce que nous
avons eu lieu de développer précédemment,
en traitant de la puissance judiciaire ; et n'oublions pas que, chez les peuples les plus sages et les plus libres de l'antiquité, les chevaliers, les sénateurs, les rois eux-mêmes furent soumis à la censure *(a)*.

Sans doute l'inviolabilité des Chambres doit
être un principe essentiel, fondamental, et
sacré de la constitution ; mais outrer un principe, en faire une application fausse et tout-
à-fait hors de ses véritables limites, ce n'est
pas l'affermir et le respecter ; c'est au contraire le méconnaître, le violer, et travailler
indirectement à le renverser, à le détruire.

L'article 52, et sur-tout l'article 34, de la
Charte constitutionnelle du 4 juin 1814, ont
encore besoin, sous ce rapport, de quelque
rectification importante et indispensable.

Après avoir établi, ainsi que nous venons

III.
De la durée
des fonctions
représentatives

***

(a) Voy. ci-dessus, 2ᵉ part., vol. IV, pag. 100.

de le faire, les principes relatifs à l'incompatibilité et à l'exercice des fonctions représentatives, il faut parler du terme qu'il convient de mettre à la durée de ces fonctions.

Cette question est grave et de nature à ouvrir une vaste carrière à la discussion.

Avant de nous y engager, faisons une observation générale propre à la simplifier.

En toute matière, et plus particulièrement peut-être en matière de *publicisme*, on peut dire que, d'après les règles de la logique, il existe en quelque sorte deux modes de raisonnemens, deux méthodes distinctes d'appliquer les principes d'après lesquels le jugement procède, deux manières différentes d'exercer cette faculté intellectuelle.

Ils consistent, l'un à se proposer pour but une solution purement relative, c'est-à-dire de localité ou de circonstance; l'autre à rechercher une solution qui se rapproche davantage du bien et de la vérité considérés en eux-mêmes, mais abstraction faite, sous quelques rapports plus ou moins éloignés de la question qui s'agite, de l'imperfection et des vices des institutions existantes.

Suivant le premier de ces deux modes, on raisonne d'après un état de choses déja connu, établi, mais encore vicieux et imparfait, et en raison duquel la solution cherchée, quoique juste relativement et à de certains égards, pourra très-bien n'indiquer cependant qu'une chose en elle-même fautive, erronée et très-imparfaite en plusieurs autres points.

Il faut alors rapprocher et mettre en parallèle, balancer, supputer, compenser, les différens degrés de bien et de mal; mais c'est toujours entre le plus mal et le moins mal que l'on se trouve réduit à opter; et quelque discernement, quelque sagacité que l'on apporte dans ce travail difficile de l'esprit, il est fort à craindre qu'il n'en reste que des idées peu exactes, et dont l'exécution, sans être dangereuse, n'aura jamais toute l'utilité possible et désirable.

C'est cependant de ce mode, il faut le dire, que M. de Montesquieu a fait un fréquent usage dans la composition de l'Esprit des Lois (a).

_____

(a) *Voy., entre autres*, l'Esprit des Lois, liv. ii, ch. iv. — *Ibid.*, Liv. v, chap. xi.

Suivant le second mode, fort différent dans sa base et dans ses résultats, il faut au contraire, en établissant la thèse, avoir soin de faire remarquer que l'on ne doit pas se borner à examiner et à redresser isolément une partie distincte du tout, mais que ce tout lui-même, considéré dans chacune de ses parties et dans son ensemble, sera soumis à l'examen, et aux rectifications salutaires qui seules peuvent parvenir à coordonner et à mettre en harmonie entre elles, toutes ses parties diverses.

Cet autre mode est à la vérité plus hypothétique en un sens que le premier : il suppose que la réforme entière s'effectuera; ce que l'on ne peut pas toujours concevoir comme une chose prête et facile à opérer : mais il laisse moins de prise à l'erreur; il fait connaître le point exact d'amélioration où chaque partie doit tendre, pour qu'elles puissent arriver toutes ensemble, quoique lentement, au véritable but; il offre l'unique moyen de raisonner toujours juste; et c'est ainsi que, pour marcher de pied ferme et sans détours, il faut commencer par applanir les obstacles ou par. choisir son terrain.

On a déja pu remarquer que nous nous sommes constamment attachés à suivre ce second mode dans tout le cours de la composition de cet ouvrage.

Ici, ces deux manières de procéder se présentent encore ; et selon que l'on fera usage de l'une ou de l'autre, on arrivera à des résultats fort différens et même opposés.

Si l'on adopte la première, on reconnaît d'abord, dans l'examen des faits et des élémens de la question, l'existence d'un systême représentatif pour ainsi dire brut ou dans son enfance, et que la sagesse, aidée de l'expérience, n'a pas encore soumis à des principes, à des règles, à des lois constitutionnelles, fondamentales, fixes et constantes, qui puissent en rendre l'admission véritablement efficace et salutaire.

Les Chambres ne sont encore qu'une réunion tumultueuse et confuse de ministres, de conseillers d'état, de préfets, de magistrats, d'officiers-généraux et autres agens de l'autorité exécutive et de l'autorité judiciaire, de négocians, de propriétaires, de prétendus

nobles héréditaires, et d'hommes qu'il faudrait
alors désigner encore sous le nom de *roturiers*, en un mot, de parties hétérogènes et
antipathiques, d'hommes différant en tout
d'intérêts, d'éducation, de sentimens, de
principes, d'opinions, de volontés, et l'on
pourrait même dire, ne parlant pas le même
langage.

Ces Chambres nombreuses et sans ordre,
sont composées de représentans souvent inconnus de leurs mandataires, et étrangers
aux départemens où ils sont élus, ayant des
intérêts diamétralement opposés aux intérêts
qu'ils sont chargés de défendre; dépourvus
en outre de tous motifs réels d'émulation et
de zèle, et élus dans d'autres Assemblées,
elles-mêmes sans règles et sans aucune ligne
de direction assurée, également remplies de
désordre, de brigues et de confusion, et dont
le choix n'a pu par conséquent manquer de
s'égarer souvent.

Les députés ou représentans élus de cette
manière ne peuvent, conséquemment aussi,
offrir l'ensemble des garanties qui résulteraient
naturellement, non-seulement de leur assi-

milation entre eux et avec les classes dont
ils sont tirés, de la fortune, de la maturité
de l'âge, mais encore, et bien davantage
peut-être, des titres d'époux et de père de
famille, comme aussi d'une conduite anté-
rieure digne de récompense et d'estime dans
l'exercice des fonctions municipales ou autres
de même nature ; et la dignité, l'honneur des
représentans, leur indépendance morale, la
liberté de leurs opinions et de leurs votes, ne
sont elles-mêmes ni fortifiées ni garanties par
aucune base, par aucune règle fondamentale
d'organisation.

De son côté, le ministère, par un esprit de
machiavélisme (peut-être au surplus trop véritablement nécessaire dans cet état d'imperfection et de désordre), par une dangereuse
et fausse politique, se trouve naturellement
enclin à considérer les Corps représentatifs
comme des ennemis animés contre lui, contre
le prince, et qu'il est forcé de tenir en état
de siége; se prévalant de la faiblesse de leur
position, de la confusion qui existe déja dans
leur sein, il se persuade facilement qu'il agit
avec une tactique et une habileté merveil-

leuses, lorsqu'il néglige ou abandonne entièrement les détails les plus urgens de l'administration, et consume ses soins, son temps
et ses veilles à les environner de toutes parts
d'intrigues, de piéges, de séductions, à entretenir au milieu d'eux des intelligences secrè-
tes, afin d'y soutenir et augmenter encore,
s'il est possible, la discorde et la désunion.

Oh! sans doute, si, dans cette hypothèse,
s'élève la question relative à la fixation de la
durée des fonctions représentatives, question
de laquelle nous devons donner ici la solution,
il n'est pas impossible, il est même assez naturel que, jugeant le prompt renouvellement
des Chambres nécessaire, soit en partie, soit
même en totalité, on ne soit pas généralement
éloigné de penser que la société doive faire
aux mandataires une obligation expresse de
ne conférer leurs pouvoirs que pour un petit
nombre d'années. On est alors naturellement
porté à concevoir l'espérance de remédier par
ce moyen au mal dangereux qui mine et détruit sourdement le Corps social en le viciant
au cœur. Mais tentative inutile! efforts infructueux! espérance vaine! un semblable

palliatif est par trop insuffisant, il ne fait que blanchir extérieurement la plaie; mais, loin de la fermer, il la ranime. Le principe du mal subsiste toujours, et ne peut se guérir par de semblables tempéramens. Le terrain où l'on se trouve est pestilentiel, l'air qu'on y respire contagieux; et, la représentation entière fût-elle tout-à-coup renouvelée, ses nouveaux membres fussent-ils forts, robustes et sains, l'épidémie bientôt les aurait atteints; bientôt on verrait se manifester en eux et les mêmes vices et les mêmes symptômes de dissolution, de corruption et de mort.

Si nous adoptons au contraire la seconde méthode de raisonnement, et c'est encore la seule que nous puissions employer, nous devons admettre que le système représentatif est déjà parvenu dans la monarchie constitutionnelle à un certain degré de perfectionnement, et que le législateur aura réussi à le régler, à lui donner une constitution moins débile, par l'adoption de tous les principes que le bon sens, la méditation et l'étude lui auront indiqués, et particulièrement par l'application de ceux dont nous avons essayé

15.

de faire reconnaître la force, la sagesse et la vérité.

Dans cette seconde hypothèse, les Chambres, composées seulement du nombre de membres nécessaires pour qu'elles puissent à cet égard se trouver dans un juste rapport avec l'importance de la population, la division du territoire, la nature des productions et les branches principales du commerce et de l'industrie, seront en outre devenues, par cela même et sous tous les rapports, plus aptes à l'examen approfondi, à la discussion réfléchie des importantes questions qui doivent y être mises en délibération. Ces députés ou représentans auront été élus librement, sans brigues et sans influence étrangère, par leurs plus proches compatriotes, par les citoyens qui, vivant habituellement avec eux, auront été à portée d'étudier, d'apprécier, de bien connaître leurs mœurs, leur capacité, leur conduite publique et privée. Toutes les conditions d'éligibilité non destructives de l'égalité sociale, du véritable esprit de liberté que les élections doivent avoir; toutes les conditions d'éligibilité de cette nature que la pru-

dence et l'amour de l'ordre peuvent suggérer,
et qui, sans être véritablement exclusives,
sont propres à donner une direction utile, et
même indispensable, aux choix des assemblées
électorales, auront en effet éloigné de ces assemblées ou colléges l'impulsion toujours
fausse, erronée et pernicieuse que les influences étrangères, quelles qu'elles soient, la
suggestion, les brigues, les cabales des partis
ou du ministère ne peuvent manquer de leur
donner. Le choix de ces colléges ainsi dirigé
se trouvera naturellement préservé des écarts
qu'on leur reproche aujourd'hui; il ne tombera plus que sur des hommes qui, bien
connus de ceux qu'ils devront spécialement
représenter, n'auront pas à défendre des intérêts opposés aux leurs; qui à cette première
et importante garantie joindront encore l'ensemble et la réunion complète des qualités
d'où découlent naturellement toutes les autres garanties présumables de maturité, de
prudence, d'instruction, de patriotisme et de
dévouement; et qui d'ailleurs, stimulés jusqu'au moment de leur élection par l'honneur
et par tout ce que les sentimens de l'amour-

propre et de l'intérêt personnel peuvent eux-
mêmes avoir d'utile et de louable, auront déja
conquis l'estime et la confiance entière de
leurs concitoyens par une conduite honorable, par des preuves non équivoques de leur
capacité, de leur zèle et de leur dévouement
antérieur, dans l'exercice des fonctions publiques qu'ils auront pu remplir avec l'espoir
d'une équitable et légitime récompense.

Les Corps ou Chambres représentatives seront donc devenues telles, que les princes ou
leurs ministres cesseront de les considérer
comme des ennemis dangereux et implaca-
bles, contre lesquels ce soit pour eux une nécessité impérieuse de lutter, de combattre,
chaque jour, avec toutes les armes de la séduction, de la ruse, de la dissimulation, de
la perfidie et du mensonge, sous peine d'être
eux-mêmes terrassés, vaincus et détrônés. Les
princes et leurs ministres ne verront plus, dans
ces mêmes chambres, que de fidèles sujets,
de loyaux et puissans auxiliaires, dont tous
les vœux et les actions concourront efficacement à atteindre le seul et véritable but auquel la royauté doive elle-même aspirer; à

assurer le triomphe de la lumière et de la
raison sur les préjugés, les ténèbres, et l'ignorance ; de l'ordre et de la justice sur le chaos,
la confusion, le vice, l'arbitraire, la violence,
l'esclavage ; des vérités et des principes vivifians du droit naturel, de la philosophie, de
la morale, de la religion, sur les incertitudes
et les doutes perpétuels, les vacillations funestes et mortelles du machiavélisme et de
l'impiété. Ces Chambres ne rivaliseront plus
avec le trône que d'activité, de persévérance,
de courage, pour arriver à l'accomplissement
de ce grand œuvre, objet manifeste de la volonté divine, et pour placer et affermir en
même-temps sur des bases indestructibles le
trône lui même, et toutes les institutions
vraiment monarchiques et libérales qui peuvent lui servir d'appui, et le défendre en
même temps contre les attaques, les usurpa-
tions du despotisme, et contre les irruptions
et les tempêtes de l'anarchie. Les rois enfin
auront bien compris de quel intérêt il est
pour eux - mêmes, comme pour la société
tout entière, que la liberté d'opinion, l'indépendance morale des députés, loin d'être sans

cesse ou combattues ouvertement par eux, par leurs ministres, ou affaiblies et minées dans l'ombre, soient au contraire soigneusement soutenues et préservées par les remparts dont ces mêmes institutions libérales et monarchiques peuvent réussir à les environner et à les garantir. Les premières atteintes de l'iniquité seront alors rapidement senties par le gouvernement; le bruit des abus naissans retentira jusque sur les marches du trône; en toute circonstance, la voix de l'opinion, le vœu national, l'expression vraie de l'intérêt public et privé, se fera entendre sans obstacle, et par les moyens les plus prompts, les plus directs, les plus sûrs qui puissent frapper et instruire l'oreille des rois : car, « indépendamment de l'équité qui veut que le souverain remplisse ses devoirs, dit l'auteur du Système social, il est de son intérêt d'être exactement instruit des besoins, des vœux, des dispositions de son peuple : *et celui-ci ne peut s'exprimer paisiblement que par la voix de ses représentans, qui partagent les mêmes besoins et forment les mêmes désirs* » (*a*). De cette manière, les rois, leurs

---

(*a*) Système social, 2ᵉ part. , chap. v.

ministres, seront environnés de surveillans actifs, zélés, laborieux, intéressés et sincèrement attachés au maintien de la tranquillité et de l'ordre public; et, forcés à s'observer eux-mêmes, ils n'auront plus à redouter que le feu comprimé de la vengeance et de la haine n'éclate tout-à-coup près d'eux, et qu'après avoir embrasé l'édifice au centre, il ne porte au loin l'incendie et le ravage de la guerre civile et des plus funestes révolutions.

Le système représentatif ayant ainsi pris une face nouvelle, et recevant en quelque sorte l'existence et la vie; pour préserver et affermir plus efficacement encore l'indépendance, l'entière liberté des Chambres, les fonctions des députés seront réellement et dans le fait incompatibles, comme elles le sont de droit, avec toutes celles qui sortent des limites de la puissance législative; elles excluront même toutes les graces et les faveurs qui, émanant spécialement de la munificence royale et du ministère, pourraient peut-être, par un effet naturel de la reconnaissance, comprimer le sentiment quelquefois rigoureux du devoir, adoucir ou même captiver entière-

ment la voix souvent austère de la vérité.
Dans ce même but de fortifier et de garantir
l'indépendance de la représentation nationale,
et pour donner à ses fonctions la dignité
qu'elles doivent avoir, elles seront placées au
rang qui leur appartient dans l'ordre social,
considérées comme le sommet et la plus haute
récompense de toutes celles qui se rattachent
à l'exercice de la puissance législative, et environnées de l'éclat, de tous les signes extérieurs du respect et de la vénération qu'elles
doivent appeler sur la personne de ses membres. D'après ces motifs aussi, si une inconduite, un désordre devenu notoire dans la
gestion des intérêts privés de quelques-uns
de ces membres de la représentation nationale, donne lieu de suspecter à bon droit
leur capacité pour la gestion des affaires publiques, loin d'être scandaleusement protégés
par une disposition exceptionnelle, anti-so-
ciale, destructive de la morale, de l'égalité
civile, de l'uniformité de la législation, ils seront repoussés de son sein, et la tache même
du soupçon sera ainsi éloignée d'elle. Ce principe de l'indépendance de la représentation,

celui de son inviolabilité, ne seront pas cho-
qués, mais encore consolidés et affermis par
la responsabilité individuelle de chaque représentant, non point au sujet des opinions
qu'il aura manifestées, émises, défendues à la
tribune, ou même par écrit, pendant l'exercice
de ses fonctions ; mais à l'égard des crimes ou
délits dont il se rendrait coupable, et même
relativement aux simples infractions de ses
devoirs constitutionnels.

Tant et de si grandes, si importantes, si
indispensables améliorations se trouvant ef-
fectuées, ainsi qu'on doit espérer de le voir
un jour, si l'on a quelque confiance véritable
dans la force et l'ascendant des lumières, du
temps, de la raison, de la prudence, du patriotisme, du courage, et de la protection divine, y aurait-il encore quelque motif, même
spécieux, de limiter à une courte, fugitive,
et éphémère période de quelques années, la
durée des fonctions représentatives, alors si
scrupuleusement environnées de la circonspection et de toutes les garanties nécessaires
et possibles, et ainsi ennoblies, élevées au
degré de dignité, de grandeur, hors duquel

elles ne peuvent produire que peu de bien ,, et seraient toujours dans l'impuissance absolue de remédier aux maux si profondément enracinés dans le Corps social, qu'ils sont généralement considérés aujourd'hui comme incurables ?

Il n'existe réellement, nous ne craignons pas de l'affirmer, aucun motif fondé de croire nécessaires de brusques changemens ou des renouvellemens partiels et successifs, mais fréquens. On chercherait vainement à en signaler un seul; et pour peu qu'on y fasse attention, on découvre au contraire sans peine les inconvéniens graves et inévitables qui y sont attachés, qui doivent nécessairement en résulter. En effet, par quelle raison plausible se priver de ces représentans dont les élections auront été accompagnées, réglées, dirigées, par l'observation scrupuleuse de tous les principes d'organisation, de toutes les formalités et précautions que la sagesse, la prudence, le bon sens, prescrivent d'adopter; de ces députés citoyens qui, réunissant en leur personne toutes les garanties possibles de l'attachement à l'ordre, de la maturité, du patriotisme, du dévouement, de la capacité, auront en outre donné déja des preuves ostensibles et constantes de toutes les vertus privées, publiques et sociales; de ces députés enfin, dont les élections auront d'ailleurs été faites avec toute l'indépendance d'opinion, l'impartialité et l'attention que les électeurs doivent apporter à l'exercice de leur droit, sous peine de se rendre criminels envers leur patrie, et qui seront parvenus à acquérir avec le temps le nouveau degré de prudence, de discernement, de sagacité, d'instruction que le travail et l'habitude peuvent seuls donner à l'homme doué de l'intelligence la plus rare et la plus active? On n'en agirait donc ainsi que pour remplacer ces représentans par d'autres représentans qui à la vérité seraient bien élus avec les mêmes précautions, et qui présenteraient conséquemment quelques-unes des mêmes garanties, mais à qui il manquerait cependant d'avoir acquis, comme les premiers, ces détails d'instruction, cette masse de connaissances spéciales que la pratique peut seule procurer, et qui sont conséquemment ignorées, ainsi que le remarque un auteur, de quiconque n'occupe pas la place où l'application en devient journellement nécessaire (*a*).

En matière d'organisation sociale, en général, les changemens fréquens des hommes qui occupent les emplois publics ne sont pas moins funestes que l'instabilité et la vacillation des institutions. Ce sont ces changemens qui portent la confusion, l'incohérence, l'obscurité, le doute, dans la législation; le désordre, le trouble, l'ignorance, dans toutes les parties de l'ordre administratif et de l'ordre judiciaire; qui produisent la misère, la détresse, générales et particulières; qui ruinent l'État, en ruinant les familles et les individus.

Qu'il nous soit donc permis de saisir l'occasion de le remarquer : même après les plus violentes révolutions, ce ne sont pas les hommes qu'il faut déplacer, eût-on encore quelque raison de douter de leur sincère et entier retour. Maintenus dans leurs places, ils sont, par cela même et pour les conserver, intéressés au maintien de la tran-

---

(*a*) *Voy. ci-dessus*, vol. v, pag. 357 et 358.

quillité et de l'ordre, et ils doivent conséquemment inspirer peu de crainte ; mais, s'ils perdent
leurs emplois, s'ils se trouvent sans fortune,
sans existence, et même privés d'espérance,
ils sont disposés à hasarder tout, pour recouvrer ce qu'ils perdent ; leur haine devient im-
placable et funeste ; et ils n'attendent, ils ne
cherchent que le moment de la vengeance.
Dans la session de 1817, un membre de la
Chambre des Députés disait avec raison, lors
de la discussion sur la loi des finances : « Le
nombre des employés actuels, comparé à celui
des anciennes administrations, porte à croire
que, malgré plusieurs réformes, il y a encore
des sommes considérables à épargner sur ce
point ; mais les économies de cette nature
doivent se faire par extinctions graduelles ;
les grandes, les subites réformes n'ont abouti
que trop souvent à peupler les administrations de nouvelles créatures, en se privant,
sous le plus léger prétexte, d'hommes anciens
et capables, qui n'ont eu la plupart d'autres
torts que d'avoir pensé la veille ce qu'on a
fini par penser le lendemain. Ce sont ces réformes qui ont couvert la France d'autant

d'assortimens complets d'employés de tous
grades, qu'on a vu de partis ou de nuances
d'opinions se succéder dans le maniement des
affaires.

« Ces déplacemens continuels n'ont pas peu
contribué à l'agitation des esprits. C'est un
spectacle singulier et pourtant déplorable de
voir cette foule d'employés ambitieux ou malheureux, les yeux fixés sur la roue de notre
fortune politique, attendant le moment où
l'un de ses tirages amène le nom d'un ministre
qui leur promette de nouvelles chances.

« Les réformes par extinction sont le remède le plus convenable contre cette manie
de rechercher les emplois, devenue si commune depuis quelques années à toutes les classes. Un ministre, un chef d'administration a
certainement le droit de placer sa confiance
comme il lui plaît; mais il ne l'a pas de signaler son entrée en place par la déroute de
ses bureaux. Il est temps que le sort des employés acquière le degré de stabilité nécessaire
pour encourager leur zèle » (a).

(a) Discours de M. Casimir-Perrier. — Moniteur du
samedi 4 avril 1818, n° 94.

Revenons-en à la question qui doit spécialement nous occuper ici.

Les fonctions représentatives sont assurément du nombre de celles qui réclament plus d'étude, d'instruction et de jugement, de rectitude, d'ordre, de suite, d'ensemble, d'uniformité, de persévérance, dans les idées, puisqu'elles ont pour but essentiel d'introduire cet ensemble, cet ordre, cette uniformité, cette concordance, dans les institutions; on ne voit donc pas pourquoi il en serait, à leur égard et quant à leur durée, tout autrement qu'à l'égard des autres emplois dans quelque partie de l'administration que ce soit.

Peuples, électeurs et citoyens, attachez-vous à pratiquer, dans leur intégralité, les dispositions constitutionnelles que nous venons d'indiquer, relativement au nombre, à l'éligibilité de vos députés ou représentans, aux incompatibilités et à l'exercice de leurs fonctions; faites en sorte que les lois et les rapports en quelque façon matériels et physiques, se trouvent, dans les individus, d'accord avec le sentiment du devoir, les mouvemens de la conscience, les conseils de la sagesse , les leçons de l'expérience, les préceptes de la religion, et les principes de la morale et du droit; et dès lors vous ne croirez plus à cette nécessité de retirer votre confiance et vos pouvoirs à des concitoyens que vous aurez vous-mêmes placés, par votre élection et par votre prévoyance, au-dessus de toutes les atteintes du soupçon, et qui, ne déméritant pas, ne doivent pas non plus déroger ni déchoir; à des compatriotes qui, revenant d'ailleurs, chaque année, après l'accomplissement de leur mission, vivre fraternellement au milieu de vous, de leurs familles, près de leurs établissemens et de leurs propriétés, se trouveront toujours animés de plus en plus du désir de conserver votre estime, et seront toujours aussi en état d'apprécier, de ressentir par eux-mêmes vos propres besoins.

Dès lors, vous cesserez de croire à cette nécessité d'admettre, comme un principe fondamental de vos institutions, ces renouvellemens trop fréquens de la représentation nationale, qui introduisent nécessairement dans le gouvernement un élément de mobilité, d'incertitude, de vacillation, et ne peuvent manquer de rendre le gouvernement même mobile et chancelant; qui, mettant obstacle à ce que l'esprit de la législation puisse se fixer, se former, se mûrir, s'oppose naturellement aussi à ce que les idées saines, les principes utiles de droit et d'organisation puissent prendre racine, germer en paix, s'affermir, et répandre au loin un salutaire ombrage et de fertiles rameaux; vous ne considérerez plus cette fluctuation dans l'un des principaux élémens de l'organisation que comme une source de désordre et un signe précurseur de tempêtes et d'orages; étonnés, incertains d'avoir eu une opinion si fausse, sa réminiscence ne sera plus pour vous que comme une de ces images imparfaites et changeantes qui font douter parfois de leur réalité, et dont un rêve importun avait seul fatigué l'esprit, chargé la pensée et embarrassé le souvenir; l'horizon s'étant éclairci, vous ne verrez plus, dans cette instabilité, dans cette trop courte durée de la représentation, qu'une cause d'inconvéniens graves et de dangers imminens, qu'un écueil, pour ainsi dire,

16.

semblable à ces bancs de sables mouvans,
voisins du port où l'on conserve avec raison
l'espérance de toucher enfin une terre pai-
sible et hospitalière.

Plusieurs publicistes ont déja reconnu ces
importantes vérités ; ils ont pensé que le renouvellement annuel, sur-tout, était une institution directement contraire à l'esprit du
gouvernement représentatif ; et en Angleterre,
l'un des membres les plus distingués du parlement disait récemment : « Les élections an-
nuelles ne laissent pas aux députés le temps
de se connaître, de se lier, de former un
plan de conduite plus favorable à la considération de la chambre, et par conséquent à la
liberté politique réelle ».

Ce que cet orateur disait des élections an-
nuelles peut encore s'appliquer à celles qui
se renouvellent tous les deux et même tous
les cinq ans, qu'elles s'effectuent cumulative-
ment ou partiellement : car, que pourrait-on
perfectionner et édifier, dans un laps de temps
si borné ?

On peut à ce sujet faire aussi une juste application de quelques passages de l'exposé

des motifs du projet de loi présenté, dans la session de 1819, sur le nouveau mode des élections. Ce projet de loi, que nous ne saurions approuver en tous points, mais qui renferme certainement des vues sages et très-propres à amener des améliorations essentielles dans le système électoral, fut présenté aux Chambres par un ministre que l'intérêt personnel, la passion et la haine ont déchiré avec acharnement, mais dont les intentions ne seront sans doute pas suspectées par ceux qui, avant de le juger, auront cherché à le connaître ; par un ministre dont le seul tort est peut-être de n'avoir pas assez embrassé toute l'importance de quelques-uns des principes que nous cherchons à établir dans cet ouvrage, mais dont plusieurs des hommes mêmes qui lui furent le plus souvent opposés, n'ont pu s'empêcher de dire, « *que, s'il n'a pas fait tout le bien qu'il pouvait faire, il avait au moins empéché beaucoup de mal* » (*a*).

(*a*) *Voy.*, *entre autres*, la Minerve Française, tom. IX, 108ᵉ livraison.

Voici comment s'exprimait ce ministre dans son exposé : « Dans cette succession de renouvellemens, aucune tradition parlementaire ne s'établit ; aucune autorité des antécédens ne se forme et ne se consacre ; aucun caractère particulier et, j'oserai le dire, aucune solidarité morale ne s'attache à la conduite d'une Assemblée. Comme elle ne reste point elle-même, elle ne porte pas deux années de suite, aux yeux de la nation„ et à ses propres yeux, la responsabilité de ce qu'elle a fait, de ce qu'elle a prévu, de ce qu'elle a différé. Elle ne saurait se proposer à elle-même l'ambition d'avoir illustré son mandat législatif, par l'affermissement de la monarchie, par l'établissement des libertés publiques, par la réforme des lois imparfaites, par un concours généreux à quelques nobles entreprises ; elle ne peut point se dire que, par la succession d'un certain nombre d'actes renfermés dans le cours légal de sa durée, elle aura légué aux Assemblées à venir quelque grand exemple d'une politique nationale, confirmée par une heureuse épreuve de plusieurs années. Puissance à-la-fois permanente et mobile, toute

Chambre qui retombe, une année après sa première réunion, sous la loi du renouvellement partiel, est condamnée à s'affaiblir avant de se connaître, et à changer avant d'avoir entièrement démêlé les intérêts qu'elle doit défendre; elle ne peut même, dans une perspective rapprochée, préparer un avenir qui ne lui appartient pas. La durée uniforme d'une Assemblée la rend seule capable d'atteindre le but du régime constitutionnel, de lier l'administration au principe de la majorité.

« Une chambre ainsi constituée renferme sans doute des partis en présence, mais elle ne les voit pas se recruter et s'animer sans cesse; elle impose aux passions du dehors une sorte de trêve et d'attente, et substitue à la violence de leurs agitations la régularité d'un débat long-temps suivi entre les mêmes hommes, que l'expérience des affaires et la communauté des travaux doit, chaque jour, éclairer et calmer. Le Gouvernement reconnaît alors l'existence d'une majorité fixe, et il y trouve une règle sûre et un appui durable. Ce système permet seul à des gouverne-

mens affermis de résister aux factions anti-
sociales, et d'élever par la liberté parlementaire un mur d'airain où se brisent les efforts
de l'anarchie....

« S'attachant ensuite à des considérations
puisées dans les rapports qu'établissent le
droit politique et le droit des gens entre
les nations, le ministre continue ainsi : « Si
chaque année la marche du Gouvernement
peut paraître remise en problême par les
chances de l'élection; si la fixité du pouvoir
légitime n'a point pour auxiliaire la durée
certaine d'une Assemblée qui puisse offrir
à l'opinion publique et se proposer à soi-
même des intentions constantes, des principes avoués, quelle considération politique la
France peut-elle obtenir, de quelle garantie
peut-elle environner son alliance? Ah! les argumens habituels de la discussion parlementaire s'effacent et disparaissent devant une
semblable question. Il n'importe plus de savoir si l'administration trouvera plus ou moins
d'obstacles; ce ne sont point des intérêts individuels que l'on contrarie : c'est la dignité de
la France que l'on entrave. Ce n'est pas un

système d'administration que l'on renverse, c'est la France que l'on prive de toute influence extérieure. Que la volonté du souverain appelle d'autres hommes dans ses conseils; ces changemens ne préviennent ni ne corrigent les effets variables de l'élection annuelle; il ne reste pas moins une incertitude, pour ainsi dire annuelle, dans toutes les relations politiques de la France, dans l'utilité réciproque qu'elle peut offrir pour gage de son alliance.

« De pareilles combinaisons ne sont point immédiates. Le besoin d'une garantie qui les favorise, ne se fait point actuellement sentir; mais il est incontestable, il est prévu par tous les esprits, et toute garantie doit précéder le moment d'en faire usage. Vous n'avez point renoncé aux nobles destinées de la France; elle n'a point abdiqué son rang parmi les nations; elle ne le pourrait pas sans cesser d'exister, et sans manquer à l'ordre politique par son absence, autant qu'elle a pu, naguère, l'ébranler par l'intervention de ses armes. Que la France jouisse donc, par toutes les formes de ses institutions, de l'autorité, de la dignité

salutaire et incontestée, que le rétablissement
du pouvoir légitime doit rendre à ses alliances !

« L'union du Souverain avec une Chambre
dont la durée intégrale permet une suite de
vues et de projets, peut seule assurer l'exercice utile et glorieux de cette prérogative du
trône, qui, dans les mains d'un Monarque,
fort du concours des Chambres, doit être la
plus belle prérogative de la France entière » (a).

L'auteur de la Défense des Constitutions
américaines partage ce sentiment, et il propose même comme un palliatif qui pourrait
être avantageux, d'éloigner le terme périodi-
que des élections jusqu'à ce que les nominations fussent enfin pour la vie.

Mais c'est prendre, dans un sens contraire,
une direction fausse; c'est à la vue du port
s'engager dans un dangereux parage, et s'exposer à l'imminent danger d'aller échouer

_____

(a) Exposé des motifs du projet de loi présenté par
M. le Duc de Decazes, Ministre de l'intérieur, sur le mode
de l'élection, dans la Séance du 15 février 1820.

contre les écueils d'une rive opposée : car, si les législateurs ne doivent pas être choisis parmi la jeunesse, il n'est pas moins évident que la vieillesse n'est pas non plus l'âge convenable à l'exercice de leurs fonctions. Un publiciste dit : « Le sang coule impétueusement dans les veines d'un jeune homme, et il est ordinairement vain, léger et indiscret. L'âge où l'on est incapable de secret, et où l'on est livré à toutes les irruptions du tempérament, n'est pas propre aux affaires; mais les hommes d'un âge avancé ont aussi, sous ce rapport, leurs défauts » (*a*).

En effet la force, l'énergie, l'activité, l'intelligence, la raison, la sagesse, se forment par degrés, et s'accroissent avec l'âge, jusqu'à un certain terme de la vie; mais c'est une autre loi générale de la nature, que les facultés physiques et intellectuelles s'affaiblissent et décroissent à mesure que l'homme s'avance vers la fin d'une longue carrière. L'esprit, ainsi que le dit Aristote, vieillit aussi bien

_____

(*a*) Science du Gouvern., tom. vı, chap. ıı, sect. 7, § 89.

que le corps: et, dans ses vieux jours, l'homme, malgré ses efforts et son zèle, ne pourrait plus servir son pays avec le même succès, même par ses conseils. C'est alors qu'il a droit à l'inaction, qu'il doit s'attendre à jouir d'un doux loisir, de cette paix de l'esprit et de l'ame, que les études de la jeunesse, les services et les bonnes actions de l'âge mûr, lui auront méritée et acquise, et qui, berçant sa vieillesse de consolans souvenirs, s'unit à l'espérance pour le conduire aux portes de la vie immortelle; c'est à ces souvenirs, à cette espérance, que ses dernières annéesa ppartiennent tout entières.

Les fonctions représentatives ne doivent donc pas plus être à vie qu'elles ne doivent être héréditaires; et, s'il faut déterminer ici le terme de leur durée d'une manière précise, on pourra dire qu'elle semble ne devoir pas s'étendre au-delà de quinze ou vingt années; car c'est généralement vers l'âge de soixante, ans que l'homme commence à éprouver d'une manière plus marquée le besoin du repos.

SECTION V ET DERNIÈRE.

Inviolabilité, Indépendance, et Publicité,
des Chambres représentatives.

Un autre principe fondamental de l'Organisation dans une Monarchie constitutionnelle,
c'est que les Chambres représentatives doivent
y être inviolables.

§. I.
Inviolabilité
des
Chambres
représentatives.

Ce principe est assez généralement reconnu;
mais il y a tout lieu de croire qu'il n'est pas
toujours également bien compris de ceux
mêmes qui en réclament l'exécution.

Il ne s'agit pas du respect que le peuple
ou les classes qui participent à l'élection doivent elles - mêmes à leurs représentans. Ce
qu'à ce sujet nous avons établi dans le premier livre de cette seconde partie de la Science
du Publiciste (*a*), comme aussi ce que nous
venons de dire dans la section qui précède (*b*),

(*a*) *Voy. ci-dessus*, vol. IV, pag. 393 *et suiv.*
(*b*) *Ibid.*, vol. VI, pag. 216 *et suiv.*

suffit pour qu'on ne puisse révoquer en doute
que, dans un gouvernement où le pouvoir
judiciaire est organisé sur ses véritables bases, aussi bien que le pouvoir législatif et le
pouvoir exécutif, aucun mode de responsabilité à exercer contre les membres de la représentation nationale ne peut être véritablement
constitutionnel ou régulier, si, d'une part,
cette stipulation de responsabilité ne la rend
pas purement individuelle et spéciale pour les
cas de certains délits et infractions prévus et
précisés, et si, d'autre part, une autorité
éminente de l'ordre judiciaire, la Haute-Cour
de justice, n'est pas seule investie du droit de
statuer, dans ces circonstances, sur la poursuite
provoquée par les Chambres (a). Lorsque le
peuple est trop nombreux pour qu'il puisse
directement participer à l'exercice de la puissance législative, comment pourrait-il exercer efficacement par lui-même l'une des plus
importantes attributions de la puissance judiciaire (b)?

(a) *Voy. ci-après*, même chap., tit. III, § 1.

(b) *Ibid.*, *ci-dessus*, vol. IV, pag. 393; et vol. V,
pag. 135 *et suiv.*

Lors donc que nous parlons ici de ce principe de l'Inviolabilité des Chambres représentatives, on doit facilement concevoir que la seule application qu'il convient d'en faire est entièrement relative au degré de pouvoir ou d'influence directe et légale que le prince peut avoir droit d'exercer sur elles.

D'habiles publicistes, Locke, les auteurs des Maximes du droit public français, l'abréviateur de la République de Bodin, et autres, ont sur ce point professé la vraie doctrine. L'auteur de l'Esprit des Lois en a signalé les principaux motifs, et on a lieu de s'étonner qu'il n'en ait pas tiré la juste conséquence dans toute son étendue.

Voici à ce sujet l'exposé substantiel des principes enseignés par Locke, et qu'il faut aussi naturellement déduire de plusieurs des vérités reconnues par Montesquieu.

Dans l'acception ordinaire et véritable du mot, c'est, ainsi que nous l'avons précédemment remarqué, l'action de la puissance législative, qui n'est que *momentanée*, et non pas, ainsi que le dit cet illustre auteur, l'action de la puissance exécutive. En effet, l'exécution d'une décision législative prise en un instant, peut être de tous les jours et se continuer une année ou plus (a); lors donc que cette décision, adoptée par les deux Chambres, a été en outre sanctionnée et promulguée par le roi, troisième branche distincte de la puissance législative, tous les actes particuliers d'application, de détail, de pure exécution, doivent être, dans le droit, exclusivement confiés, à la surveillance du pouvoir exécutif (b).

Ainsi, il est nécessaire que le pouvoir exécutif soit permanent; il ne l'est pas autant que les Assemblées des Chambres le soient; et il convient au contraire que leurs membres, au lieu de rester, pendant une ou plusieurs années entières et consécutives, réunis dans la capitale, où leur présence ne serait d'aucune utilité, retournent au milieu de leurs familles et de leurs concitoyens, près de leurs établissemens, de leurs propriétés, afin de pouvoir mieux s'y instruire par eux-mêmes de la situa-

---

(a) *Voy. ci-dessus*, vol. IV, pag. 525, *n. (c)*.

(b) *Ibid.*, pag. 60 *et suiv.*; 82 *et suiv.*

tion et des véritables besoins de leurs départemens.

· Mais, d'un autre côté, comme il est impossible qu'il s'écoule une année entière sans que
les intérèts généraux de l'État et de la societé
ne réclament quelques nouvelles résolutions
législatives, ne fût-ce que relativement à la
répartition, à la quotité , à la nature des impôts, qui ne doivent jamais être déterminés et
consentis pour plus d'une année , sans s'exposer à de graves inconvéniens ; il est nécessaire
que les membres des deux Chambres représentatives se réunissent tous les ans à une
époque fixe, et d'avance indiquée par une disposition expresse de la loi constitutionnelle :
et leur réunion doit avoir lieu de plein droit;
1° parce qu'elle est véritablement indispensable; que sans elle la législation est entravée ,
suspendue dans sa marche; que les impôts ,
ne pouvant être régulièrement consentis, ne
sauraient non plus être légitimement perçus;
et que, sans législation et sans moyens de finances, aucune société ne peut subsister :
2° parce que si la volonté du chef de la puissance exécutive est considérée comme néces-

saire pour que cette réunion des Chambres puisse constitutionnellement s'effectuer, il dépendra, constitutionnellement aussi, de cette simple volonté, d'anéantir les premières bases fondamentales de l'Organisation, l'existence des trois puissances constitutives, et la distinction des trois branches de la puissance législative, pour y substituer le despotisme; de telle sorte que souffrir une si grande extension de pouvoir dans l'une de ces trois branches, ce serait réellement s'exposer à voir détruire, ou plutôt ce serait abattre soi-même à l'instant et d'un seul coup, ce que l'on serait parvenu à édifier si lentement, et avec tant de difficultés et de peines.

La durée des sessions doit être limitée : et, par les motifs qui viennent d'être énoncés, la dissolution des Chambres ne doit pas pouvoir être provoquée avant l'expiration du délai prescrit; de même qu'elles ne doivent pas non plus rester réunies au-delà.

Si cependant la multiplicité des affaires, ou quelque circonstance urgente et imprévue, rendaient nécessaires la prorogation d'une session, ou une réunion extraordinaire, c'est dans ces circonstances seulement que cette prorogation ou cette réunion ne pourraient en effet s'effectuer qu'avec l'ordre, ou sur la convocation émanée du Chef de la puissance exécutive, par qui l'utilité de ces Assemblées extraordinaires sera naturellement mieux appréciée et pressentie.

Dans le cas d'une session ainsi provoquée par la convocation du prince, cette convocation doit précéder l'ouverture de la session d'un nombre de jours calculé d'après l'étendue des limites du territoire, et de manière à ce que les représentans des départemens les plus éloignés puissent avoir le temps nécessaire afin de venir prendre séance.

Telle est la substance des dispositions constitutionnelles propres à affermir l'observation du principe de l'inviolabilité des Chambres, compris dans sa plus exacte acception.

Voici comment s'exprime à ce sujet l'un des publicistes que nous venons d'indiquer comme ayant plus particulièrement reconnu l'indispensable utilité de son admission dans les principaux élémens de l'Organisation.

17.

« Le pouvoir législatif est celui qui a droit de
régler comment les forces de l'État peuvent
être employées pour la conservation de la
communauté et de ses membres. Mais, parce
que ces lois qui doivent être constamment
exécutées, et dont la vertu doit toujours subsister, peuvent être faites en peu de temps,
il n'est pas nécessaire que le Corps législatif
soit toujours assemblé; et, comme ce pourrait être une tentation pour la fragilité humaine et pour les hommes qui ont le pouvoir
de faire des lois, d'avoir aussi entre les mains
le pouvoir de les faire exécuter (pouvoir dont
ils pourraient se servir pour s'exempter eux-
mêmes de l'obéissance due à ces lois qu'ils
auraient faites); comme ils pourraient être
portés à ne se proposer, soit en les faisant,
soit lorsqu'il s'agirait de les exécuter, que
leur propre avantage, et à avoir des intérêts
distincts et séparés des intérêts du reste de la
communauté et contraires à la fin de la société et du gouvernement, c'est par ces raisons que, dans les États bien réglés, où le
bien public est considéré comme il doit l'être,
le pouvoir législatif est remis pour un temps

limité entre les mains de diverses personnes qui, duement assemblées, ont seules ou conjointement avec d'autres le pouvoir de faire les lois, auxquelles elles sont elles-mêmes sujettes lorsqu'elles les ont faites, et qu'elles se sont séparées (motif bien puissant et bien fort pour les engager à ne faire de lois que pour le bien public).

« Mais, parce que les lois qui peuvent être faites en peu de temps, ont, lorsqu'elles sont une fois faites, un effet constant et durable qui oblige à les observer et à s'y soumettre continuellement, il est nécessaire qu'il y ait toujours sur pied une puissance active qui les fasse exécuter et qui leur conserve toute leur force.

« C'est ainsi que le Pouvoir législatif et le Pouvoir exécutif doivent être et se trouvent souvent séparés.....

« Mais, lorsque le prince empêche que les membres du Corps législatif ne s'assemblent dans le temps convenable, ou que l'Assemblée législative n'agisse avec liberté et conformément aux fins pour lesquelles elle a été établie, le pouvoir législatif est altéré : car,

pour que le Pouvoir législatif soit intact et
dans son entier, il ne suffit pas qu'il y ait un
certain nombre d'hommes convoqués et assemblés, il faut encore que ces hommes aient
la liberté et le loisir d'examiner et de finir ce
qui concerne le bien de l'État; et si on les
empêche au contraire de remplir leurs fonctions, il est très-certain que le Pouvoir législatif est réellement altéré. Ce n'est pas un
vain nom qui constitue un Gouvernement,
mais bien l'usage et l'exercice des pouvoirs
qui doivent y être établis (*a*); de sorte que
celui qui entrave la liberté des Assemblées législatives ou qui ne permet pas qu'elles agissent en temps opportun, détruit effectivement la puissance législative et met fin au
Gouvernement.... » (*b*).

Les auteurs des Maximes du droit public
français disent : « La supériorité du Corps
s'évanouit et devient illusoire, si la convocation de ce Corps peut être empêchée; puisque

---

(*a*) *Voy. ci-dessus*, 2ᵉ part., liv. ɪ, chap, ɪ.

(*b*) Locke. Traité du Gouvernement civil, chap. vɪɪɪ,
§ 5; et chap. xɪ, § ɪ.

tous les Corps du monde ne peuvent parler
et agir que lorsqu'ils sont réunis. Dans l'état
de dispersion, chaque membre n'est rien, ne
peut rien; c'est la réunion qui donne l'être
au Corps.

« Si donc chaque monarque peut empêcher
l'Assemblée des États de son royaume (au
temps prescrit) ; si, (dans ce temps même),
elle n'est plus, sans sa permission, qu'une
congrégation illicite, il ne faut plus parler de
lois fondamentales, de monarchies tempérées,
de limitation au Pouvoir souverain, de promesses qui lient les rois. Ce sont autant de
mots vides de sens; il n'y a plus qu'un seul
Gouvernement dans le monde, le Gouvernement asiatique. Les princes ne convoqueront
sûrement pas les États de leurs royaumes; et
nulle autre convocation ne pouvant être légitime, la propriété des biens, la liberté, la
vie même des sujets, sont par là livrées à la
discrétion de ceux qui gouvernent. La nation
entière est hors d'état de faire cesser ce désordre, ne pouvant agir que lorsqu'elle est
assemblée. On n'entendra plus que les plaintes des particuliers, lesquelles font beaucoup

moins d'impression, et qu'on étouffe d'ailleurs facilement par la force » (a).

— « Si la puissance exécutive, dit aussi M. de Montesquieu, statue sur la levée des deniers publics autrement que par son consentement, il n'y aura plus de liberté ; parce qu'elle deviendra législative dans le point le plus important de la législation.

« Si la puissance législative statue, non pas d'année en année, mais pour toujours, sur la levée des deniers publics, elle court risque de perdre sa liberté, parce que la puissance exécutrice ne dépendra plus d'elle ; et quand on tient un pareil droit pour toujours, il est assez indifférent qu'on le tienne de soi ou d'un autre. Il en est de même si elle statue non pas d'année en année, mais pour toujours, sur les forces de terre et de mer qu'elle doit confier à la puissance exécutrice....

« Il serait inutile, observe-t-il encore, que le Corps législatif fût toujours assemblé. Cela serait incommode pour les représentans, et

---

(a) Maximes du Droit publ. franç., tom. III. *Dissertation sur le Droit de convoquer les États*, pag. 33.

d'ailleurs occuperait trop la Puissance exécutrice, qui ne penserait point à exécuter, mais à défendre ses prérogatives et le droit qu'elle a d'exécuter....

« Mais si le Corps législatif était un temps considérable sans être assemblé, il n'y aurait plus de liberté. Car il arriverait de deux choses l'une ; ou qu'il n'y aurait plus de résolution législative, et l'État tomberait dans l'anarchie ; ou que ces résolutions seraient prises par la Puissance exécutrice, et elle deviendrait absolue » (*a*).

Il est vrai que, comme nous venons de l'annoncer, M. de Montesquieu loin de tirer la conséquence juste et naturelle de ces vérités incontestables, admet au contraire en principe, dans le même chapitre, « que le Corps législatif ne doit point s'assembler lui-même, etc. »(*b*); opinion qu'un autre publiciste réfute à-peu-près en ces termes : « Je serais tenté de croire que c'est pour justifier tout, pour tout applaudir, que l'on a écrit :

(*a*) Esprit des Lois, liv. xi, chap. vi.
(*b*) *Ibid.*

*que le Corps législatif ne doit pas s'assem-
bler lui-même..., qu'il faut que ce soit la puissance exécutrice qui règle le temps de la tenue et de la durée de ses assemblées.* C'est
ici, je crois, un des plus grands défauts du
Gouvernement anglais. On ne doit point
chercher hors du chapitre sur lequel je sou-
lève des doutes, les réflexions qui doivent
conduire à le penser. On y lit : *Si le Corps
législatif était un temps considérable sans
être assemblé, il n'y aurait plus de liberté...,
les résolutions seraient prises par la puissance
exécutrice, et elle deviendrait absolue.* Il me
semble qu'il suffit de rapprocher ces réflexions, de la maxime, pour faire apercevoir
leur contradiction. Si la liberté dépend de la
tenue des parlemens, si la Puissance exécutrice peut assembler, ou ne point assembler le Corps législatif, la liberté dépend de
la puissance exécutrice. Si en effet on suppose un roi qui aura d'ailleurs des forces,
des États, des trésors, comme il peut être ab-
solúment, s'il peut se passer des parlemens
un certain nombre d'années, elles lui suffi-
ront pour acquérir un pouvoir assez absolu

pour qu'il s'en passe toujours, et pour réparer ce qu'il lui en aura coûté pour l'attendre » (*a*).

Malgré toute l'évidence des motifs qui fondent cette doctrine, que M. de Montesquieu semble avoir craint d'adopter dans toute sa plénitude, les institutions actuelles s'en éloignent; les Gouvernemens les plus forts, les Gouvernemens qui se rapprochent davantage des bases propres à asseoir leur stabilité, intimidés sans doute par les désordres, par les inconvéniens graves dont ils ne pénètrent et ne démêlent pas encore assez bien les véritables causes, pour y apporter les remèdes convenables, redoutent de l'adopter sans restriction et avec une pleine franchise.

En Angleterre, depuis le règne de Charles II, les statuts prescrivent seulement de ne pas laisser passer trois ans sans assembler le parlement (*b*).

_____

(*a*) Abrégé de la Républ. de Bodin, tom. 1, liv. ii, chap. xiv, pag. 321 et 322.

(*b*) Blackstone. Comment. sur les Lois Angl., tom. 1, liv. 1, chap. viii, *vers la fin.*

En France, le décret du 13 juin 1791 (art. 15), la constitution du 24 juin 1793 (art. 41), celle du 22 août 1795 (5 fructidor an 3) (art. 57), celle du 13 décembre 1799 (22 frimaire an 8) (art. 33), celle même qui fut proposée par le sénat le 6 avril 1814 (art. 20), avaient adopté le principe; mais la Charte, en date du 4 juin 1814, statue seulement : « que le Roi convoque, chaque année, les deux Chambres ; qu'il les proroge, et peut dissoudre celle des députés des départemens; mais que, dans ce cas, il doit en convoquer une nouvelle dans le délai de trois mois » (a).

Or, si la loi constitutionnelle ne détermine pas elle-même une époque fixe à laquelle la réunion des Chambres puisse avoir lieu, chaque année, de plein droit, à défaut de toute autre convocation, ses injonctions de convoquer, soit tous les trois ans, soit annuellement, soit même dans un délai de trois mois, sont insuffisantes. Elles ne peuvent garantir la Constitution même de sa ruine et défendre

---

(a) Charte Constit. du 4 juin 1814, art. 50.

l'État de deux alternatives également redoutables, le despotisme ou l'anarchie.

En effet, qu'un prince d'un caractère audacieux et absolu ne veuille pas faire usage de son droit de convocation, il faudra donc rendre la voie de l'insurrection licite et légitime, ainsi que Locke l'admet? Du moins ne sera-ce plus que par elle, et en s'élevant ouvertement non-seulement contre le Prince, mais encore contre la loi fondamentale de l'État, que la réunion des Chambres pourra s'effectuer. Mais, on le demande, comment alors pourraient-elles être sages, circonspectes, impassibles, et se renfermer dans les justes bornes de l'équité et de la modération?

D'un autre côté, on conçoit facilement les objections des adversaires du principe; et, il faut en convenir, elles ne sont pas sans fondemens, au moins dans un état d'organisation encore défectueux sous plusieurs autres rapports; mais heureusement elles ne sont réellement admissibles que dans la supposition de cet état d'imperfection, ou plutôt, il faut aussi le dire, dans l'hypothèse trop réelle d'un système représentatif qui, loin d'être soumis aux

règles prescrites par la sagesse et la prévoyance, est au contraire encore abandonné
à toute l'incertitude du hasard et du désordre,
de l'insouciance et de l'intrigue, de l'effervescence et des passions.

Sans doute, en raisonnant toujours dans
cette trop réelle, trop déplorable et trop funeste hypothèse, les hommes les mieux pen-
sans, les plus sages, ne sont pas sans motifs
puissans pour se persuader que l'entière et
stricte observation du principe qui autorise-
rait l'assemblée spontanée des Chambres à
une époque fixe de chaque année, sans
qu'elle pût être dissoute avant l'expiration
d'une époque de même fixée, ne serait point
elle-même sans inconvéniens et sans dangers;
et peut-être les événemens justifieraient-ils
bientôt leur crainte.

Comment donc, disent-ils, ne pas trancher
dans le vif, comment ne pas employer un an-
tidote prompt et même violent, quelque dangereux qu'en puisse être l'usage, lorsque déja
la gangrène se manifeste visiblement, et annonce, par des symptômes effrayans, les approches d'une mort prochaine; lorsque, par

l'effet inévitable d'un système vicieux et mal ordonné, le mal acquiert lui-même plus de violence et de force; lorsque, refoulé de toutes les parties du Corps social vers le centre, jusque dans le Gouvernement même, il y devient un foyer ardent, près d'exercer les plus terribles ravages, et d'anéantir le principe d'unité, de force et de vie ? (*a*).

A des argumens si pressans que répondre...? Sans doute ils n'ont que trop de poids, de fondement et de réalité.

Mais pourquoi rester invinciblement dans cette même hypothèse d'un état d'imperfection et de défectuosité, dont le législateur

---

(*a*) « Ce n'est pas, disait encore M. Siméon, ministre de l'intérieur, à la tribune de la Chambre des Députés, lors de la discussion du projet de loi sur les élections, dans la session de 1819, ce n'est pas le projet de loi qu'il faut accuser de l'effervescence des esprits; c'est la chaleur insolite de nos discussions; c'est le soin qu'on se donne de chercher des soutiens en dehors. Sans doute le public doit suivre naturellement avec intérêt cette grande discussion; mais le public serait calme, si nous l'étions davantage ». (Séance du 17 mai 1820. — Journal Constitutionnel du 18, n° 139 ou 189).

doit avoir pour but essentiel et principal de sortir, auquel il s'applique chaque jour à substituer la justice, l'ordre, la régularité, l'harmonie, non pas seulement dans une seule partie, mais dans les plus petits détails de chacune des parties principales et secondaires de l'Organisation? Pourquoi ne voir aussi jamais, dans ce législateur, qu'un artisan, ou imprudent et inhabile, uniquement occupé à soutenir tout le poids d'un immense édifice sur un socle isolé et par cela même chancelant, ou embarrassé dans son travail par les aspérités du terrain et par la briéveté du temps? Pourquoi ne pas admettre au contraire l'existence possible et probable d'un architecte expérimenté, prévoyant, attentif, et qui mettra le temps nécessaire et tous ses soins à rendre symétriques et concordantes entre elles toutes les parties de la structure entière, afin qu'elles se soutiennent, s'appuient et se fortifient réciproquement.

On sait bien, et nous l'avons déja plus d'une fois remarqué, qu'il est en effet tel état de désordre, de confusion dans les institutions, que les principes les plus incontes-

tables y sont réellement sans application. On
sait bien que vouloir établir la règle d'organisation la plus salutaire, lorsque tous les
autres principes sont sans solidité et sans
fondement, lorsque toutes les vérités qui
doivent leur servir de base, sont ou encore
inconnues, ou oubliées, renversées et détruites, ce serait vouloir une chose d'une
exécution totalement impraticable et chimérique ; que prétendre alors atteindre, en un
seul point, le vrai but, ce serait, au milieu
de la tempête, entreprendre de retenir le na-
vire immobile sur les flots, ou vouloir assujettir la terre à continuer sa marche annuelle
et régulière dans l'orbite qu'elle décrit, lorsque tous les astres ébranlés seraient à-la-fois
précipités des sommités du ciel dans les abymes du chaos.

Sortons donc, pour n'y rentrer jamais, de
ce dédale inextricable ; n'abandonnons pas le
sol ferme et solide que le génie de l'ordre
nous indique et où il veut nous fixer, et
soyons convaincus qu'en nous en éloignant,
c'est nous replonger dans ces lieux d'erreurs,
d'incohérence et de ténèbres, où la justice,

le bon sens et la raison ne peuvent rien édifier. N'oublions pas que la Constitution ne
doit admettre, dans toute sa plénitude, ce
principe de l'inviolabilité des Chambres dont
il s'agit ici, qu'après avoir établi, ainsi que
nous le supposerons toujours dans la suite,
comme le premier principe fondamental de
l'organisation de toute monarchie bien constituée, la distinction des trois puissances et
l'exacte répartition de leurs attributions, et
comme le second principe de cette organisation, la division de la puissance législative en
trois branches; qu'après avoir fait l'application
de ces deux principes à l'admission du système
représentatif; qu'après avoir adopté toutes les
règles nécessaires à l'existence de ce système,
et relatives à l'éligibilité des Représentans,
aux incompatibilités, à l'exercice, à la durée
de leurs fonctions; enfin après avoir reconnu
que l'observation concordante et simultanée
de toutes ces règles est le seul moyen d'éloigner de ce même système les inconvéniens
qui, sans elles, ne peuvent manquer d'en
résulter, et d'obtenir au contraire tous les
avantages qu'il doit produire. La société, ou

le législateur qui devient son organe, et qui
emprunte sa force et son impassibilité, doit
élever chaque partie de l'édifice constitutionnel dans la vue de la durée et de la stabilité ; et lorsqu'il agit constamment dans cet
esprit, lorsqu'il s'applique à suivre en tout
point cet utile niveau, il ne doit pas ensuite,
par un motif de crainte pusillanime et chimérique, par un défaut de confiance intempestif
dans son propre ouvrage, introduire lui-
même, dans l'une des parties de ce grand
édifice, un principe de ruine, une cause quelconque de renversement et de destruction.
Puisqu'il doit, par-dessus tout, en construi-
sant, ne pas perdre de vue la conservation
du principe de la distinction des trois puissances et celui de la séparation de la puissance
législative en trois branches distinctes, sans
lesquels il ne pourrait rien élever, par la
suite, d'une manière solide et durable, il doit
naturellement donner à chacune de ces trois
branches un droit d'opposition, ou, si l'on
veut, une faculté négative, pour qu'elles puissent respectivement repousser toute proposition de loi qu'elles jugeraient contraire à

18.

leurs véritables intérêts, et propre à conduire à leur destruction (a); mais il ne doit pas donner à l'une ou à l'autre de ces trois branches la possibilité d'anéantir les deux autres. Il serait inconséquent et absurde, s'il accordait, même aux deux Chambres représentatives, le pouvoir de repousser la participation du Roi à l'exercice de la Puissance législative; il n'est pas moins inconséquent, s'il donne au Roi les moyens d'éloigner et de détruire la participation des deux Chambres à l'exercice de cette même puissance législative.

II.
Indépendance
des
Chambres
représentatives

Pour que les bases les plus importantes de l'organisation d'une monarchie bien constituée soient réellement affermies et consolidées, et pour éviter plusieurs inconvéniens graves que nous avons signalés dans le second chapitre du livre précédent (b), il ne suffit même pas que les Chambres représentatives soient inviolables, dans toute l'étendue de l'acception que nous venons de donner à ce

----

(a) *Voy. ci-dessus*, vol. v, pag. 566, 583, *et suiv.*; et vol. vi, pag. 8 *et suiv*.

(b) *Ibid.*, vol. v, pag. 198 *et suiv*.

principe (*a*); il faut de plus que la liberté morale et l'indépendance la plus entière de leurs résolutions soient garanties, non-seulement par les règles que nous avons aussi précédemment développées, relatives à l'éligibilité de leurs membres, aux incompatibilités, à l'exercice, à la durée de leurs fonctions; mais encore par l'observation de quelques autres dispositions fondamentales qui doivent être méditées et adoptées dans le même esprit, et qu'il suffit d'indiquer pour en faire apprécier l'indispensable utilité. Suivant l'opinion unanime des auteurs les plus éclairés sur cette matière, il est essentiel de maintenir, par tous les moyens possibles et imaginables, la majesté et l'autorité des suffrages dans le Sénat et dans les Assemblées supérieures; c'est-à-dire, observe en d'autres termes l'un de ces auteurs, « de maintenir les suffrages, tant des sénateurs que des Assemblées du peuple, entièrement libres et dégagés de toute influence étrangère : car, s'il arrive une fois que quelque pouvoir puisse commander les suffrages, c'en est fait de la li-

(*a*) *Voy. ci-dessus*, vol. vi, pag. 254 *et suiv.*

berté » (a). D'accord en ceci avec Montesquieu, Filangieri, John Adams, madame de
Staël et autres; un membre de la Chambre
des députés a dit, dans la session de 1819 : « Le
plus puissant auxiliaire de la tyrannie, c'est
une Assemblée asservie par la crainte, avilie
par les bassesses, ou entraînée par ses passions ; et lorsque l'on montre l'envie de créer
d'avance un tel instrument, il est permis sans
doute de s'alarmer; car l'arme qu'on prépare,
inoffensive (*mais toujours dangereuse*) dans
les mains d'une sage administration (*c'est-à-
dire d'un sage ministère*), peut lui être ravie,
et passer subitement dans des mains moins
innocentes » (b).

Il faut donc, entre autres choses, que l'organisation ou le règlement, la surveillance,
la police intérieure des Chambres, leur appartiennent exclusivement; que leurs présidens,
secrétaires et scrutateurs, choisis dans leur

(a) *Voy.*, *entre autres*, Défense des Constit. améric.,
tom. 11, pag. 392.

(b) Discours de M. Français de Nantes. — Chambre
des Députés. — Séance du 15 mai 1820. — Journ. Const.
du mardi, 18 mai, n° 137, *supplément*.

sein, ne soient jamais désignés que par la voie du sort, l'ancienneté d'âge, ou l'élection ; que leurs résolutions soient adoptées par la voix du scrutin secret; que le prince, les membres de la famille royale et les ministres ou autres agens de la puissance exécutive ne puissent y siéger, si ce n'est dans une seule circonstance qui sera indiquée dans le paragraphe suivant; que toutes les communications leur soient données par écrit et les discussions soutenues par des orateurs, conseillers d'état; enfin que, dans tous les cas sur-tout où elles auraient été extraordinairement convoquées, le nombre de leurs membres présens soit au moins des deux tiers pour qu'elles puissent délibérer, etc., etc. (*a*).

Quant à la publicité et à l'entière liberté des discussions dans l'intérieur des Chambres représentatives, elles sont essentiellement fondées sur les avantages inappréciables de s'éclairer mutuellement par la discussion, de mettre

III.
Publicité des Chambres repré.entatives

(*a*) *Voy. ci-après*, sur tout ceci, entre autres, tit. 11, § 1 , etc.

au grand jour tous les motifs de la législation, toutes les opérations du Gouvernement, d'inspirer par là la confiance, d'affermir le crédit, de diriger l'opinion publique,
de porter l'instruction dans toutes les classes,
d'y préparer d'avance des législateurs instruits,
sur-tout de mettre en pratique et de rendre
vulgaire cette précieuse maxime, que la bonne
foi est dans le fait la seule base d'une bonne
politique et des sages institutions.

Et, à ce sujet, nous devons commencer par
émettre une première réflexion. Pourquoi
donc, si l'on reconnaît les avantages de cette
publicité des discussions dans l'une des Chambres, ne pas l'admettre de même dans
l'autre? Comment prétendre même, pour l'en
exclure, que ces avantages s'y métamorpho-
seraient en de graves inconvéniens? Serait-
ce donc que l'institution de cette seconde
Chambre se trouverait telle de sa nature, que
les déterminations qui y seront prises ne pourraient pas être motivées sur des raisons assez
conformes à l'intérêt public, aux principes
de l'uniformité de la législation et de l'équité
en général, pour devoir être rendues publi-

ques et soumises au jugement de l'opinion , que la justice et la vérité ne redoutent jamais ? (*a*)

Nous dirons ensuite qu'il faut tenir pour constant que , dans une monarchie où le système représentatif serait parvenu au degré de perfection dont il a besoin pour être efficace , où l'institution de l'une et de l'autre Chambre serait en tous points fondée sur le droit , la pensée de mettre quelque entrave que ce soit à cette publicité ou à la liberté des discussions ne serait pas même conçue : tandis qu'au contraire, si ces principales colonnes de la Constitution sont d'une construction faible et vicieuse; si, par suite de leur défectuosité, il est journellement fait abus des talens et de la parole, si les discussions y sont à chaque instant jetées hors des limites de la question, si la présence des ministres sur-tout et plusieurs autres irrégularités de détail y apportent l'effervescence et l'animosité dans les esprits, il ne faudra pas s'éton-

---

(*a*) *Voy. ci-dessus*, vol. v, pag. 198 *et suiv.*; et *ci-après*, même division, 2ᵉ part.

ner d'y voir bientôt mettre en question l'utilité même de cette publicité, ou tout au moins
entreprendre et rechercher les moyens de la
rendre illusoire, de l'enchaîner, de la paralyser.

Cependant les résultats de l'observation du
principe seraient encore, selon toute apparence, plus favorables que nuisibles, même
dans l'état d'une constitution défectueuse; ne
fût-ce que par cette seule raison, que la publicité des délibérations offre au moins la possibilité d'en faire sentir les vices, de déterminer à la réforme, et d'en indiquer les moyens.
Dans cette vue, les écrivains impartiaux et
laborieux sur-tout, y recueilleront une foule
d'observations justes, et pourront tirer quelque jour un grand profit des traits de sagesse,
des éclairs de vérité qui en jaillissent, et
qu'ils sauront habilement rassembler et coordonner.

D'ailleurs, on l'a dit avec raison, les efforts
que l'on pourrait faire pour entraver la liberté
des discussions dans les Chambres, resteront
toujours infructueux, et seront plutôt propres à aggraver le mal qu'à produire aucun

bien; pour s'en convaincre, on pourra, par exemple, profiter d'un grand nombre de réflexions sages, émises dans la Chambre des députés, pendant le cours de la session de 1820, lors de la discussion des propositions faites par MM. Maine de Biran et Séryeys de Mérinhac; et parmi lesquelles nous nous bornerons toutefois à transcrire ici celles qui se présentent en ce moment sous notre main.

« Messieurs, vous venez d'entendre, a dit M. Royer-Collard, qu'on propose à la Chambre de s'investir elle-même d'une juridiction extraordinaire, par laquelle elle pourrait suspendre un député de la parole pour un temps déterminé, sous la seule condition, qui serait toujours dans la main de la majorité, de déclarer par une censure préalable que ce député abuse de la tribune.

« Ce que je remarque avant tout dans cette proposition, et ce qui me détermine sur-le-champ à demander qu'elle ne soit pas prise en considération, c'est qu'elle détruit le député, et qu'elle ruine le Gouvernement représentatif dans sa base.

« Je vais droit à la question , telle qu'elle sort de la proposition elle-même, des circonstances qui l'ont amenée, des doctrines qui l'ont précédée, et des motifs sur lesquels on vient de l'appuyer.

« C'est de la tribune qu'il s'agit. Qu'est-ce donc que le député à la tribune? Qu'y fait-il? A-t-il quelque responsabilité? Est-il justiciable de quelque pouvoir? Je presse volontiers ces questions et toutes celles qu'on voudra élever, parce que j'espère les trancher d'un seul mot.

« Sans parler de la mission du député et de son caractère plus ou moins représentatif; appuyé sur la Charte, je me hâte de répondre que le député à la tribune y exerce une fonction de souveraineté, par cela qu'il y participe à l'exercice de la puissance législative, et qu'il y soumet à la responsabilité, s'il le juge à propos, le Gouvernement tout entier. Je ne dis pas qu'il est législateur ; mais il opine en législateur. Sa pensée donc, qu'on ne pervertisse pas mes expressions, sa pensée, dis-je, n'est pas sujette; elle est souveraine. Tout lui est soumis, la majesté royale seule exceptée ; tout comparaît devant elle, la société, le Gouvernement et ses lois ; le passé, le présent, l'avenir, le cours universel des choses. Elle n'a rien à démêler avec les codes et les légistes ; elle domine tout. Or, sa pensée, la Charte ordonne au député de l'exprimer *librement*. C'est pourquoi la parole du député à la tribune, élevée en ce moment par la Charte à la même souveraineté que sa pensée dont elle est l'organe, n'est soumise , de même que tout exercice de la souveraineté, qu'aux lois éternelles de la vérité, de la justice et de la raison. C'est pourquoi il n'a qu'une responsabilité morale, à raison de ses opinions, et n'est sujet qu'à des peines morales, telles que le *rappel à l'ordre* et la *censure*. C'est pourquoi il n'est justiciable, à ce titre, d'aucune autorité ; car l'autorité dont il serait justiciable, serait supérieure à la puissance législative dont le député est l'élément, ce qui implique contradiction. C'est pourquoi enfin le crime *légal* ne doit pas être cherché, et ne peut jamais se rencontrer dans les discours de la tribune.

« Voilà le véritable et légitime fondement

de l'inviolabilité relative du député. Elle n'est point une concession, un don qui se puisse révoquer, une simple possession d'état qu'on puisse interrompre; elle est la conséquence nécessaire et absolue de la nature des choses. Le Gouvernement représentatif est là, et n'est que là.

« Je n'ai pas besoin, je pense, d'avertir encore que je parle des opinions et non des actes. Sans doute il peut se commettre à la tribune des actes incriminés par les lois, et ils sont punissables là comme ailleurs; mais il n'est pas permis de traduire des opinions en actes.

«Le principe que je viens d'établir suffit pour absoudre la tribune de la responsabilité légale. Cependant il y a une considération prise de la législation ordinaire, une considération d'équité qui ne permettrait pas que l'opinion du député fût jamais incriminée, quand il ne serait qu'un homme privé.

« Ce n'est pas la pensée solitaire qui tombe sous l'empire de la loi; c'est la pensée manifestée et publiée. Or l'opinion du député n'est jamais que sa pensée; car ce n'est pas

lui qui la publie, c'est la Charte. La Charte
sans doute n'a point ignoré, quand elle a
rendu nos séances publiques, qu'il se produirait à la tribune des opinions insensées, in-
solentes, factieuses, perverses; elle eût ignoré
la nature humaine. Et cependant la Charte,
dans de plus hautes pensées que les nôtres,
a voulu que les lois se fissent en public; bien
plus, elle a recommandé par une garantie
formelle la *liberté des discussions*, et par là
elle en a pris sur elle, dans l'intérêt public,
toutes les conséquences. Elle s'est fiée à la
publicité elle-même et à la contradiction,
pour décrier l'erreur, démasquer l'esprit de
faction, confondre l'immoralité et la perversité. La publicité étant donc et du choix et
du fait de la Charte, le député n'en est pas
responsable; et la loi qui la tournerait contre
lui violerait à-la-fois la Charte, l'équité et la
raison.

« Maintenant, ce que la loi ne pourrait pas
faire, n'est-il pas monstrueux qu'on vous propose de le faire par votre réglement? Et lorsque le député n'est pas, à ce titre et dans son
opinion, justiciable de la loi elle-même, la

minorité tout entière serait-elle justiciable
de la majorité qu'elle contredit, qu'elle doit
souvent contredire, et qui l'en punira en la
réduisant au silence? Non, il n'en sera pas
ainsi; nous n'avons rien reçu les uns des autres, et nos collègues ne peuvent nous reprendre ce qu'ils ne nous ont pas donné. Il n'est
pas plus au pouvoir de la Chambre de nous
suspendre que de nous destituer; pas plus en
son pouvoir, je ne crains pas de le dire, de
suspendre un député, qu'il ne serait en son
pouvoir de suspendre un pair ou un juge; et
si une majorité plus imprudente que ne le fut
celle de 1815, venait à le tenter, la soumis-
sion pourrait être conseillée par la prudence;
mais l'obéissance ne serait pas un devoir.

« Je laisse beaucoup à dire, mais j'ai la
ferme confiance que la Chambre n'hésitera
pas à rejeter la proposition qui lui est faite.

« L'auteur de cette proposition allègue la
nécessité de mettre un terme à la violence
de nos débats; je déplore tous les scandales
et tous les excès; moi aussi, je connais la gravité des circonstances; je vois les maux qui
déja nous pressent, et une partie au moins

de ceux qui nous attendent. Mais, croyez-
moi, le remède n'est pas dans la tyrannie.
La révolution est là pour vous le dire. Or ce
qu'on vous propose est de la pure tyrannie,
et cependant ne suffira pas. Il serait commode
de se délivrer de ses adversaires par un article de réglement ; mais la providence n'a pas
voulu que la tyrannie pût s'établir à si peu
de frais ; il faut s'y compromettre davantage.
Jusque là, il y a, j'en conviens, une fort
grande différence pour la personne du député
d'être déporté à son banc plutôt qu'à Sina-
mari ; mais quant à l'intégrité de la représentation et à l'autorité morale de la loi, il n'y
en a aucune ».

M. de Saint-Aulaire s'est exprimé ainsi :
« Les défenseurs des propositions sur lesquelles
vous avez à délibérer, se présentent sous un
aspect favorable ; ils choisissent leur terrain
d'une manière habile, lorsqu'ils insistent sur
le respect qui est dû à la Chambre, sur la
convenance et la nécessité de lui accorder un
pouvoir suffisant pour obtenir ce respect de
ceux qui oseraient y manquer. Lorsqu'on

vous présente ainsi la lutte engagée entre la
totalité de la Chambre et un membre isolé,
entre la Chambre impartiale, calme, et un de
ses membres violent et irrespectueux, nous
sommes tous frappés de la nécessité d'un
grand pouvoir répressif, et nous n'apercevons
aucun des inconvéniens qui peuvent être la
suite de l'abus de ce pouvoir. Mais, en présentant ainsi la question, on vous déguise la véritable difficulté de la matière. Il arrive bien
rarement, dans la pratique, qu'une lutte s'en-
gage entre un membre isolé et la Chambre
tout entière. La lutte s'engagera ordinairement entre deux fractions de la Chambre,
toutes deux également préoccupées en faveur
de leurs opinions, et cherchant à les faire
prévaloir avec une égale vivacité.

« Dans un tel état de choses, la difficulté
n'est pas de créer un grand pouvoir, mais de
savoir où le placer pour qu'il soit exercé d'une
manière impartiale.... Dans la réalité, ce pouvoir serait toujours exercé par la majorité
contre la minorité. Cela est dans la nature
des choses ; et remarquez qu'il serait toujours
exercé par la majorité dans le moment où

elle serait irritée, et contre ceux-mêmes qui auront causé cette irritation.

« Telles sont les considérations que je me propose de développer devant vous ; et pour simplifier la discussion, je n'examinerai pas ce que la Chambre a le droit de faire, quelles sont les limites de la juridiction qu'elle peut légitimement exercer sur ses membres. Je me renfermerai dans des considérations toutes pratiques ; j'examinerai ce qu'il est utile que la Chambre fasse ou puisse faire.

« C'est de cette considération d'utilité générale que je crois pouvoir déduire le but que doit se proposer votre réglement et les conditions qu'il doit remplir. Le but d'un réglement, son objet principal, c'est la protection de la minorité. Je ne craindrai pas de le dire. Le réglement doit être partial en faveur de la minorité contre la majorité. La raison en a été donnée par M. le Garde-des-Sceaux, lorsqu'il a dit que la majorité saurait bien se défendre elle-même. Tant de précautions pour défendre la majorité rappelle un peu trop l'empressement de ce militaire qui volait toujours au secours du vainqueur.

« Une autre raison milite encore en faveur de ce principe, c'est que les dangers qu'une majorité mauvaise peut faire courir au pays, sont beaucoup plus graves que ceux qu'il pourrait avoir à redouter d'une minorité également mauvaise. Si je parviens à démontrer cette vérité, vous conviendrez sans doute qu'il est raisonnable de se prémunir du côté où l'on est menacé du plus grand danger; qu'il faudra mettre la digue du côté d'où vient le torrent.

« Je vais examiner les deux hypothèses. Je suppose d'abord une minorité animée des plus mauvais sentimens, violente, emportée, impatiente de toute espèce de joug. Que fera-t-elle? Elle voudra parler sans cesse, prolonger indéfiniment la durée de la discussion; elle retardera, par tous les moyens possibles, le triomphe de la majorité; elle lassera sa patience, sacrifiera enfin toutes les convenances pour retarder de quelques heures le triomphe de la majorité.

« Ce triomphe cependant est inévitable; il faudra bien en venir à déposer les boules dans l'urne fatale : la majorité ressaisira alors son empire. Les membres de la majorité vaqueront quelques jours plus tard à leurs affaires, à leurs plaisirs; cette contrariété pourra quelquefois leur paraître vive; mais de tels chagrins inspireraient peu de sympathie dans la nation, et ce n'est pas pour des intérêts de cette nature qu'elle verrait volontiers hasarder la liberté de nos discussions.

« Mais, dira-t-on, la minorité pourra être insolente contre la majorité; elle pourra venir à cette tribune développer des principes dangereux, des opinions factieuses capables de précipiter la nation dans tous les désordres. Avant d'examiner jusqu'à quel point une telle conduite serait dangereuse, il est naturel d'examiner jusqu'à quel point elle est probable. S'il était vrai qu'une telle conduite fût en opposition avec les intérêts de la minorité, il serait peu raisonnable de supposer qu'elle pût adopter un tel plan de conduite.

« A quoi tend la minorité? Son but est de devenir majorité; elle ne peut y parvenir que par deux moyens, soit en séduisant par de bonnes raisons quelques-uns de ses adversaires dans la Chambre, soit en parvenant à

convaincre la nation tout entière que c'est dans
son sein que se rencontrent ses véritables défenseurs, les amis éclairés de l'ordre et de la
liberté. A coup sûr, ce n'est pas en insultant
sans cesse, en outrageant les membres de la
Chambre, que la minorité pourra jamais espérer de grossir ses rangs.

« Si elle se livre à ces excès, elle en sera
punie la première ; les résultats d'une telle
conduite seraient plutôt favorables à la majorité
qui en recevrait une nouvelle force : ainsi, en
supposant que la minorité fût capable de tels
excès, elle en porterait elle-même la peine....

« Mais, vous dit-on, la minorité séduira la
nation, en venant professer à cette tribune des
doctrines séditieuses. Cette supposition est
inadmissible. Elle serait non-seulement inju-
rieuse à la nation, mais la conséquence serait
la destruction du Gouvernement représentatif dans sa base. En effet la base du Gouvernement représentatif repose sur une géné-
reuse confiance dans les lumières et dans la
loyauté de la nation.

« Nous devons supposer que la nation est
animée de bons sentimens, d'une juste et

sainte horreur contre ce qui est impie, immoral, attentatoire à la majesté du roi et aux libertés du pays. Si vous prétendez qu'on peut séduire la nation en venant prêcher devant elle de telles doctrines, ce n'est pas seulement la liberté de cette tribune qu'il faudrait restreindre, ce serait cette tribune même qu'il faudrait détruire de fond en comble. Le Gouvernement représentatif admet que de cette tribune partent la vérité et l'erreur; il admet aussi que la nation saura distinguer la vérité de l'erreur, qu'elle repoussera avec horreur toutes les doctrines impies, qu'elle chargera de son mépris tous ceux qui tenteraient de la séduire par de tels moyens.

« Il est donc vrai que, quels que soient les déportemens de la minorité, en la supposant aussi mauvaise, aussi mal-intentionnée qu'il est possible, la suite de ses excès ne sera fatale qu'à elle-même; dans tous les cas, l'intérêt de la majorité ne pourra être gravement compromis, et les intérêts du pays n'ont rien à redouter.

« Vous me permettrez maintenant d'établir l'hypothèse contraire, de supposer qu'il existe

une majorité perverse, despotique, intolérante
de toute contradiction, composée d'hommes
ennemis des libertés de leur pays, qui crai-
gnent que leurs véritables sentimens ne soient
dévoilés à la nation par les paroles énergi-
ques et courageuses que vont prononcer leurs
adversaires; cette supposition est possible,
sans doute. Eh bien! si cette majorité trouve
dans le réglement de la Chambre un instrument d'oppression pour la minorité; si elle
trouve dans ce réglement des dispositions au.
moyen desquelles elle pourra toujours détruire la publicité et la liberté des discussions,
n'est-il pas vrai qu'elle aura tous les moyens
possibles pour renverser le Gouvernement,
puisqu'il repose tout entier sur la liberté et la
publicité de nos discussions?

« Mais je ne veux pas supposer une majorité si corrompue, et je soutiens qu'une majorité même honorable est un mauvais tribunal, parce que c'est un tribunal qui juge, sans
formes, des questions où ses membres sont
toujours intéressés, et qui ne peut appliquer
des peines que contre ses adversaires.

« Je vous demande si un tribunal qui juge

sans formes, sans calme, et toujours des adversaires, offre quelque garantie de son impartialité. Si nous nous trouvions dans cette position, relativement à nos affaires privées, nous serions glacés d'effroi, en voyant qu'on va prononcer ainsi sur nos intérêts domestiques.

« Il suit de là que la majorité ne peut infliger que des peines morales. C'est ici son véritable domaine. C'est dans ce cercle que peut s'exercer sa juridiction. Que la majorité exprime de la manière la plus énergique sa désapprobation, sa censure contre tel membre, contre telle opinion prononcée à cette tribune, j'y consens; parce que, contre de tels jugemens, il y a appel à l'opinion publique. Cette opinion jugera entre le membre censuré et la majorité de la Chambre. Si la censure a été mal appliquée, il n'y a aucun dommage pour le membre qui en est l'objet. Mais il n'en serait pas ainsi, si vous permettiez à la majorité d'infliger des peines matérielles..... Mais de toutes les peines matérielles la plus déraisonnable, celle qu'on doit le moins permettre à la majorité d'infliger dans une Assemblée délibérante, c'est celle du silence; car c'est par la parole que la majorité sera blessée, et vous lui donneriez la faculté de prononcer une décision qui serait un avantage qu'elle s'attribuerait à elle-même dans la discussion.

« Il est donc facile de prévoir que, si vous créez un pouvoir de censure, ou tout autre pouvoir répressif, toujours exercé par la majorité, il ne le sera jamais avec impartialité.

« Voulez-vous en avoir un grand exemple? Je me crois en mesure de le fournir sans sortir de la sphère de cette discussion. Vous avez entendu hier le développement de la proposition. Je n'ai pas l'intention de relever, dans l'intérêt de mes affections, des personnalités outrageantes, contre un ancien ministre, qui assurément était bien étranger à l'objet de la discussion.

« Je rappellerai seulement cette circonstance, parce qu'elle arrive avec un merveilleux à-propos à l'appui de ce que j'avance, parce qu'elle constate mieux que tous les discours, l'impartialité que chacun devrait attendre de ses adversaires, s'il était condamné à les avoir pour juges. Assurément, l'orateur,

au moment où il venait se plaindre de l'infraction du réglement et du scandale qui en
était la suite, n'avait pas l'intention de manquer lui-même à ce réglement de la manière
la plus évidente. Il faut croire qu'il ne s'est
pas aperçu qu'il manquait à l'article du réglement, qui défend les personnalités injurieuses;
car il y aurait une simplicité trop naïve à venir vous dire : *Je vous demande de restreindre la liberté des discussions, non pour qu'il
n'y ait plus de divagations et d'outrages,
mais pour réserver à moi et à mes amis le
monopole des divagations et des outrages.*

« L'honorable membre était donc tellement
préoccuppé de ses pensées, tellement dominé
par ses passions, qu'il ne s'est seulement
pas aperçu qu'il proférait les plus sanglans
outrages, qu'il manquait à toutes les convenances morales et parlementaires. Et ces paroles si odieuses, si condamnables, il ne les
a pas proférées dans la chaleur de l'improvi-
sation : il les avait froidement écrites dans
son cabinet, sous l'inspiration de la réflexion !
Avec toutes ces conditions, il n'a pu encore être impartial. Comment le serait-il donc

si jamais il avait à exercer dans la violence d'un débat le droit qu'il réclame pour lui et ses honorables amis?.

« Non, vous ne créerez pas un pouvoir qui vous compromettrait, non-seulement vis-à-vis de la France, mais à vos propres yeux car vous ne pouvez jamais avoir la conscience qu'il serait exercé par vous d'une manière impartiale contre vos adversaires. Rappelez-vous le mot d'un philosophe qui disait à son esclave : *Je te frapperais si je n'étais en colère.*

« Que dirait la nation, si vous pouviez prendre en considération des développemens dans lesquels se trouve l'outrage le plus injurieux, alors même que la proposition a pour objet d'empêcher que des outrages ne soient commis, et ordonner l'impression? Ne pourrait-elle pas croire que la Chambre veut qu'il existe un monopole pour l'outrage? C'est par tous ces motifs, dans lesquels j'ai essayé moi-même de me défendre de tout esprit de parti, que je m'oppose à la prise en considération.

— « Sous quelque rapport que j'envisage la proposition qui vous est soumise, a dit

M. Ganilh, je ne saurais lui donner mon assentiment ; elle ne me rappelle que de déplorables souvenirs, et elle ne présage qu'un sinistre avenir.

« Quel est son objet ? Ce n'est pas d'ennoblir le caractère des députés du peuple français, de préserver de toute atteinte la liberté des opinions, et de donner plus de noblesse et de dignité aux discussions de cette Chambre. Elle a été conçue dans des sentimens bien différens.

« On veut flétrir la pensée du député par la menace d'une insolente pénalité ; on veut abaisser la majesté de la tribune nationale par la dégradation de ses orateurs ; on veut soumettre l'opposition, cette sentinelle avancée des peuples libres, à l'arbitraire d'une majorité à peine formée, sans doctrines avouées, sans aucune garantie politique. Il faut convenir qu'on ne peut pousser plus loin l'imprudence, l'aveuglement et l'audace.

« Je conçois bien les avantages qu'on a pu se promettre de l'adoption de cette proposition, et cependant je ne puis pas comprendre qu'elle puisse trouver grace devant le parti qui domine dans cette Chambre. Ce parti ne peut pas s'aveugler encore une fois sur ses véritables intérêts ; il ne peut pas poursuivre encore une fois de vaines illusions et de folles passions ; il ne doit pas oublier encore une fois qu'il est comptable de l'usage qu'il fera de sa domination nouvelle et unanimement inespérée. Malheur à lui s'il n'a pas mis à profit les sages leçons de l'expérience !

« Sans doute le pouvoir, et sur-tout celui du nombre, souffre impatiemment la résistance même impuissante. Maître de la délibération, il ne veut pas s'exposer aux orages de la discussion. Il redoute les dangers d'une lutte dont les résultats réveillent des souvenirs qu'on veut ensevelir dans l'oubli : elle défend des doctrines qu'on décrie, propage des principes qu'on veut proscrire, et marche encore plus fortement à un ordre de choses qu'on veut renverser ou modifier, De tels obstacles irritent : il faudrait tout faire pour les surmonter ; mais cela est-il possible dans un Gouvernement représentatif, dans une assemblée délibérante, dans l'ordre établi par la Charte ?

« Le Gouvernement représentatif est le Gouvernement de l'opinion ; il appelle toutes les opinions, il les protége toutes ; il les éprouve par la publicité, et de leur fusion dans l'opinion générale il tire sa prospérité, sa puissance et sa gloire. Comment donc peut-on se flatter, dans ce Gouvernement, de réduire toutes les opinions à l'opinion dominante, exclusive et prohibitive d'un parti ? n'est-ce pas confondre le Gouvernement représentatif avec les Gouvernemens despotiques et absolus ?

« Comment ne s'aperçoit-on pas que l'intolérance des opinions, dans une assemblée délibérante, doit y porter le trouble et le désordre, y rendre toute discussion orageuse, toute délibération partielle et incomplète, toute résolution oppressive et odieuse ?

« N'est-ce pas là ce que l'auguste législateur de la Charte a voulu prévenir, lorsqu'il a dit dans l'article 18 : *Toute loi doit être discutée et votée librement ?*

« Je le demande à tout homme de bonne foi ; y aura-t-il liberté dans les discussions, si le parti dominant ne veut tolérer que ses opi-

nions, s'il peut censurer les orateurs qui oseront les attaquer et les combattre, s'il peut
leur interdire la parole, et si, comme l'a dit
avec tant d'énergie et d'éloquence un des
orateurs qui m'ont précédé, ce parti peut les
déporter sur leur banc? Dans un tel ordre de
choses, il n'y aurait plus de liberté dans les
discussions, mais il y aurait oppression de la
minorité par la majorité.

« M. le Garde-des-Sceaux vous a dit qu'il
préférait le despotisme de la majorité à l'a-
narchie de la minorité. C'est une opinion,
c'est peut-être un goût, mais ce ne peut pas
être une règle générale pour les Assemblées
délibérantes. Je ferai seulement observer à
M. le Garde-des-Sceaux que l'anarchie est un
désordre temporaire, et que le despotisme
est un désordre perpétuel, que par conséquent on pourrait fort bien n'être ni de son
opinion ni de son goût. Mais ce n'est pas assez de vouloir le despotisme, il faut pouvoir
l'établir; et je n'en vois pas le moyen dans la
nature d'une Assemblée délibérante, dans la
constitution de cette Chambre, dans ses lois
et dans ses usages.

« Si la minorité ne veut pas se soumettre au despotisme dont M. le Garde-des-Sceaux arme la majorité, quels moyens aurait-on de forcer à l'obéissance? Sur quelle nouvelle pénalité appuiera-t-on la pénalité méprisée? Parcourra-t-on toute l'échelle des pénalités? et où finira cette échelle? Sommes-nous condamnés à recommencer l'histoire de nos calamités? Aurons-nous encore un 31 mai, un 18 fructidor, un 18 brumaire? Non, de tels attentats sont désormais impossibles ; on sait maintenant que la violence est impuissante pour fonder une domination durable.

« Que fera donc la majorité despotique pour se faire obéir de la minorité révoltée? C'est là le véritable problême à résoudre ; et peut-être, en cherchant sa solution, s'apercevra-t-on qu'il est absurde, et par conséquent insoluble.

« Tant qu'une assemblée délibère, il n'y a ni majorité ni minorité; à qui donc confiera-t-on le despotisme? M. le Garde-des-Sceaux veut qu'on en investisse le président; hélas! il serait le plus à plaindre de tous les despotes; il ne pourrait compter que sur l'obéissance volontaire, et une expérience journalière nous apprend combien elle serait précaire et dérisoire.

Quel est donc le moyen, non d'asservir une assemblée délibérante, cela me paraît absurde, mais de la contenir dans le calme, la décence et la dignité? Je n'en connais qu'un seul, c'est de tolérer toutes les opinions, de les écouter avec indulgence et de les abandonner au jugement de l'opinion publique, leur juge naturel. Sans doute, il y aura des abus; mais le despotisme lui-même serait un abus, et le plus grand de tous les abus. »

Enfin, M. Castelbajac a dit de même : « Tout en étant convaincu qu'il serait à désirer que nous eussions un moyen de rendre nos séances plus calmes et plus en rapport avec la dignité des fonctions que nous sommes appelés à remplir, je viens m'opposer à la prise en considération de la proposition de notre honorable collègue, parce qu'elle ne me paraît point atteindre le but qu'il peut s'en promettre.

« En effet, nous n'en sommes pas à une de ces époques heureuses des nations où l'er-

reur n'est que la part de quelques esprits ;
et parmi nous, ce qui est pour nous erreur,
est opinion pour certaines personnes, et une
opinion que l'on tient à soutenir, à répandre,
et à la propagation de laquelle on se porte
avec le dévouement le plus absolu.

« Pour la combattre, pour la repousser,
pour détruire le mal qu'elle peut faire, il faut
autre chose que de créer des armes qu'elle
peut tourner contre vous; car ce serait alors
étrangement se tromper et agir dans un sens
contraire à celui qu'on se serait promis. La
nécessité de la fréquence de vos rappels à
l'ordre les a rendus nuls. Il en sera bientôt
de même de la censure proposée, avec la différence toutefois que vous aurez eu l'apparence d'avoir voulu user d'un moyen de force,
et que vous perdrez d'autant plus que ce
moyen de force ne vous aura pas réussi.

« Pense-t-on, par la mesure proposée,
empêcher un orateur de s'exprimer de telle
ou telle manière, ou bien croit-on l'en punir ? Pense-t-on qu'en l'empêchant de s'exprimer, on détruira le danger qui résulterait
de la publication de ses principes, ou qu'en

20.

lui retirant la parole la Chambre fera justice?
D'abord, j'observe que la publicité de ce
qu'aura dit l'orateur sera la même : car vous
ne pouvez pas le condamner sans l'entendre.
Il faut qu'il ait mal parlé pour que la Chambre juge que la parole doit lui être retirée;
et pour que la Chambre puisse juger, il faut
qu'elle ait non-seulement entendu celui qu'on
accuse, mais encore l'accusateur : or, il ne
peut, alors, y avoir rien de caché dans la
discussion; elle retentira partout; et si vous
croyez que la publicité soit dangereuse, il
faut convenir que le mode proposé n'obvie
pas au danger. Mais, me dira-t-on, l'orateur
du moins sera puni; et moi je dis qu'il ne
le sera pas : car votre censure, loin d'être re-
doutée, sera recherchée; loin d'être envisagée
comme une punition, on la regardera comme
un moyen de parvenir à ce que vous voulez
empêcher, et elle servira merveilleusement
les projets de ceux qui jugeraient convenable d'argumenter de l'oppression de la tribune, pour appuyer toutes les autres oppres-
sions dont on se plaint journellement. Pour
prouver que l'oppression de la tribune existe,

différens orateurs peuvent venir se faire censurer les uns après les autres; et ma supposition est d'autant plus fondée, que, quand il
s'agit d'opinion, on met de la gloire à braver
beaucoup pour soutenir la sienne. Or, lorsque cette mesure aura été un certain nombre de fois employée, pensez-vous que les
plaintes ne puissent pas être colorées d'une
apparence de fondement?

« Pourrez-vous répéter trop souvent cette
mesure? et pourrez-vous user avec confiance
d'un mode, lorsque ses effets tourneront
contre vous, au lieu d'être pour; et qu'au
plus favorable, il deviendrait nul par le ridicule qui s'attache toujours à la nécessité d'a-
buser? J'observe en outre qu'il me paraît bien
autrement important, bien autrement avantageux de fermer la bouche par des raisons,
que par des moyens qui ont l'apparence des
coups de force. Répondez à tel ou tel discours
avec énergie et logique; allez droit au mal;
attaquez franchement les principes; dites
toute vérité sans en taire aucune, et vous fe-
rez deux biens à-la-fois, celui d'éclairer l'opi-

nion, et de contenir ceux que vous aurez victorieusement repoussés.

« Ce résultat n'appartient pas au moyen proposé; ce qui lui appartient exclusivement, c'est l'inutilité dont il est pour empêcher que telle ou telle chose ne soit dite à cette tribune, et ne soit par conséquent publique : car, je le répète, pour que la Chambre juge que telle chose est mal, il faut qu'elle l'ait entendue ; et pour qu'elle l'ait entendue, il faut qu'elle ait été dite.

« Ce qui lui appartient encore, c'est le ridicule qui s'attache à la nécessité d'abuser ; et, si vous êtes forcés d'abuser, on peut tourner contre vous l'arme que vous sollicitez. Si on peut le faire, on le fera; n'en ayez aucun doute; on le fera dans toutes les positions, et à cet égard le passé doit éclairer pour l'avenir.

« J'avouerai de plus que, comme je crois que le meilleur moyen de détruire l'erreur est d'éclairer, je crois aussi que le moyen qui convient le plus au noble caractère de députés de la France, est de repousser des principes pernicieux, de les combattre, d'en

démontrer le danger, et de ne pas avoir l'air
d'avoir recours à la force, quand on a la raison pour soi. Personne plus que moi n'a été
frappé de certaines doctrines émises à cette
tribune ; personne plus que moi n'en redoute
les suites, et ne désire qu'on trouve un remède à ce mal ; mais ce mal prend sa source
dans la liberté même de nos discussions.
Comme toutes les libertés publiques, celle-là
doit être respectée, si l'on veut que le Gouvernement représentatif soit quelque chose ;
et la ligne de démarcation à tirer pour que
cette liberté subsiste et qu'elle ne soit pas
hostile, n'est pas une chose si aisée.

« Qu'on trouve donc un moyen qui accorde
la liberté en repoussant la licence, je l'adop-
terai, je l'appelle de tous mes vœux ; mais ce
moyen n'est pas le résultat de la mesure proposée.

« Je sais, par expérience, que les majorités
n'ont pas toujours de la sollicitude pour les
intérêts des minorités ; mais je sais aussi qu'on
ramène avec du calme, et qu'on irrite avec
de la violence ; qu'on persuade avec des raisons, et qu'on éloigne avec l'apparence de

vouloir dominer. Voilà ce que m'a appris mon expérience des minorités, et ce qu'ignorent ceux-là seuls qui, avantageusement doués par la fortune, ne se sont jamais trouvés que dans des rangs où il n'y avait ni études à faire ni souffrances à subir....

« Du reste, en m'opposant à la prise en considération de la proposition de M. Sirieys, telle qu'elle est, je suis loin de m'opposer à ce que les bureaux soient appelés à chercher un moyen propre à concilier l'indépendance de la Chambre avec le calme et la dignité qu'elle doit avoir » (*a*).

Si quelques phrases de ces discours pouvaient être accusées de renfermer des personnalités, que l'on ne nous impute pas de vouloir ici les renouveler. Il sera toujours loin de notre pensée d'incriminer les intentions. Nous l'avons dit assez, c'est à la difficulté des circonstances, à l'imperfection des institutions, au défaut de leur ensemble, à la con-

---

(*a*) (Chambre des Députés, session de 1820. — Séances des 8 et 9 mars 1821. — Moniteurs des 10 et 11 mars 1821.

fusion, à l'obscurité, qui en résultent, et qui ne permettent pas que l'on puisse parfaitement s'entendre et que toutes les volontés louables puissent tendre vers un même but, qu'il faut, suivant nous, principalement attribuer même les erreurs les plus graves. En effet nous pensons bien fermement que, par suite de ces obstacles, tel ministre, tel homme d'état, se sera souvent cru obligé de suivre par nécessité une direction jusqu'à un certain point contraire à son caractère, à ses penchans, à ses principes même : placez un homme sur le bord d'un précipice, dans un lieu glissant et escarpé, il sera bien difficile qu'il ne porte pas la main sur les branches qui se trouveront à sa portée, quoique, par leur fragilité, elles soient souvent plus propres à déterminer sa chute qu'à l'en préserver (a).

Y a-t-il encore quelques autres dispositions Observation. fondamentales d'organisation que nous n'au-

(a) On aura pu aussi remarquer précédemment, en plusieurs endroits de cet ouvrage, (entre autres, 1re part., vol. 1, pag. 372 ; vol. 11, pag. 320 ; vol. 111, pag. 359 ; et 2e part., vol. 1v, pag. 397 ; vol. v, pag. 138, 367 ; et

rions pas prévues, mais qui seraient propres
à affermir les principes de l'inviolabilité, de
l'indépendance, de la publicité des Chambres
représentatives, on devra s'empresser de les
adopter : car, hors de l'observation stricte de
ces principes, nous ne pouvons trop le répéter, la monarchie constitutionnelle ne saurait
avoir aucune stabilité, aucune solidité réelle;
hors de l'observation de ces principes, la monarchie privée de ses principaux soutiens, de
ses plus fermes appuis, ne peut manquer de
s'écrouler dans l'abyme d'une odieuse et san-
guinaire anarchie, pour retomber bientôt
après dans le gouffre du despotisme le plus
absolu et le plus funeste.

---

vol. vi, pag. 270 et 271), que les discours que nous
venons de rapporter renferment quelques passages (particulièrement celui de M. de Saint-Aulaire, pag. 294 et
295) qui ne sont pas entièrement conformes à notre
opinion sur les bases véritables et sur les effets naturels
du systéme de la Représentation.

DEUXIÈME PARTIE.

DISPOSITION CONSTITUTIONNELLE RELATIVE A LA LIMITA-
TION DES ATTRIBUTIONS DU POUVOIR LÉGISLATIF.

> « Il faut encore, pour maintenir la balance entre les trois
> « Pouvoirs, que les limites des Attributions de chacun
> « de ces trois Pouvoirs soient exactement décrites et
> « généralement connues ».
>
> JOHN ADAMS.

SOMMAIRE. Sujet et division de cette deuxième Partie.

DANS le premier chapitre du livre qui précède, nous avons indiqué les bases des véritables limites des Attributions distinctes de la
Puissance législative et de la Puissance exécutive (a). Dans le second chapitre de ce premier livre, nous avons reconnu les dangers
de l'inexacte répartition de ces diverses attributions dans un Gouvernement mixte (b).

Ainsi, après avoir pourvu à l'Organisation

_____

(a) *Voy. ci-dessus*, vol. iv, pag. 69 *et suiv.*
(b) *Ibid.*, vol. v, pag. 244 *et suiv.*

même du Pouvoir législatif, le Pacte constitutionnel doit, par l'une de ses dispositions
fondamentales, déterminer d'une manière
précise les véritables attributions de ce Pouvoir.

Un Commissaire du Roi a dit, à la tribune
de la Chambre des Députés, dans la session
de 1818 : « La séparation des Pouvoirs étant
le principe essentiel du Gouvernement représentatif, s'ils étaient concentrés dans une
même main, il y aurait despotisme ; quand
la Constitution les divise, il y a désordre du
moment où l'un d'eux usurpe sur les Attributions de l'autre. » (a).

Un auteur dit aussi : « Bien des gens croient
que, quand on a donné à un peuple un Centre
d'autorité, des Assemblées délibérantes, un
Ordre judiciaire, tout est réglé. C'est à-peu-
près comme si l'on imaginait qu'une maison
peut être praticable et commode par cela seul
que les gros murs sont élevés, que la toiture

(a) Discours de M. Courvoisier, *sur la proposition de
loi relative au réglement de pétition.* — Séance du 20
janvier 1819. — Journal des Débats, du 21 janvier.

est posée ; et qu'il suffit de nettoyer l'intérieur, des immondices qui l'encombrent : il faut encore la distribuer et l'embellir, et surtout en rendre l'habitation sûre (*a*).

La disposition fondamentale du Pacte constitutionnel dont il est ici question, peut être conçue à-peu-près en ces termes : En quelque matière que ce soit, aucunes lois, décrets ou autres actes du Gouvernement ayant caractère et force de loi, ne seront émis sans le concours de la volonté du Roi et des deux Chambres.

En conséquence toutes résolutions relatives à la nature, à la fixation, à la quotité, à la répartition des impôts et contributions ; à l'éducation et à l'instruction de la jeunesse ; à la religion ; à l'ordre de l'administration en général ; au perfectionnement des lois civiles, commerciales, correctionnelles, criminelles et pénales ; à l'accroissement, à la réduction, à la division du territoire ; aux déclarations

---

(*a*) Examen critique de l'ouvrage posthume de madame la baronne de Staël, par M. J. Ch. Bailleul, ancien Député, tom. II, cahiers 5 et 6, pag. 28.

de guerre offensive ; aux traités de paix, d'alliance, de commerce ; et généralement enfin toutes celles qui, de leur nature, ne peuvent pas être considérées comme l'exécution d'une précédente loi, ne deviennent obligatoires et exécutoires que par le concours de ces trois volontés distinctes librement et publiquement manifestées.

Cherchons à faire bien comprendre toute l'utilité de cette disposition et de sa religieuse observation, par quelques réflexions qui feront le sujet des trois sections de cette seconde partie du § 1, lesquelles auront pour titre : *la première*, « Des Attributions du Pouvoir législatif sous le rapport du Droit public »; *la seconde*, « Des Attributions du Pouvoir législatif sous le rapport du Droit politique »; *la troisième*, « Des Attributions du Pouvoir législatif sous le rapport du Droit des Gens ».

SECTION PREMIÈRE

Des Attributions du Pouvoir législatif consi-
dérées sous le rapport du Droit public.

SOMMAIRE. Sujet et division de cette première Section.

Dans cette section nous présenterons successivement quelques réflexions succinctes sur
les Dispositions législatives relatives, 1° à la
perception, à la nature et à la répartition des
impôts; 2° à l'éducation, à la religion, à l'ordre général de l'administration; 3° aux diverses branches de la Législation civile, commerciale, criminelle et pénale.

1° *Réflexions sur les Dispositions législatives rela-*
tives à la Perception, à la Nature, et à la
Répartition des Impôts.

« L'or qu'on arrache à un Peuple gémissant sous le
« poids de sa misère, est de la fausse monnaie
« pour le Souverain ».   DESLANDES (a).

« *Nonne scient omnes qui operantur iniquitatem, qui de-*
vorant plebem meam ut cibum panis ».   Ps. LII.

LES contributions sont nécessaires à l'existence de toute société, et leur acquittement

I.
Nature, fixa-
tion, réparti-
tion et percep-
tion des Impôts

_____

(a) Histoire crit. de la Philosophie, tom. 1, pag. 311.

est conséquemment l'un des devoirs de l'homme qui veut profiter des avantages que la société procure : ce principe est de droit public, et l'un de ceux dont nous avons donné la démonstration dans la première partie de cet ouvrage (a).

Mais, ce principe reconnu, assurément ce n'est pas encore une chose aisée que de déterminer le mode de répartition et de perception en même temps le plus simple, le plus facile, le plus productif pour la société, et le moins onéreux pour les contribuables.

Nous n'hésiterons même pas à le dire, les difficultés nombreuses qui embarrassent et obscurcissent la solution de cette importante question d'économie publique et politique, sont de telle nature que ce ne sera probablement, ni dans le cabinet du ministre, ni dans la retraite solitaire du Publiciste ou du Philosophe, ni même dans le Conseil particulier du Prince, qu'elle sera complètement résolue; selon toute apparence, elle ne le sera que par le concours simultané de ces divers moyens, et

_____

(a) *Voy.* vol. 1, pag. 102 *et suiv.*

lorsque, dans une monarchie bien constituée, les véritables intéressés seront convenablement admis à y concourir; lorsque, le système représentatif ayant atteint un plus haut point de perfection, la classe des propriétaires d'une part, et de l'autre part la classe industrieuse et commerçante, ayant l'une et l'autre des connaissances et des intérêts divers sur cette matière (a), seront appelées, suivant le vœu des hommes les plus éclairés, à prendre, par leurs représentans, une part active à cette partie essentielle des attributions de la Puissance législative. Jusque là, jusqu'à ce que l'exécution de ces Principes élémentaires d'Organisation soit entièrement accomplie, on peut croire que le livre de la science restera scellé en cet endroit pour les yeux même les plus clairvoyans, soit que la solution de la question puisse être universelle comme celle des Principes élémentaires du Droit en général, soit qu'au contraire la différence des circonstances, des temps et des lieux doive y apporter de grandes modifications.

(a) *Voy. ci-des.*, vol. v, pag. 548; et vol. vi, p. 11,

S'il existe toutefois un homme qui puisse, par le secours de ses propres lumières, parvenir ici à la découverte d'une vérité immuable et constante, qu'il ne craigne pas d'élever la voix et de se faire entendre ! Ce ne sera pas sans en retirer quelque fruit : car il existera toujours des esprits disposés à recueillir les leçons de la sagesse, de la raison et de la vérité(a).

Mais que l'on n'attende pas à cet égard de nos faibles lumières une réponse concluante et affirmative : nous n'avons à proposer que des doutes, et nous serions heureux si leur manifestation pouvait contribuer un jour à jeter quelque lumière au milieu d'une si profonde obscurité.

Dans cette vue seulement, nous examinerons spécialement les trois questions suivantes :

1° Si, dans une monarchie bien constituée

(a) « Le feu sacré, dit madame de Staël, n'est et ne sera jamais éteint ; mais c'est au grand jour de la vérité seulement qu'il peut reparaître ». (Considérations sur les princip. Événemens de la Révol. fr., tom. 1, pag. 42).

et vraiment libérale, il ne serait pas possible de mettre à exécution la pensée d'un système d'impôt, unique, simple, purement volontaire, d'une perception directe, prompte et facile ;

2° Si, dans cette même hypothèse d'un bon gouvernement, et en supposant l'insuffisance de ce genre d'impôt et de perception, la Puissance législative pourrait facilement y suppléer ;

3° Enfin, si l'on est fondé à dire que, quels que soient d'ailleurs la nature des impôts et le mode de leur répartition, aucune autre forme de Gouvernement ne saurait être plus favorable à leur perception et à l'affermissement du crédit national qu'une monarchie véritablement constitutionnelle.

Première Proposition. Les usages, les lois, l'opinion même des économistes et des publicistes, en ce qui concerne la nature, la fixation, la répartition et la perception des impôts, ont plus varié que peut-être on ne se l'imagine généralement.

Peu de personnes apprendront aujourd'hui

sans surprise qu'il est beaucoup d'époques, dans l'histoire générale des peuples, où il n'existait réellement pas d'impôts proprement dits.

En France, particulièrement, les premiers rois n'avaient pour revenus que le produit de leurs domaines. Seulement, lorsqu'ils étaient en voyage, ils jouissaient du droit de se faire héberger, et de faire prendre, soit dans les marchés, soit ailleurs, les choses nécessaires à leur nourriture et à celle des gens de leur suite.

« Plusieurs historiens soutiennent que les droits, et les impositions de tous genres, établis par les Romains, cessèrent avec leur domination dans les Gaules; que le prince eut pour sa dépense ses domaines, qui consistaient dans de grandes terres cultivées et régies de la manière la plus économique et la plus profitable, et dans les dons *originairement libres* que les Grands du royaume lui faisaient chaque année aux assemblées du Champ de Mars et de Mai, et qui consistaient en argent, en meubles et en chevaux; que les droits de douane ne furent point connus des premiers français; que les péages n'étaient point une imposition publique et fiscale, mais des droits établis par les seigneurs dans l'étendue de leurs terres, pour subvenir aux dépenses de l'entretien des chemins et de la réparation des ponts et chaussées; que les rois avaient à la vérité quelques-uns de ces péages dans leurs domaines, mais au même titre que ceux des seigneurs; que le gîte leur était dû, lorsqu'ils passaient par les archevêchés, évêchés et abbayes; que cette prestation fut convertie depuis en argent, et appelée *droit de gîte* ; qu'il en fut de même des chevaux et voitures que les habitans des campagnes devaient leur fournir, et qu'on appela *droit de chevauchée*....

« Un seul roi de la première race , dit encore l'ancien répertoire de jurisprudence, a voulu établir un impôt d'une cruche de vin par arpent de terre. Les rôles de cette taxe ont été brûlés. Un juge qui avait perçu l'impôt fut obligé de se retirer dans une église; et Frédégonde, qu'on n'accusera pas sans doute d'avoir poussé à l'excès la piété ni l'humanité, attribua la mort de ses enfans à cette vexation du roi son époux....

« C'est sous la troisième race que les Français furent soumis à l'impôt. La dîme *saladine* fut le premier ; et ce fut Philippe Auguste qui l'établit : la guerre de la Terre-Sainte en fut le prétexte » (*a*).

Mably, dans ses Observations sur l'histoire de France, affirme aussi que les douanes, les cens, les capitations, et tous les tributs et impôts que l'avarice et le faste des empereurs romains avaient exigés de leurs sujets, tombèrent dans l'oubli sous le Gouvernement français, même à l'égard des Gaulois que les Francs avaient subjugués « *et qui ne furent point*, dit-il, *réduits en servitude, parce que les Francs n'avaient pas d'autre idée que celle de la liberté.* » Il convient à la vérité que quelques rois firent des tentatives pour établir des impôts ; mais il prétend qu'elles furent sans succès, et que sous Louis-le-Débonnaire

_____

(*a*) *Voy.* l'ancien Répert. de Jurisprudence, par Guyot, au mot *Imposition* et au mot *Roi.*

il n'y avait encore aucune imposition publique ou fiscale d'établie (*a*).

On trouve les mêmes faits consacrés dans l'Histoire de l'empereur Charles-Quint par Robertson (*b*).

Et M. de Montesquieu s'attache fortement à accréditer cette opinion : « Des peuples simples, pauvres, libres, guerriers, pasteurs, qui vivaient sans industrie, et ne tenaient à leurs terres que par des cases de jonc (*c*), lit-on dans l'Esprit des Lois, suivaient des chefs pour faire du butin, et non pas pour payer ou lever des tributs. L'art de la maltôte est toujours inventé après coup, et lorsque les hommes commencent à jouir de la félicité des autres arts.

« Le tribut passager d'une cruche de vin par arpent (*d*), qui fut une des vexations de Chilpéric et de Frédégonde, ne concerna que les Romains. En effet, ce ne furent pas les

---

(*a*) *Voy.* Observations sur l'Histoire de France, tom. 1, pag. 25. — *Ibid.*, pag. 252 *et suiv.*

(*b*) Tom. 1, pag. 34.

(*c*) *Voy.* Grégoire de Tours, liv. 11.

(*d*) *Ibid.*, liv. v.

Francs qui déchirèrent les rôles de ces taxes, mais les ecclésiastiques, qui dans ces temps-là étaient tous romains (*a*). Ce tribut affligea principalement les habitans des villes (*b*) : or les villes étaient presque toujours habitées par des romains.

« Grégoire de Tours (*c*) dit qu'un certain juge fut obligé, après la mort de Chilpéric, de se réfugier dans une église, pour avoir, sous le règne de ce prince, assujetti à des tributs des Francs, qui, du temps de Childebert, étaient ingénus : *Multos de francis qui, tempore Childeberti regis, ingenui fuerunt, publico tributo subegit.* Les Francs qui n'étaient point serfs ne payaient donc pas de tributs.

« Il n'y a point de grammairien qui ne pâlisse, en voyant comment ce passage a été in-

_____

(*a*) Cela paraît par toute l'histoire de Grégoire de Tours. Le même Grégoire demande à un certain *Valfiliacus*, comment il avait pu parvenir à la cléricature, lui qui était Lombard d'origine. (Grégoire de Tours, liv. VIII).

(*b*) *Quæ conditio universis urbibus per Galliam constitutis summopere est adhibita.* (Vie de S. Aridius).

(*c*) Liv. VII.

terprété par M. l'abbé Dubos (a). Il remarque que, dans ces temps-là, les affranchis étaient aussi appelés ingénus. Sur cela, il interprète le mot latin *ingenui* par ces mots *affranchis de tributs;* expression dont on peut se servir, dans la langue française, comme on dit *af- franchis de soins*, *affranchis de peines* : mais dans la langue latine, *ingenui à tributis*, *li- bertini à tributis*, *manumissi tributorum*, se- raient des expressions monstrueuses.

« Parthenius, dit Grégoire de Tours (b), pensa être mis à mort par les Francs, pour leur avoir imposé des tributs. M. l'abbé Du- bos (c), pressé par ce passage, suppose froi- dement ce qui est en question : c'était, dit-il, une surcharge.

« On voit, dans la loi des Wisigoths (d),

(a) Établissement de la Monarchie française, tom. III, chap. XIV, pag. 514.

(b) Liv. III, chap. XXXVI.

(c) Tom. III, pag. 514.

(d) *Judices atque præpositi terras Romanorum, ab illis qui occupatas tenent, auferant ; et Romanis suâ exac- tione sine aliquâ dilatione restituant, ut nihil fisco de- beat deperire.* (Lib. X, tit. I, cap. XIV).

que, quand un Barbare occupait le fonds
d'un romain, le juge l'obligeait de le rendre,
pour que ce fonds continuât à être tributaire:
les Barbares ne payaient donc pas de tributs
sur les terres (*a*).

« M. l'abbé Dubos (*b*), qui avait besoin
que les Wisigoths payassent des tributs (*c*),
quitte le sens littéral et spirituel de la loi; et
imagine, uniquement par ce qu'il imagine,
qu'il y avait eu, entre l'établissement des Goths
et cette loi, une augmentation de tributs qui
ne concernait que les Romains. Mais il n'est

(*a*) Les Vandales n'en payaient point en Afrique.
(PROCOPE. Guerre des Vandales, liv. I et II; *Historia
miscella*, lib. XVI, pag. 106); et il faut remarquer que
les conquérans de l'Afrique étaient un composé de Vandales, d'Alains et de Francs. (*Historia miscella*, lib. XIV,
pag. 94).

(*b*) Établissement des Francs dans les Gaules, tom. III,
chap. XIV, pag. 510.

(*c*) Il s'appuie sur une autre loi des Wisigoths, liv. X,
tit. I, art. 11, qui ne prouve absolument rien : elle dit
seulement que celui qui a reçu d'un seigneur une terre,
sous condition d'une redevance, doit la payer. (*Rem.* de
M. de Montesquieu).

permis qu'au père Hardouin d'exercer ainsi sur les faits un pouvoir arbitraire.

« M. l'abbé Dubos (a) va chercher, dans le Code de Justinien (b), des lois, pour prouver que les bénéfices militaires chez les Romains étaient sujets aux tributs : d'où il conclut qu'il en était de même des fiefs ou bénéfices chez les Francs. Mais l'opinion, que nos fiefs tirent leur origine de cet établissement des Romains, est aujourd'hui proscrite : elle n'a eu de crédit que dans les temps où l'on connaissait l'histoire romaine et très-peu la nôtre, et où nos monumens anciens étaient ensevelis dans la poussière » (c).

— « Les seigneurs des fiefs, disent les auteurs des Maximes du Droit public français, exigèrent des tailles de leurs vassaux ; mais Saint-Louis ne croyait pas qu'il lui fût permis d'exiger la moindre chose de ses sujets : aussi défendit-il à ses enfans, dans le testament

---

(a) Tom. iii, pag. 511.
(b) *Lege* iii, tit. 74, lib. xi.
(c) Esprit des Lois, liv. xxx, chap. xii.

qu'il leur laissa, de lever aucune taille sur le peuple (*a*).

« Philippe-le-Bel fut le premier qui exigea des subsides, au retour de son expédition contre les Flamands : il ordonna qu'on lui paierait six deniers pour livre de toutes les denrées qui se vendaient dans les villes; mais on refusa hautement d'obéir à un ordre si violent, et dont on n'avait point encore eu

(*a*) Saint Louis fit cependant plusieurs ordonnances et règlemens pour répartir la taille avec égalité; mais, il est vrai, dans les villes de son domaine : il leva aussi d'autres impôts sur ses sujets, tantôt pour la défense du Royaume, tantôt pour la guerre des Albigeois, tantôt pour la Terre-Sainte; « *Et l'exemple*, dit un auteur, *n'en fut pas perdu pour ses successeurs* ». — Peu de temps après lui, la taille se paya au Roi, même hors de ses domaines et par les habitans des fiefs appartenans au Seigneur : c'est ce qui résulte des lettres adressées, le 12 avril 1325, par Charles-le-Bel, à ses commissaires députés dans les bailliages de Caen et de Cotentin, et aux baillis de ces bailliages. — La capitation, telle qu'elle existait en France à l'époque de la Révolution, avait été établie pour la première fois par une déclaration du 18 janvier 1695, pour subvenir aux dépenses considérables qu'entraîna la guerre terminée par la paix de Ryswick. (*Voy.* l'ancien Répertoire de Jurisprudence, par Guyot, aux mots : *Taille, Roi*, et *Capitation*).

d'exemple. Enguerrand de Marigny conseilla
au roi d'obtenir par douceur ce qu'il ne pouvait emporter d'autorité. Philippe convoqua
donc pour la première fois une Assemblée à
laquelle furent mandés le clergé, la noblesse
et les députés de la ville de Paris. Enguerrand
y représenta si vivement les besoins pressans
de l'État, que les trois Ordres consentirent à
une imposition fort onéreuse.

« Les successeurs de Philippe, et sur-tout
les Valois, surent bien profiter de cette ouverture. Les longues et funestes guerres que
ces princes eurent à soutenir, les obligèrent
souvent à demander des subsides extraordinaires à leurs sujets. Pour le faire avec succès,
ils assemblaient de temps en temps les trois
Ordres du royaume, à qui ils faisaient représenter les besoins de l'État, et demandaient
les sommes nécessaires aux frais d'une guerre
suscitée par un ennemi puissant et toujours
victorieux....

« Sous le roi Jean, en 1351, et pendant les
quatre années suivantes, les provinces s'as-
semblèrent et prorogèrent les subsides précédemment accordés ; mais elles se réservèrent

le droit exclusif d'en faire la levée et de n'en compter qu'aux magistrats municipaux. Quelques-unes avaient même stipulé qu'elles feraient l'emploi par elles-mêmes ou qu'ils ne serait fait que de leur avis....

En 1549, dans le feu de la guerre d'Angleterre, les citoyens de la ville de Paris accordèrent, pour un an accompli, seulement, un droit sur les vins, denrées et marchandises qu'on vendrait dans la ville ; mais le roi reconnut *qu'ils l'avaient ainsi libéralement voulu et accordé.....*

« Ce n'était donc pas uniquement pour le clergé, mais bien pour tous les Ordres de l'État, qu'il était constant et reconnu que les subsides formaient des dons volontaires et des libéralités gratuites. C'était pareillement un droit commun aux différens Ordres de faire par eux-mêmes et de leur propre autorité, la levée des subsides dans leur territoire respectif. Le roi nommait seulement des commissaires adjoints, qui ne pouvaient user d'aucune contrainte » (a).

(a) *Voy.* les Maximes du Droit publ. franç., tom. 1, chap. III, pag. 294, 295, 305, 315, 318. — *Voy. aussi*

Sans qu'il soit besoin de s'appesantir davantage sur la recherche et l'examen de ces faits historiques, plus ou moins bien constatés, il est assez évident que cette incertitude et cette irrégularité de la législation, en matière d'impôt, ne pouvaient pas être sans de graves inconvéniens.

Mais, par la suite, on ne tarda pas à voir paraître des abus d'un autre genre, lorsque les parlemens plus occupés, par position, à établir ou à conserver leurs priviléges particuliers qu'à défendre les intérêts généraux de la société, consentirent aussi avec plus ou moins de facilité l'enregistrement des édits bursaux, ou lorsque les rois, parvenus à étendre de plus en plus leur pouvoir et à renverser toutes les barrières, se crurent en droit de publier ces mêmes édits, *sous leur bon plaisir*, et d'en ordonner l'exécution *de leur pleine et entière puissance et autorité royale.*

---

les Mémoires pour servir de preuves à l'Histoire de Bretagne, tom. iii, *Préf.*, pag. 14; et le Recueil des Ordonnances, t. ii, pag. 405, 503, 567; tom. iii, p. 423, 678, 681, 684, 687, 689; tom. vi, pag. 318.

La maxime générale était originairement *fiscus post omnes;* elle fut alors, ainsi que le disent les auteurs, *fiscus ante omnes et super omnia* (a).

Toutefois, il serait encore injuste d'attribuer ces abus, d'un nouveau genre uniquement à l'inconduite, à la prodigalité ou à l'avarice des rois. Ils furent la suite naturelle et inévitable d'une foule d'autres désordres, de l'embarras, de l'ignorance des temps; et, pardessus tout, il faut le dire, de la difficulté réelle du problème : car aujourd'hui même que la science des calculs et des combinaisons a fait des progrès incontestables, ce ne sont pas seulement les hommes du Gouvernement, mais encore les écrivains les plus impartiaux et les plus éclairés, qui diffèrent d'opinion, et relativement au mode de perception, et relativement à la nature, à l'assiette et à la répartition de tous les genres de contributions.

Il suffirait de lire quelques-uns des discours

(a) Maximes du Droit publ. franç., tom. vi, chap. vi, pag. 43.

prononcés dans les chambres pendant le cours des dernières sessions, pour reconnaître que, parmi nos législateurs, plusieurs encore appellent de tous leurs vœux le rétablissement de ces fermes générales qui donnaient à quelques hommes sans honneur et sans pudeur les moyens de s'engraisser rapidement de la substance du peuple dans presque toutes les parties du royaume; tandis que d'autres s'attachent à défendre avec opiniâtreté l'existence des régies telles qu'elles subsistent en ce moment, quoiqu'il n'en résulte peut-être guère moins de mal et de vexations (a).

Relativement à la nature de l'impôt, parmi les économistes et les publicistes mêmes, les uns considèrent les impôts indirects comme les plus onéreux et les plus funestes, comme étant d'une perception moins équitable, plus incertaine et plus pénible que celle des impôts directs; ils les regardent comme une double charge dont, en définitive, le

---

(a) *Voy.*, *entre autres*, les Discours prononcés à la Chambre des Députés, pendant la session de 1820, lors de la discussion sur le Budget.

fardeau retombe toujours sur le propriétaire,, et lui porte le plus grand préjudice (*a*).

D'autres pensent au contraire que les impôts directs sont encore moins exempts d'inconvéniens.

Suivant eux, les impôts indirects ont au moins l'avantage de se répartir plus également entre les différens genres d'industrie qui contribuent successivement à la production. Ils disent, avec assez de raison, qu'un autre motif de la préférence qu'il faut accorder à ces impôts indirects sur l'impôt direct, résulte particulièrement de ce qu'étant perçus à une époque plus rapprochée du moment de la consommation, ils exigent évidemment moins d'avance de la part de tous les manufacturiers, négocians, artisans et ouvriers dont l'industrie et le travail doivent coopérer à la confection et à la vente de la chose produite; et de ce qu'en conséquence le prix de cette chose ne se trouve pas dans ce cas augmenté de l'intérêt accumulé de toutes les avances

---

(*a*) *Voy.*, *entre autres*, Filangieri, Science de la Législation, vol. II, liv. II, chap. XXVIII, *Des Impôts indirects*, pag. 324.

que chacun d'eux se fût trouvé dans la nécessité de faire, si l'impôt eût été payé par
le propriétaire du sol ou par le producteur de la matière première, lequel ne peut
manquer alors d'en augmenter proportionnel-
lement le prix (*a*); ils disent que la contribution foncière est celle d'un peuple au berceau, et qu'à mesure que ce peuple avance
dans les voies de la civilisation, il secoue ce
fardeau, et le remplace par les impôts sur les
consommations, qui, seuls, sont bien répar-
tis, puisque chacun, en tarifant librement sa
consommation, établit lui-même le montant
de sa taxe; et les seuls aussi qui n'attaquent
pas la reproduction, puisqu'ils ne frappent
sur les produits qu'à l'instant même où ils
vont être consommés (*b*).

(*a*) *Voy.* le Traité d'Économie politique, par M. Say:
et les Discours de MM. Cazimir-Perrier et Ganilh, à la
Chambre des Députés, session de 1817. — Moniteur des
4 et 6 avril 1818, numéros 94 et 96.

(*b*) *Voy. aussi* le Résumé de M. le comte Beugnot,
Rapporteur de la Commission chargée de l'examen du
Budget. — Chambre des Députés. — Moniteur du jeudi 9
avril 1818, n° 99, *supplément.*

« Au premier coup-d'œil, dit l'auteur du Commentaire sur l'Esprit des Lois (M. le comte Destutt de Tracy, pair de France), on voit que l'impôt sur les terres a l'inconvénient d'être très-difficile à répartir avec justice, et de faire mépriser la possession de toutes les terres dont la location ne surpasse pas la taxe, ou la surpasse de trop peu pour déterminer à courir des risques inévitables, et à faire les avances nécessaires.

« L'impôt sur le revenu des maisons louées, a le défaut de diminuer le produit des spéculations de bâtisse, et par là de dégoûter de bâtir pour louer, en sorte que chaque citoyen est obligé de se contenter d'habitations moins saines et moins commodes que celles qu'il aurait eues pour le même loyer.

« L'impôt sur les rentes dues par l'État est une vraie banqueroute, si on l'établit sur des rentes déja créées, puisque c'est une diminution de l'intérêt promis pour un capital reçu; et il est illusoire, si on le place sur des rentes au moment de leur création : car il eût été plus simple d'offrir un intérêt moins fort de toute la quotité de l'impôt, au lieu de promettre plus et d'en retenir une partie ; ce qui aurait produit le même résultat.

« L'impôt sur les personnes donne lieu à des perquisitions très-désagréables pour parvenir à le graduer suivant la fortune de chacun, et ne peut jamais reposer que sur des bases très-arbitraires et des connaissances très-imparfaites, tant lorsqu'on prétend l'asseoir sur des richesses acquises, que lorsqu'on veut le faire porter sur les moyens d'en acquérir. Dans ce dernier cas, c'est-à-dire lorsqu'il est motivé sur la suppression d'une industrie quelconque, il décourage cette industrie, et oblige à la renchérir ou à l'abandonner.

« L'impôt sur les actes, et en général sur les transactions sociales, gêne la circulation des biens fonds et diminue leur valeur vénale en rendant leur translation très-coûteuse, augmente les frais de justice au point que le pauvre n'ose plus défendre ses droits, fait que toutes les affaires deviennent épineuses et difficiles, occasionne des recherches inquisitoriales et vexatoires de la part des agens du fisc, et oblige à faire dans les actes des réticences, ou même à y mettre des clauses et des évaluations illusoires qui ouvrent la porte à beaucoup d'iniquités, et deviennent la source d'une foule de contestations et de malheurs.

« A l'égard de l'impôt sur les marchandises, leurs inconvéniens sont encore plus nombreux et plus compliqués, mais ne sont pas moins fâcheux ni moins certains.

« Le monopole, ou la vente exclusivement faite par l'État, est odieux, tyrannique, contraire au droit naturel qu'a chacun d'acheter et de vendre comme il lui plaît, et nécessite une multitude de mesures violentes. C'est encore bien pis quand cette vente est forcée, c'est-à-dire quand on oblige le particulier, comme cela est arrivé quelquefois, à acheter ce dont il n'a pas besoin, sous prétexte qu'il ne peut s'en passer, et que, s'il n'achète pas, c'est qu'il est approvisionné en contrebande.

« L'impôt prélevé au moment de la production nécessite évidemment de la part du producteur une avance de fonds qui, étant longtemps sans lui rentrer, diminue beaucoup ses moyens de produire.

« Il n'est pas moins clair que les impôts exigés, soit au moment de la consommation, soit pendant le transport, gênent ou détruisent toujours quelque branche d'industrie ou de commerce, rendent rares et coûteuses des denrées nécessaires ou utiles, troublent toutes les jouissances, dérangent le cours naturel des choses, et établissent entre les différens besoins et les moyens d'y pourvoir, des proportions et des rapports qui n'existeraient pas sans ces perturbations, qui sont nécessairement variables, et qui rendent incessamment précaires les spéculations et les ressources des citoyens.

« Enfin, tous ces impôts sur les marchandises, quels qu'ils soient, nécessitent une infinité de précautions et de formalités gênantes. Ils donnent lieu à une multitude de difficultés ruineuses. Ils sont nécessairement très-sujets à l'arbitraire, ils obligent à ériger en crimes des actions indifférentes en elles-mêmes, et à sévir par des punitions souvent cruelles. Leur perception est dispendieuse, et elle nécessite l'existence d'une armée d'employés et d'une armée de fraudeurs, tous hom-

mes perdus pour la société, qui y entretien-
nent continuellement une guerre civile, avec
toutes les funestes conséquences économiques
et morales qu'elles entraînent.

« Quand on examine avec attention chacune de ces critiques des différens impôts,
on reconnaît que toutes sont fondées. Ainsi,
après avoir fait voir que tout impôt est un
sacrifice, et que son produit est toujours employé d'une manière improductive et souvent
funeste, nous nous trouvons avoir montré
que chaque impôt a en outre une manière
qui lui est propre de nuire à la liberté des
citoyens et à la prospérité de la société » (a).

En France, pour remédier, en partie du
moins, au vice bien réel de l'inégalité dans
la répartition de l'impôt foncier, on a imaginé, on s'est vu forcé de recourir à un
travail immense, dispendieux, insuffisant, impraticable, et, qui plus est, dangereux peut-
être sous quelques rapports ; c'est celui d'un
cadastre général dont le but serait de consta-

(a) Commentaires *sur l'Esprit des Lois*, chap. xiv,
liv. xiii, pag. 269 *et suiv.*

ter la nature, la qualité, la valeur, le produit, l'étendue de toutes les propriétés territoriales comprises dans le royaume.

Nous disons qu'un semblable projet est impraticable et chimérique; et, en effet, l'impossibilité de son exécution serait plus que démontrée si l'on voulait seulement prendre la peine de réfléchir sérieusement et de bonne foi aux variations continuelles et nombreuses qui doivent inévitablement avoir lieu, soit quant à la nature et à la qualité des terres, par suite d'une foule de circonstances diverses, soit quant à leur étendue, par suite des mutations, divisions et morcellemens des héritages par ventes, successions ou donations, soit quant à leurs valeurs et à leurs produits, par suite de la réduction ou de l'accroissement de la population, de la ruine ou de l'établissement de quelque manufacture, de la suppression ou de l'ouverture d'une grande route, ou d'un canal de navigation, etc. (a).

(a) *Voy.*, à ce sujet, les Discours et Observations de MM. le baron Morisset, le comte de Boisclairault, de Lastours, Laisné de Villévêque, le comte de Maccarthy,

Si du milieu de tous les doutes qu'éveille
cette controverse infinie il ressort une vérité
évidente, positive, non contestée, et que la
raison ne puisse en effet méconnaître, c'est
qu'en général l'impôt, quel qu'il soit, ne doit
être perçu que sur le revenu, qu'il ne doit
jamais absorber; et que, dans aucun cas, il
ne peut entamer le capital sans porter une
atteinte funeste à la fortune publique.

Cette vérité se trouve sur-tout complette-
ment établie dans l'excellent traité d'Économie politique publié par M. Say.

Il y pose et développe entre autres les propositions suivantes : « Quand une fois les besoins de l'État sont réduits autant que le com-
portent sa sûreté, son bien-être et sa gloire,
quatre autres circonstances contribuent à rendre l'impôt moins grévant pour la nation, et
moins nuisible à la prospérité publique :
1° Quand il porte plutôt sur les revenus de

Paccard, Duvergier de Hauranne, à la Chambre des Députés; et le Rapport de M. le marquis Garnier, à la
Chambre des Pairs. (Moniteur des 3, 4 et 14 avril, et
15 mai 1818, numéros 93, 94, 104, et 155, *supplém.*).

la nation, sur ses produits annuels, que sur ses capitaux ou produits accumulés; 2° quand l'impôt atteint tous les revenus qu'il est possible d'atteindre et tous les contribuables......; 3.° quand la loi ne laisse aucune incertitude sur le montant de la contribution de chaque particulier, ni sur la manière dont elle doit être acquittée....; 4° quand l'impôt n'établit que le moins possible de charges qui ne sont pas un profit pour le public.... » (a).

M. de Montesquieu s'exprime ainsi : « Les revenus de l'État sont une portion que chaque citoyen donne de son bien pour avoir la sûreté de l'autre, ou pour en jouir agréablement.

« Pour bien fixer ces revenus, il faut avoir égard et aux nécessités de l'État et aux néces-

---

(a) (Traité d'Économie politique, tom. II, liv. v, chap. XI : « *De l'Impôt en général,* pag. 468 *et suiv.*) Il faut lire dans cet ouvrage même le développement de ces propositions. Il faut y voir aussi (ch. XII, pag. 476) comment l'Impôt est évidemment préjudiciable à la société, lorsqu'il est de telle nature que le contribuable, quoique aisé, ne peut le payer sans faire brèche à son capital, comme, par exemple, la plupart des impôts sur les droits de succession et de mutation, etc., etc.

sités des citoyens. Il ne faut pas prendre au peuple sur ses besoins réels pour des besoins de l'État imaginaires.

« Les besoins imaginaires sont ce que demandent les passions et les faiblesses de ceux qui gouvernent, le charme d'un projet extraordinaire, l'envie malade d'une vaine gloire, et une certaine impuissance d'esprit contre les fantaisies. Souvent ceux qui avec un esprit inquiet étaient sous le prince à la tête des affaires, ont pensé que les besoins de l'État étaient les besoins de leurs petites ames.

« Il n'y a rien que la sagesse et la prudence doivent plus régler, que cette portion qu'on ôte, et cette portion qu'on laisse aux sujets.

« *Ce n'est point à ce que le peuple peut donner qu'il faut mesurer les revenus publics*, mais à ce qu'il doit donner ; et, si on les mesure à ce qu'il peut donner, *il faut que ce soit du moins à ce qu'il peut toujours donner* » (a).

___

(a) (**Esprit des Lois**, liv. xiii, ayant pour titre : « *Des*

Suivant Pufendorf : « Comme les sujets ne sont obligés de payer *les impôts* ou les *subsides*, et de supporter aucune autre charge, que parce que cela est nécessaire pour fournir aux dépenses de l'État et en temps de paix et en temps de guerre ; les Souverains doivent *ne rien exiger au-delà de ce que demandent les besoins publics, ou du moins quelque avantage considérable de l'État ; et faire en sorte que les sujets ne soient incommodés que le moins qu'il est possible des charges qu'on leur impose.* Il faut ensuite *garder une juste proportion dans la taxe de chaque citoyen*, et n'accorder à personne aucune immunité qui tourne au préjudice ou à l'oppression des autres (a). *Ce qui provient des contributions, doit aussi être employé uniquement à subvenir aux besoins de l'État ;* et non pas dépensé en luxe, en débauches, en folles largesses ou vaines magnificences.

Rapports que la levée des Tributs et la grandeur des revenus publics ont avec la liberté », chap. 1).

(a) *Voy.*, à ce sujet, *ci-dessus*, 1re part., vol. 1, pag. 105 *et suiv.*

Il faut enfin *proportionner la dépense aux revenus;* et, s'ils ne suffisent pas, y suppléer par une épargne honnête, et par un retranchement de toutes les choses superflues » (*a*).

Il faut, ainsi que le dit M. de Montesquieu, que les revenus publics soient mesurés sur ce que le peuple peut aisément et peut toujours donner; il faut, en termes plus clairs, qu'en général l'impôt, quel qu'il soit, ne soit jamais perçu que sur le revenu et non sur le capital; mais ce n'est pas ce qui arrive, ce n'est pas assurément ce précepte que l'on observe, lorsqu'entre autres abus, par exemple, le fisc s'empare d'une portion notable du capital, pour droits de mutation, de succession, même en ligne directe; lorsque les moyens coercitifs les plus vexatoires et les plus violens deviennent nécessaires, et sont recherchés, ordonnés par la loi, pour en effectuer la perception ; lorsque ces impôts sont déclarés exigibles *sans préjudice et par provision,* avant tout examen, sans avoir égard

_____

(*a*) Devoirs de l'Homme et du Citoyen, tom. II, liv. II, chap. XI, § 10, pag. 115. *Trad. de Barbeyrac.*

à nulle espèce de motifs et de réclamations ; lorsque la voie des contraintes, des saisies et des poursuites est exercée *de plano* avec la plus extrême rigueur (*a*).

Un malheureux, un père de famille, grevé et surchargé outre mesure, et auquel le fisc veut arracher arbitrairement un impôt exor-

---

(*a*) *Voy.* au sujet des Contraintes, en matière de finances, la loi du 17 brumaire an V, celle du 3 frimaire an VII, celle du 13 frimaire an VIII, l'arrêté du 16 thermidor de la même année, sur le recouvrement des contributions directes, le décret du 13 janvier 1806, relatif aux contraintes à décerner par le Ministre du Trésor, etc., etc.

— *Voy.*, relativement à la contribution foncière, les lois du 23 novembre 1790, 22 brumaire an VI, 3 frimaire an II, 4 messidor an VII, 3 frimaire et 27 ventôse an VIII, les arrêtés du Gouvernement des 24 floréal et 16 thermidor de la même année, et du 19 ventôse an IX, etc., etc.

— Relativement à la contribution mobiliaire, les lois des 13 janvier et 30 mars 1791, 26 août 1792, 22 thermidor an IV, 6 prairial an VII, 21 ventôse an IX, 24 avril 1806, etc., etc.

— Relativement à la contribution des portes et fenêtres, les lois des 4 frimaire et 6 prairial an VII, 13 floréal an X, etc., etc.

bitant, triple peut-être de celui déja trop
onéreux auquel la loi l'assujettit, se voit,
d'après une telle législation, en peu de jours
et avant que l'autorité judiciaire ait pu être
invoquée et mise à portée de statuer, du moins
provisoirement, saisi impitoyablement, vexé,
poursuivi, chassé, exproprié de son faible patrimoine, de son domicile; dépouillé de tout,
et réduit, lui, sa femme, ses enfans, à mendier
leur pain, ou à voler sur les grands chemins,
pour ne pas y mourir de dénuement, de
faim, de misère : le tout *sans préjudice et par
provision.*

Ce ne sont pas non plus les principes des
économistes éclairés que l'on met en pratique,
lorsque, aux noms sacrés du prince et de la
loi, une armée de mercenaires cupides, et avi-
lis par le métier qu'ils font, peut à chaque
instant investir votre maison, pénétrer dans
vos granges, dans vos greniers, vos caves et
vos celliers, et vous harceler journellement
par les plus odieuses et les plus insupportables
vexations; lorsqu'une foule innombrable d'a-
gens, de préposés, de commis, sont disséminés
sur toute l'étendue du territoire, placés à

toutes les barrières, pour gêner le commerce et les communications, pour arracher au journalier même la plus forte partie d'un gain modique, prix de ses sueurs, faible récolte après de pénibles et continuels travaux, pour obstruer les chemins et entraver aussi jusqu'à la liberté, jusqu'à la faculté de voyager et de se mouvoir.

Ces intolérables abus ne désolent pas la France seule; ils sont le fléau qui tourmente et ruine tous les peuples de l'Europe; l'Italie, l'Allemagne, la Hollande, l'Angleterre, gémissent sous leur poids.

« Je ne puis m'empêcher, dit à ce sujet Filangieri, de déplorer le malheur de l'humanité, quand je vois, au milieu de tant de lumières, et malgré la force de la vérité dont on s'occupe sans relâche à étendre l'empire, l'erreur élever encore sa tête triomphante.

« Condamner l'industrie à une sorte de peine pécuniaire; obliger le marchand à payer une espèce d'amende qui augmente à proportion de l'avantage qu'il procure à l'État; recevoir ses provisions les armes à la main; environner tous les ports, hérisser toutes les

côtes, tous les passages du commerce intérieur et extérieur, de satellites et d'espions,
êtres vils, corrompus, soudoyés par l'État
qu'ils trahissent, par le négociant qu'ils tourmentent, et par le contrebandier qu'ils protégent; ouvrir la porte à toutes les fraudes,
à toutes les vexations que les exécuteurs
mercenaires d'une loi injuste peuvent imaginer; forcer, en un mot, le négociant à penser qu'aux seules approches d'une douane,
on lui prépare un affront, s'il n'aime mieux
se laisser piller; telle est la politique actuelle
des nations commerçantes. Est-ce là ce qu'elle
devrait être? sont-ce là les principes qui devraient diriger le système économique, dans
un siecle où le commerce est regardé comme
l'objet important qui doit décider du sort des
nations et du bien-être des peuples? Est-ce
par de semblables voies que les Corps politiques devraient se procurer aujourd'hui la
partie la plus considérable de leurs revenus?
Ne pourrait-on pas, sans en diminuer la
masse, délivrer le commerce d'un tel obstacle? Ne serait-il pas possible de combiner les
intéréts du fisc avec ceux du commerce, de

manière que les rois conservassent la même quantité de richesses, sans que leurs richesses fussent au même degré funestes pour les peuples? Ne suffirait-il pas enfin de donner une autre forme au système des impositions, pour rendre le joug moins pesant, sans que le profit diminuât? La possibilité de cette entreprise a été démontrée jusqu'à l'évidence par les philosophes de nos jours qui ont écrit sur les matières économiques (*a*). Mais leurs efforts ont été infructueux. La vérité qu'ils ont annoncée n'a pu pénétrer jusqu'aux trônes. Leurs écrits lumineux, en développant la théorie obscure des finances, n'ont servi qu'à rendre plus douloureux pour nous le poids des maux qui nous accablent, lorsque nous y avons vu combien il serait facile de les détruire (*b*), et jusqu'où va la négligence de ceux qui devraient nous en délivrer. Pour le

(*a*) Nous venons de voir que cette démonstration était loin d'être complète.

(*b*) Si cette tâche était dans la réalité si facile à remplir, sans doute il eût été aussi facile à l'auteur d'en indiquer les moyens; et c'est, il faut l'avouer, ce que nous n'avons pu trouver dans son ouvrage.

malheur des hommes, il semble que ceux qui sont à la tête de l'administration, ferment quelquefois les yeux à la lumière qu'on leur montre dans tout son éclat. Une réforme que demandent également la justice, le bien public et l'intérêt des princes, n'a pas été tentée, n'a pas même été proposée dans les Cabinets des rois, dans ces Cabinets où l'on ne parle que de commerce, et où l'on ne cesse de le tourmenter.

« Les choses sont restées dans cet état; par-tout on a laissé le commerce, tant intérieur qu'extérieur, embarrassé dans les chaînes des impositions fiscales. Partout son cours se trouve encore interrompu. Un citoyen industrieux a mille espions qui l'observent : on dirait que le gouvernement le craint; il ne peut passer d'un village dans un autre, il ne peut, pour ainsi dire, faire un pas, sans être arrêté, sans être taxé. S'il se livre à une entreprise au dehors, avant qu'il sache quel sera le succès de sa spéculation, la douane a déja englouti une partie du bénéfice qu'il pourra faire. S'il cherche à cacher son entreprise, la crainte d'être surpris l'oblige d'endormir avec de l'argent nombre de satellites dont l'avidité et la mauvaise foi diminuent le profit de la contrebande, sans diminuer la crainte. Partout où il tourne ses regards, il trouve, ou des fraudes à prévenir, ou des espions à corrompre, ou des droits énormes à payer.

« Au milieu de tant d'entraves, est-il possible que le commerce prospère? Une plante qui ne peut germer que dans le sein de la liberté, pourrait-elle fleurir au milieu de la servitude et de l'oppression?

« Ainsi, de toutes les réformes que l'on doit faire en faveur du commerce, celle du système actuel des douanes est la première dont il faut s'occuper. Il faudrait détruire les obstacles que les douanes opposent au commerce intérieur et extérieur. Je le répète; pour parvenir à ce but, sans diminuer les revenus du fisc, ou pour compenser la perte qu'il pourrait éprouver, il faudrait donner une autre forme au système général des impôts » (*a*).

(*a*) Science de la Législation, tom. ii, liv. ii, ch. xix, pag. 251 *et suiv.*

Blackstone dit : « L'impôt de l'Excise est....
un droit perçu dans l'intérieur, quelquefois
sur le consommateur, plus souvent sur le dé-
taillant, dernier possesseur de la marchandise
avant la consommation. A en juger sans partialité, ce mode d'impôt est très-économique;
les frais de perception et d'administration des
droits de l'Excise sont bien moindres en proportion que pour d'autres branches de revenus, et le consommateur paie moins cher la
marchandise chargée de ces droits, que si les
mêmes produits se percevaient aux douanes,
par le motif que nous venons d'exposer, la
marchandise étant taxée plus près de la consommation. Mais, d'autre part, la rigueur des
lois de l'Excise, les mesures arbitraires qu'elles
autorisent, sont peu compatibles avec le caractère d'un peuple libre; car, pour obvier
aux fraudes qui, sans une exacte surveillance,
pourraient diminuer cette branche de revenus, il a été nécessaire d'autoriser les employés, dans tous les lieux de leur exercice,
à entrer à toute heure du jour, et même, en
certains cas, de la nuit, dans les maisons des
marchands sujets aux droits d'Excise, et d'en

faire la visite. Et, s'il y a contravention, les procédures sont tellement promptes et sommaires, qu'un homme peut être en deux jours jugé, et condamné à une amende de quelques milliers de livres sterling, par deux commissaires ou juges de paix, sans déclaration par jurés, sans égard à la loi-commune. Aussi, quoique, suivant lord Clarendon(*a*), le comte de Bedford, que Charles I nomma lord trésorier pour complaire au parlement, eût formé le projet de faire admettre l'Excise en Angleterre, cet impôt n'a pas fait partie des revenus de ce prince infortuné. Il fut introduit, pour la première fois, sur le modèle de l'Excise hollandaise, par le parlement, après sa rupture avec la couronne. Cependant l'opinion générale était si opposée à cet impôt, qu'en 1642, *quelques mal-intentionnés ayant accusé la Chambre des communes de vouloir établir l'Excise, la Chambre, pour se justifier de cette imputation, déclara que ces bruits étaient faux et calomnieux, et que leurs auteurs seraient arrêtés et punis.*

_____

(*a*) Histoire, liv. III.

« Quoi qu'il en soit, cet impôt date de 1643. Il s'est étendu par degrés. Il ne porta d'abord que sur les fabricans et débitans de bière, d'aile, de cidre et de poiré, exerçant des professions pour lesquelles on le supposait moins onéreux et moins dur. Le parlement royaliste d'Oxford suivit l'exemple du parlement de Westminster, et imposa de semblables droits. Les deux côtés protestaient que l'impôt serait entièrement supprimé à la paix. Mais bientôt le parlement de Westminster étendit l'Excise sur la viande, le vin, le tabac, le sucre, et sur tant d'autres marchandises, qu'on pouvait la considérer comme générale. C'était l'exécution du plan que M. Pymme, le premier, à ce qu'il paraît, qui proposa l'Excise, développait dans sa lettre du 30 mai 1643, adressée à sir John Hosham. On avait, disait-il, étendu l'Excise à beaucoup d'objets, et on était bien dans l'intention de l'étendre davantage; mais il était nécessaire d'y accoutumer le peuple peu à peu. Quelques années y ayant en effet habitué la nation, les protecteurs de la liberté (Cromwell et ses adhérens) déclarèrent hardiment et ouvertement que l'impôt de l'Excise était le plus facile à lever, et le moins sujet à inconvéniens pour le peuple. En conséquence on continua à le percevoir pendant la durée de l'usurpation. Au retour de Charles II, l'Excise étant établie depuis long-temps, et son produit bien connu, on en accorda une partie à la Couronne pour lui tenir lieu des tenures féodales et autres parties oppressives de ses revenus héréditaires. Cependant, depuis l'introduction de l'Excise jusqu'à présent, le nom même de cet impôt a toujours été odieux aux Anglais. Ce qui n'a pas empêché d'y assujettir beaucoup d'autres marchandises, sous les règnes de Guillaume III et de ses successeurs, pour fournir aux frais énormes de nos guerres sur le continent » (a).

A cette nuée de douaniers, d'agens, de préposés, de commis, qui vivent aux dépens du propriétaire, du cultivateur, du négociant, de l'artisan, qui n'ont d'autre occupation, d'autre intérêt, d'autre désir, que de les tourmenter et de les vexer, il faut joindre ces légions d'autres commis, d'employés, de sous-

---

(a) Commentaires sur les Lois angl., liv. 1, ch. viii.

chefs et de chefs, en un mot ce peuple entier qu'un mauvais système d'administration
et de bureaucratie rend nécessaire, et dont
le jugement, l'esprit, l'intelligence, se perver-
tissent souvent ou s'éteignent tout-à-fait par
la fausse direction qu'ils reçoivent (a). Combien la société ne perd-elle pas ainsi d'hommes vigoureux et actifs, dont la force ou l'intelligence pourraient lui être utiles, et dont
au contraire le travail devient improductif, dont
l'industrie et peut-être le génie sont étouffés,
paralysés. A voir tant de gens occupés de
tant de manières, et d'un bout à l'autre de
l'État, à tourmenter leurs concitoyens, à leur
arracher le fruit de leurs travaux pour en
partager entre eux une partie, n'est-on pas
conduit à se rappeler ces monstres hurlans
et affamés que, d'après certaine tradition fa-
buleuse, tout-à-la-fois morale et politique,
nous dépeint un poëte immortel : dans l'ardeur
d'une insatiable et dévorante avidité, c'est des

(a) *Voy.*, à ce sujet, le Discours de M. Laisné de
Villévêque, sur la loi des finances. — Chambre des Députés. — Session de 1817. — Moniteur du jeudi, 2 avril
1818, n° 92.

flancs douloureux de leur mère qu'ils s'élancent, se retournent contre elle, et déchirent ses entrailles, pour calmer la faim et la soif qui les agitent et les tourmentent, et qu'ils ne peuvent apaiser.

Dans la session de 1819, un membre de la Chambre des députés disait, avec raison, en ce sens : « Au degré de civilisation où se trouve la société dans toute l'Europe, il n'existe plus que deux classes d'hommes, ceux qui vivent de leur travail ou du produit de leurs capitaux, et ceux qui sont nourris sur les capitaux et l'industrie des autres. Plus il y a des premiers dans une nation, plus elle est riche; plus il y a des derniers, plus elle est pauvre.

« Le Gouvernement est d'autant plus mauvais, d'autant plus contraire au but de son institution, le bien commun de tous, que le nombre des derniers excède davantage l'indispensable nécessaire. Toutes ces vérités sont incontestables.

« L'intérêt de chaque peuple est donc de se faire gouverner au meilleur marché possible, c'est-à-dire d'obtenir le même résultat en dépensant moins. C'est là le problème à résoudre. Je ne pense pas qu'il soit résolu chez nous. Je suis même loin de croire que jusqu'ici on se soit occupé sérieusement à en chercher la solution : au contraire. En effet, il n'existe certainement aucune nation au monde où une partie aussi considérable de la population, qui ne produit rien, vive aux dépens de celle qui produit.

« On ne peut penser sans effroi qu'outre la somme énorme de 876 millions portée au budget de l'État, il s'en perçoive encore une presque aussi considérable, sous toutes sortes de formes, pour les budgets particuliers. Leur somme est au moins égale à la totalité du revenu territorial évalué seulement à 1500 millions » (a).

Dans la même session et dans la même

(a) Discours de M. Beauséjour, lors de la discussion sur la loi des voies et moyens. — Chambre des Députés. — Session de 1819. — Séance du 30 juillet 1820.

— Voy. aussi le Discours de M. le général Tarayre, prononcé dans la même séance. — Journal Constitutionnel du mardi, 4 juillet, n° 186.

Chambre, le rapporteur de la commission des Dépenses, en parlant des frais de bureau des ministères, disait avec non moins d'évidence : « L'excès de ces frais est si hautement dénoncé, que la commission ne pouvait plus garder le silence. Facilement elle en a trouvé la cause ; elle s'offrait d'elle-même dans le trop grand nombre d'employés ; mais un obstacle se présente d'abord, dont les ministres, seuls, n'ont pas la force de triompher. Comment, pour rentrer dans les limites du besoin, ou seulement des convenances, dépouiller dès aujourd'hui d'un état qui est peut-être leur unique moyen de subsistance, une foule d'employés que d'autres temps, des circonstances différentes, ont amoncelés dans les bureaux ? Ici l'humanité réclame, et on ne peut pas toujours reprocher à des ministres d'être sourds à sa voix.

« Mais aussi la Chambre a-t-elle le droit d'allouer un crédit pour une dépense dont l'excès lui est démontré ? Peut-elle passer ainsi, tous les ans, devant les abus qu'elle détruirait d'un mot ? L'argent dont on soudoie un employé inutile n'a-t-il pas souvent été levé sur la misère et à travers les gémissemens du pauvre?

« Le relâchement et la dissipation ne pénètrent-ils pas d'eux - mêmes dans toute administration où le nombre des employés excède le besoin réel ? et lorsque tous ont du temps de reste, chacun l'emploie - t - il également bien..... » (a)?

Ces réflexions diverses donnent lieu de douter, il faut le dire, si ces abus nombreux, ces sinécures, ces dépenses inutiles et excessives peuvent être détruits plus facilement par degrés, qu'en les frappant, d'un seul coup, au cœur et dans toutes les parties de leurs immenses ramifications : mais ce qui ne peut être équivoque, c'est que, pour apprécier à leur juste valeur les moyens éloignés ou prochains de les combattre avec succès et de les vaincre, il faut que le législateur se garde bien de descendre dans ce gouffre impur d'iniquité

(a) Discours de M. Beugnot, Rapporteur de la commission des Dépenses, à la Chambre des Députés. — Session de 1819. — Séance du 12 mai 1820. — Journal Constitutionnel du lundi, 13 mai, n° 134.

où ils ne réussissent que trop souvent à l'entraîner; qu'il sorte enfin de ces profondeurs ténébreuses où les partisans du despotisme se roulent dans la fange du machiavélisme et du vice, ne se repaissent que de crimes et de malheurs, ne conçoivent et n'enfantent qu'injustice, perfidie, misère, déloyauté; où toutes les facultés de l'intelligence sont obstruées, et où le plus faible rayon de la lumière céleste n'a jamais pénétré; il faut qu'il s'en arrache pour s'élever dans une région où le souffle purifiant et salutaire de la vérité dissipe les erreurs et chasse le préjugé; où, placé dans le centre d'un horizon plus vaste, environné d'une atmosphère plus pure, l'esprit aperçoit aisément l'état vrai des choses avant leur déchéance, et les atteint encore au fond même des abymes où elles sont tombées. C'est de ce sommet, que la nature présente à ses yeux un spectacle instructif et sublime, un tableau d'ordre, d'harmonie, où la raison épurée peut recueillir d'utiles leçons, de salutaires exemples, pour en faire l'application à cette importante partie de l'administration publique, relative à la per-

ception et surtout à l'emploi des contributions.

C'est de là que l'on reconnaît d'abord clairement que ces contributions, quels que soient
leur nature et le mode de leur perception,
doivent être immédiatement appliquées à
pourvoir aux dépenses qu'exigent les besoins
locaux. En effet, si l'on observe l'ordre établi
par le législateur suprême pour vivifier, animer, fertiliser la terre, ne voit-on pas que les
sources, les fontaines, par lesquelles les eaux
s'élaborent, filtrent et s'écoulent lentement,
portent à l'instant même autour d'elles la
fraîcheur, la vie, la fécondité? Ce n'est qu'a-
près avoir circulé près de ces sources, qu'a-
près s'être reposées, d'espaces en espaces,
en différens lieux, qu'après avoir arrosé les
montagnes, humecté les champs, parcouru
les prairies et les vallons, que ces mêmes
eaux toujours utiles, toujours salutaires, ar-
rivent enfin au réservoir commun, d'où elles
s'évaporent bientôt après, et se trouvent de
nouveau dispersées, pour reproduire encore,
soumises à la même puissance et obéissant à

d'invariables lois, des phénomènes semblables et d'aussi grands bienfaits.

Supposez maintenant que, méconnaissant l'utilité de cette marche tout-à-la-fois si régulière et si variée de la nature, l'homme, loin de la seconder de tous ses efforts, prétendît au contraire la choquer, la détruire, et crût manifester sa force et sa puissance, en lui en substituant une totalement opposée; supposez qu'au lieu de laisser doucement circuler, à la surface de la terre, et avec une sorte de liberté, ces eaux qui y répandent l'abondance et la richesse; qu'au lieu de favoriser, autant qu'il le peut, leur épanchement et leur dispersion dans tous les lieux où leur présence est nécessaire au développement de la végétation, l'homme, extravagant et présomptueux, pût concevoir et exécuter l'absurde dessein de les captiver toutes, de les assujétir aux règles bizarres que son ambition, sa vanité, son orgueil, sont capables d'enfanter, et qu'après les avoir, à grands frais, avec des peines et des travaux immenses, infinis, renfermées hermétiquement dans des voûtes souterraines et d'étroits canaux, il parvînt à les

conduire ainsi dans un gouffre sans fond où
elles seraient englouties aussitôt; quel serait
alors le résultat certain de sa folle entreprise
et d'un trop fatal succès ? Bientôt les prés
émaillés, les tapis de verdure qui ornent les
collines et les vallées, les épis dorés, les pam-
pres vermeils qui promettent l'aisance et le
bonheur, ne réjouiraient plus la vue ; des ro-
chers arides, des plaines dépouillées, des
champs brûlés par l'ardeur du soleil offri-
raient aux yeux le triste aspect de la détresse
et de la mort. Certes, ce ne sont pas quelques
brouillards, un subit et violent orage, ou les
inondations de temps à autres produites dans
les lieux bas, par la rupture des digues, qui
suffiraient pour désaltérer la terre et pour ranimer tous les germes desséchés de la fertilité (a).

(a) « Vois de ce frais ruisseau la source fugitive
    Au gré de son caprice errer en liberté ;
    En de riches canaux si son onde est captive,
    Elle perd sa fraîcheur et sa limpidité,
    Dans sa prison superbe elle languit oisive,
    Et son rivage aride est bientôt déserté ».

            Imitation de Properce, par J. L. G.

Or, ce que l'eau des sources et des fontaines est à cette fertilité de la terre, l'argent des impôts devrait l'être, dans la vérité, à la prospérité de l'agriculture et de l'industrie. A peine le cultivateur ou l'artisan, à force de travaux et de veilles, sont-ils parvenus à l'extraire en quelque sorte des entrailles mêmes de la terre, à en recueillir quelques parcelles, que déja il devrait être employé à la reproduction, qu'il devrait déja contribuer à alimenter et à faire découvrir de nouvelles sources de richesses, à faire germer, éclore et développer de nouveaux fruits. Mais les canaux du fisc qui l'absorbent et le renferment tout-à-coup, sont les aqueducs souterrains qui l'empêchent de produire aucuns résultats utiles, et par lesquels le législateur parvient en effet à le conduire dans un gouffre profond, qui n'en rend que bien peu à sa destination véritable.

Le but des impôts est de subvenir à toutes les charges et dépenses que l'existence de la société rend indispensables : mais ces charges ne sont pas toutes réunies au centre ; elles sont au contraire placées sur tous les points

24.

de la circonférence; et même, plus on se rapproche des extrémités, plus elles se multiplient, se divisent et se subdivisent. Donc,
en supposant, contre l'évidence même, qu'a-
vant d'entrer dans la caisse du trésor public,
l'argent qui provient de ces impôts ne fût
pas dissipé sans utilité, absorbé en partie
ou par l'infidélité des percepteurs ou par les
frais indispensables de la perception; en supposant, toujours contre l'évidence, qu'après
être enfin parvenu dans la caisse du trésor,
cet argent ne prît pas bien souvent, au moyen
de certaines ouvertures pratiquées par la lime
sourde de la faveur et de l'intrigue, des
écoulemens brusques et trop rapides, qui, en
laissant la sècheresse et l'aridité presque partout, portent encore, comme le torrent, la
destruction et le mal dans tous les lieux où
ils passent; il est du moins certain et incontestable que cet argent aura été ainsi transporté,
sans nécessité, de tous les points de la circonférence, des lieux où son emploi était
urgent, indispensable, dans la capitale, et du
point central à ces mêmes points de la circonférence : ce qui ne peut avoir lieu sans

perte de temps , sans d'énormes dépenses et sans de notables préjudices.

Heinneccius remarque qu'on a souvent comparé avec raison les impôts dont on charge les peuples à l'eau qu'on apporte de toutes parts pour éteindre un incendie, et dont la plus grande partie se perd en chemin (*a*).

L'Ami des hommes dit : « Un malheureux axiôme par lequel les peuples ont toujours été plus à plaindre (*même*) sous le règne des princes doux et bienfaisans, que sous celui des rois d'un caractère opposé, c'est *que le prince doit attirer à lui toutes les finances d'un État pour les rendre ensuite ; que par ce moyen , il vivifie le commerce et la société , et s'attache ses sujets par les liens de l'espoir et par ceux de la reconnaissance :* Je ne crois pas qu'il y ait un principe plus détestable et plus faux que celui là » (*b*).

— « Si la république, dit un autre auteur, consiste dans la liaison de plusieurs famil-

---

(*a*) *Heinneccius in Pufendorfium , de officio hominis et civis.* (Lib. ii, cap. xi, § 10).

(*b*) L'*Ami* des hommes, tom. 1 , chap. vii, pag. 260.

les , si elle ne peut exister sans elles, elles en sont le soutien.... Mais si le Gouvernement qui en est la tête, laisse exténuer les membres, s'il attire à lui la substance destinée à les fortifier, la tête périra avec eux; c'est le revers de l'apologue de Ménénius Agrippa » (*a*).

— « Qui croirait, dit Filangieri, que, sous le règne de Louis XIV, la masse de tous les impôts s'élevait en France à 750 millions, dans le temps qu'il n'en entrait que 250 dans le Trésor royal » (*b*)?

M. Say s'exprime ainsi : « Par les mêmes raisons qu'on s'est quelquefois imaginé qu'on pouvait enrichir une nation en l'excitant à consommer, on s'est figuré de même qu'on pouvait accroître son opulence par l'impôt. On a dit que la nécessité de le payer obligeait la classe industrieuse à un redoublement d'efforts dont résultait une augmentation de ri-

---

(*a*) Abrégé de la République de Bodin, tom. 1, liv. 1, chap. IV, pag. 22.

(*b*) Science de la Législation, tom. II, liv. II, ch. XXX, pag. 346 ; et Mémoires pour servir à l'Histoire générale des finances , par M. D. de B.

chesses. Mais comment n'a·t-on pas vu que la portion de valeur que l'industrie ne produit que pour acquitter l'impôt, n'enrichit pas, puisque l'impôt la ravit et la consomme? En second lieu, l'industrie et les efforts ne suffisent pas pour produire, il faut encore des capitaux. La production ne peut s'augmenter qu'autant que les capitaux s'augmentent; or comment tireraient-ils quelque accroissement des produits qu'on fait naître, non pour augmenter son bien, mais pour payer l'impôt? *Plus on tire des peuples*, disait Vauban (a) avec beaucoup de raison, *plus on ôte d'argent du commerce; l'argent du royaume le mieux employé est celui qui demeure entre les mains des particuliers où il n'est jamais inutile ni oisif.* Prétendre que l'impôt enrichit une nation, par cela seul qu'il prélève une partie de ses produits; qu'il l'enrichit, parce qu'il consomme une partie de ses richesses, c'est tout bonnement soutenir une absurdité » (b).

(a) *Voy.* Dime royale.

(b) Traité d'Économie polit., tom. ii, liv. v, ch. xi, *de l'Impôt en général*, pag. 464. — *Voy.* encore, dans le même ouvrage, liv. v, ch. ii, *Des Consommations bien*

Sous ce premier point de vue, ce qui existe est bien éloigné encore de ce qui devrait être, de tout ce qui est utile et naturel.

Mais il faut encore pousser les réflexions plus loin sous un autre rapport.

S'il est vrai que la nature du Gouvernement influe puissamment, ainsi que nous l'avons reconnu précédemment, sur les mœurs, le caractère et les vertus des peuples; s'il est vrai qu'un gouvernement libre puisse régénérer l'espèce humaine et engendrer des hommes dignes de la liberté et disposés à en accomplir tous les devoirs ; si, par une suite naturelle d'une organisation plus conforme à la raison et à l'intérêt général, les fonds provenant des impôts recevaient immédiatement leur véritable destination, et ne pouvaient jamais en être détournés; s'ils étaient employés, avant tout, dans chaque commune, aux établissemens d'utilité, de bienfaisance et de charité,

---

ou mal entendues ; chap. iii, *Si l'État s'enrichit par ses consommations ;* chap. v, *Des lois somptuaires ;* ch. vi, *De la Prodigalité, de l'avarice et de l'économie ; de l'entretien des divers établissemens publics ,* tom. ii, pag. 358, 384, 385, 386, 408.

aux frais des colléges et des maisons d'éducation, au percement et à l'entretien des rou-
tes, au défrichement des terres, et à la construction des canaux de navigation; nous ne
craignons pas de le dire, il y a lieu de penser
que, dans cette hypothèse, un mode de contribution entièrement libre et volontaire deviendrait dans le fait plus productif pour la
société et pour l'État qu'aucun de ceux qui
ont pour moyens d'exécution la sujétion, la
violence et la contrainte.

Il suffirait pour cela de mettre en mouvement quelques-uns des ressorts qui exercent
le plus d'empire sur le cœur humain, tels que
ceux de l'intérêt personnel bien entendu,
d'une louable ambition, de l'honneur, et même
de la religion.

Même sans être associé aux vrais principes
de l'ordre, de la raison et du droit, de quelles
immenses richesses ce dernier sentiment ne
fut-il pas autrefois la source dans les mains
d'une certaine classe de la société? Les dons
qu'il fit faire au profit des prêtres, des églises,
des communautés et des monastères, furent si
excessifs qu'il devint nécessaire de publier

plusieurs édits pour les modérer. Pourquoi ne produirait-il plus aucun résultat, lorsque, plus éclairé et mieux dirigé par la connaissance des véritables intérêts et des devoirs de l'homme, il donnerait plus de ressort et d'énergie à l'amour de la patrie; lorsque, par suite d'une meilleure éducation, chaque membre de la societé serait bien pénétré de cette vérité, que, pour servir et honorer véritablement Dieu, il n'est pas de moyen plus infaillible que de servir, d'aimer l'humanité, l'État et la patrie, et de remplir avec ponctualité, et dans toute leur étendue, les vrais devoirs de l'homme et du citoyen?

Que l'on renonce complètement et de bonne foi à recourir à toutes les voies corruptrices et funestes du machiavélisme et de la séduction; que l'on recherche au contraire, que l'on mette en usage, que l'on fasse toujours concourir, vers un but et dans des vues constamment louables, tous les moyens naturels d'ordre et d'émulation pour le bien; et l'on en verra infailliblement ressortir les plus heureux résultats sous une foule de rapports et de points de vue différens.

Si, seulement, relativement à l'objet qui nous occupe, il existait, par exemple, dans toutes les communes du royaume, des registres destinés à inscrire tous les versemens de dons ou cotisations volontaires effectués par les contribuables (*a*); s'il était donné la plus

---

(*a*) Ces versemens pourraient être effectués dans une caisse à trois clefs, qui resteraient déposées, l'une entre les mains du Maire, et les deux autres entre les mains des Présidens des deux Chambres communales. (*Voy. ci-après*, même §, division IIe).

On prélèverait dans cette caisse les fonds nécessaires pour subvenir aux dépenses de chaque commune, et l'excédant serait ensuite versé dans une caisse semblable confiée à la surveillance du Sous–Préfet et des Présidens des deux Chambres cantonales ou d'arrondissement. On puiserait de même, dans cette autre caisse, les fonds nécessaires pour acquitter les dépenses générales d'arrondissement; et, ces fonds prélevés, l'effectif ou l'excédant serait versé dans la caisse centrale du département, sous la surveillance du Préfet et des Présidens des deux Chambres départementales. Enfin, les dépenses générales des départemens remplies sur leurs fonds, l'excédant serait transmis immédiatement dans la caisse du Trésor national.

Ce mode de perception, si simple, sans complication, sans mouvement rétrograde et sans frais, a évidemment une analogie plus marquée avec l'admission d'un système

grande publicité possible aux relevés de ces
registres par la voie des affiches et des journaux, ou autrement; si l'opinion publique,
dirigée par l'impulsion utile que le Gouvernement saurait lui donner, environnait d'une
considération juste et méritée, les hommes
qui, dans la proportion de leur rang, de leurs
qualités, de leur état, de leur fortune, auraient manifesté, pendant plusieurs années
consécutives, leur dévouement réel à la chose
publique par l'acquittement de ce devoir; si,
par cela même, ces hommes se trouvaient
plus spécialement désignés, lors des élections,
au choix de leurs compatriotes et pour l'occupation des emplois publics en général; si

---

d'impôt volontaire. Néanmoins on conçoit qu'il ne serait
pas entièrement impossible d'en faire l'application à quelque autre impôt que ce soit; et il paraît qu'en Angleterre, l'administration se rapproche à quelques égards
de ce système. — *Voy.* à ce sujet, dans la Revue encyclopédique, vol. 1, livraison 1re, pag. 59, 73 *et suiv.*,
l'analyse d'un ouvrage ayant pour titre : *Tableau de
l'Administration intérieure de la Grande-Bretagne, par
M. le président prussien baron de Vincke, publié par
Niebuhr.* (Berlin, in-8°).

ceux qui ne satisferaient pas à ce même devoir se trouvaient par le même moyen signalés au mépris et à l'improbation générale,
l'expérience prouve assez clairement que ce
mode de perception ne serait pas infructueux :
car on a vu souvent, et nous avons pu remarquer, particulièrement en plusieurs circonstances assez récentes, que, par quelques
moyens à-peu-près analogues, on est facilement parvenu à recueillir des sommes considérables, et cela même pour des causes dont
l'utilité était loin d'être démontrée. Lorsqu'on
ne conçoit pas bien quelle peut être toute
l'influence et la force de ces mobiles d'honneur et d'estime publique, sous un Gouvernement régulièrement constitué, on ne connaît pas la nature du cœur humain, et l'on
est conséquemment peu digne de gouverner
les hommes.

Tous les sentimens d'honneur et de gloire
sont en général tellement inhérens à la nature
humaine, que l'on pourrait affirmer avec quelque confiance, qu'il n'existe pas un seul individu dans le cœur duquel le germe ne pût en
être utilement développé par les secours, la

surveillance et les soins plus ou moins actifs et assidus de l'éducation.

Ce sont ces nobles sentimens qui portent souvent l'homme à faire sans hésiter l'entier abandon de son repos, de sa fortune, de son existence, de tout ce qu'il a de plus cher au monde ; et quelquefois même un mouvement d'amour-propre, de pur respect humain, suffit pour le déterminer à de grands sacrifices.

Objectera-t-on que, quels que soient les soins du législateur, il existera toujours des hommes pervers, égoïstes, lâches et sans pudeur, dont le front ne sait pas rougir, et qui chercheront à se dispenser des devoirs les plus sacrés de l'honnête homme et du bon citoyen ? Veut-on que l'influence d'une bonne organisation, les conseils de la morale, les progrès de la science et du droit, la religion même, l'exemple d'un Gouvernement équitable qui ne récompense que le mérite, et qui, loin d'alimenter la bassesse et l'intrigue, les repousse et les décourage, soient toujours nuls et sans efficacité ?

Nous répondrions que, dans l'état actuel

des choses, ces hommes méprisables et ab-
jects sur lesquels les sentimens du devoir et
de l'honneur n'ont point de prise, trouvent
de même plus d'un moyen d'arriver à leurs
fins et de se soustraire, du moins en grande
partie, à l'acquittement de toute espèce de
charges publiques.

Dira-t-on aussi qu'il y aura toujours dans
la société des classes nombreuses dont les
membres, par la nature même des professions
qu'ils exercent, doivent être peu jaloux de la
considération et peu sensibles à la honte ?

Nous répondrions qu'il existe des moyens
d'en réduire de plus en plus le nombre, et
que l'on y parviendrait infailliblement, si les
classes les plus élevées, si les hommes du gouvernement eux-mêmes ne donnaient pas souvent l'exemple de l'insouciance pour l'observation des mêmes devoirs ; si, au lieu de
déverser sur ces classes un injurieux mépris,
un insolent dédain, on exécutait toujours ce
que le bon sens et la raison prescrivent de
faire pour les relever et les ennoblir à leurs
propres yeux; et si l'on observait davantage
à leur égard le principe vivifiant d'une juste

et sage égalité , dans toutes ses conséquences et ses applications naturelles.

Et même encore dans l'état actuel des choses , cette objection ne peut guère concerner que le pauvre artisan ou le malheureux journalier , dont la portion contributoire dans une équitable répartition de l'impôt doit être peu de chose , et n'occasionnerait pas un déficit considérable dans les revenus de l'État , sur-tout si le défaut de sa perception se trouvait compensé par la contribution volontaire des riches capitalistes que les voies de sujétion et de contrainte ne peuvent atteindre, et qui, par cela même qu'elles sont les seules et uniques garanties du recouvrement de l'impôt, se font une sorte de mérite et de gloire de ce qui deviendrait une honte , pour eux sur-tout , du moment où elles ne seraient plus que des moyens secondaires , subsidiaires ou complémentaires (a).

(a) Il est bon de se rappeler ici la réflexion que fait M. de Montesquieu, au sujet de la distribution de tous les citoyens de Rome en six classes, et de la fixation que Servius Tullius avait faite de la part de l'impôt à proportion de celle que chacun avait dans le Gouverne-

Ce ne devrait être en effet qu'après avoir ainsi laissé au patriotisme la possibilité de se manifester, qu'après avoir préalablement éprouvé ce que peut effectuer sa puissauce sur des hommes libres et dans un Gouvernement bien constitué, qu'il conviendrait de mettre en usage les moyens propres à y suppléer, en cas d'insuffisance. Il est certain que, la société ne pouvant subsister sans dépenses, il faut nécessairement que ces dépenses soient acquittées ; et c'est l'examen de ces moyens subsidiaires ou de second ordre, qui fera l'objet de notre seconde proposition.

Deuxième Proposition. Or, ici, la première réflexion qui se présente à la pensée, c'est que, si, comme nous venons de l'entrevoir, les impôts doivent être directement recueillis et immédiatement appliqués aux dépenses des localités par les autorités qui en sont les

---

ment. « Il arrivait de là, dit l'auteur de l'Esprit des Lois, qu'on souffrait la grandeur du tribut, à cause de la grandeur du crédit, et que l'on se consolait de la petitesse du crédit, par la petitesse du tribut». (Esprit des Lois, liv. xi, chap. xix ; et *ci-dessus*, vol. v, pag. 330).

plus rapprochées ; c'est de même à ces autorités que doit être confié le soin d'en déterminer et la nature et la répartition.

Quant à sa nature, il semble évident en effet qu'elle ne peut être déterminée, utilement et équitablement, d'une manière générale, sur toute l'étendue et pour toutes les provinces d'un royaume, toutes les fois que le mode de perception adopté constitue, non une contribution volontaire, mais un impôt forcé : car les droits imposés, par exemple, sur les vins, les blés, les huiles, les savons, le sel, etc., et par suite l'impôt foncier même, ne grèvent pas également les départemens de la Bourgogne, de la Champagne, de la Normandie, de la Beauce, de la Provence, ou du Languedoc, etc. Et il y a plus ; le poids et les produits de ces sortes d'impositions, que, dans l'état actuel des choses, on est dans l'usage, et peut-être dans la nécessité de déterminer et de voter pour plusieurs années, diffèrent cependant d'une manière notable, non-seulement d'après les localités, mais encore suivant l'abondance ou la disette des récoltes de chaque année.

Aussi avons-nous vu, en commençant cet article, et l'histoire le prouve, qu'en France les provinces défendirent et conservèrent, comme un de leurs droits les plus précieux, la faculté de s'imposer elles-mêmes, de faire elles-mêmes la levée et l'emploi des impôts, jusqu'à ce qu'à la suite du désordre et des guerres intestines, suite inévitable d'une organisation à peine commencée, le despotisme fut enfin parvenu, suivant son usage invariable, à envahir tout, ou presque tout, sans discernement et sans choix de ce qui, dans l'intérêt du trône même et de la société, doit ou ne doit pas être réuni aux attributions de la couronne.

Ce n'est certainement pas non plus dans les Assemblées nationales ou représentatives que l'on peut assez bien connaître et apprécier à leur juste valeur tous les intérêts de détail, toutes les différences de localités et de circonstances. Il est vrai que chaque département doit avoir, dans les Chambres nationales, sa représentation territoriale et sa représentation industrielle ; mais ici les intérêts diffèrent, non pas seulement d'après la division des départemens, mais encore d'a-

près les divisions d'arrondissement, de commune; les intérêts *s'individualisent*, si l'on
peut s'exprimer ainsi : d'où il suit qu'au
moins les principaux intéressés dans chaque
commune doivent être appelés à les discuter.

Il conviendrait donc que, chaque année,
la première semaine du mois de décembre
étant consacrée à la réunion des Assemblées
électorales, les Chambres des communes s'oc-
cupassent, dans le cours de la seconde semaine du même mois, à examiner et à adopter
le budget, (préparé d'avance, par les maires
et les conseils de mairie) (*a*), des dépenses
présumées des communes pour l'année suivante. Elles voteraient ensuite, avec toute la latitude de temps dont elles auraient besoin, le
complément d'impôts nécessaire pour couvrir
entièrement les dépenses de l'année précédemment expirée, dans le cas où le résultat
de la contribution volontaire aurait été insuffisant pour les acquitter.

Dans le cours de la troisième semaine du
même mois de décembre de chaque année, les

(*a*) *Voy. ci-après*, tit. II, § 2.

Chambres cantonales ou d'arrondissement s'oc-
cuperaient de même d'examiner et d'adopter
le budget, (préparé d'avance par les sous-pré-
fets et par les conseils de sous-préfecture) (*a*),
des dépenses générales de chaque arrondissement pour l'année suivante. Elles voteraient
ensuite le complément d'impôts nécessaire
pour acquitter les dépenses de l'année précédente qui ne l'auraient pas été entièrement
avec le produit de la contribution volontaire.

Dans le cours de la quatrième semaine, les
Chambres des départemens procéderaient à
l'examen et à l'adoption du budget, (préparé
d'avance par les préfets et par les conseils de
préfecture) (*b*), des dépenses présumées des
départemens pour l'année suivante. Elles voteraient en suite le complément d'impôts nécessaire pour l'acquittement des dépenses de
l'année précédente.

Au premier du mois de janvier de chaque
année, les Chambres nationales ou représen-

(*a*) *Voy. ci-après*, tit. 11, § 2.
(*b*) *Ibid.*

tatives seraient de cette manière en état d'examiner et d'adopter de même le budget, (préparé d'avance par le Conseil d'état et par
le Ministère), des dépenses présumées pour
l'année commencée ; et elles voteraient ensuite, avec plus de latitude, dans le cours
de la session , le complément d'impôts nécessaire au paiement intégral des dépenses de
l'année précédente.

Par cette marche simple et rapide, on
obvierait probablement à un grand nombre
d'inconvéniens et d'abus , qui ruinent l'État,
et qui détruisent le patriotisme et la confiance
dans le Gouvernement , particulièrement à
ce vote des six douzièmes provisoires dont
nous avons éprouvé, dont nous éprouvons
encore qu'il est si difficile de s'affranchir ,
puisque nous le voyons se renouveler tous
les ans, sans entrevoir le terme de cette méthode inconstitutionnelle et irrégulière.

*Quant à la répartition des impôts, en gé-
néral, et plus spécialement de l'impôt foncier,*
on concevra sans effort qu'elle ne peut, à
plus forte raison , s'effectuer plus convenablement que par une marche progressive ana-

logue à celle que nous venons d'indiquer ; que cette répartition doit être faite par les Chambres nationales ou représentatives entre les départemens , par les Chambres départementales entre les arrondissemens, par les Chambres cantonales ou d'arrondissement entre les communes, et par les Chambres communales entre les contribuables.

Ce qui vient de se passer dans le cours de la session de 1820 semblerait annoncer que le Gouvernement cherche en ce moment à se rapprocher de cette régularité dans le système de répartition relatif à l'impôt foncier.

En effet, le ministère reconnaît formellement l'impossibilité et l'inutilité d'un cadastre général , dont la dépense et le terme étaient, dit-il, indéfinis. Il propose au moins d'en particulariser les travaux, et de les circonscrire dans l'enceinte de chaque département, afin de rectifier cette répartition de l'impôt foncier entre les individus. Le ministre des finances, entre autres, a dit, en présentant à la Chambre des pairs , dans la séance du 23 juillet *mil huit cent vingt-un ,* le projet de loi des finances pour l'exercice

de l'année *mil huit cent vingt-un* : « Le cadastre, suivant les vues dans lesquelles la loi
le conserve, aidera beaucoup à la fixité lo-
cale et individuelle que tout le monde désire.
Il deviendra en quelque sorte l'affaire directe
des contribuables, et c'est leur intérêt qui en
sera le premier stimulant. Ils s'imposeront
eux-mêmes les sacrifices à faire pour arriver,
dans leur circonscription, à un alivrement
équitable » (a).

Ce qu'a dit alors le ministre des finances
relativement aux départemens, il faudrait
pouvoir le dire, avec toute vérité, par la suite,
à l'égard des arrondissemens et des communes ; et c'est ainsi qu'en effet les contribuables pourraient arriver à établir entre eux
une répartition équitable.

En Angleterre, la contribution de chaque
habitant dans les charges municipales, s'établit au marc la livre de son revenu, et non de
l'étendue de sa propriété, par des commissaires spéciaux élus dans chaque district ou

---

(a) *Voy.*, *entre autres*, le Moniteur du mardi, 24
juillet 1821, n° 205.

paroisse, et qui dirigent toute l'administration communale ; qui font, chacun en ce qui le concerne, l'office de maire, et, réunis, celui de conseil municipal, à l'exception de quelques villes où il existe des maires et des échevins (*mayors and aldermen*), qui sont aussi à la nomination des principaux propriétaires des maisons.

« Cette action municipale, lit-on dans un article de la Revue encyclopédique, cette administration, pour ainsi dire mutuelle, établit une contribution si régulière pour tous les travaux d'utilité publique, une si grande sûreté pour les engagemens pris à cet égard, que les communes voient sur-le-champ se créer les établissemens et les constructions qui leur sont nécessaires. Ont-elles besoin d'une route ? elles établissent seulement un droit de péage, proportionné au capital nécessaire à la confection et à l'achat des terrains, et aussitôt un capitaliste ou une compagnie se présente pour l'exécuter. Serait-il utile d'avoir un canal, un desséchement, un port, un entrepôt (*dock*), pour l'avantage du lieu ou du comté, un pont, une église ou une école ? il

en est de même; et il n'est besoin, pour contracter de semblables engagemens, que d'un
acte du parlement, qui est bien rarement re-
fusé, et toujours expédié sans retard (*a*). La
perception des contributions locales se faisant
sans frais, la totalité du capital nécessaire à
une opération est employée de manière à
créer le produit aussi économiquement que
possible, sans jamais être diminuée par les
dépenses de régie, de frais de bureaux, d'état-
major, de non valeur, qui grèvent si fortement partout ailleurs les entreprises publiques.

« Ce même système de perception communale des impôts a lieu pour les revenus de
l'État qui sont abandonnés à l'administration
des provinces et des villes. A l'exception du
timbre, de l'accise et des douanes, toutes
les contributions quelconques, territoriales,
portes et fenêtres, patentes, objets de

(*a*) Où donc en est la nécessité ? Les principaux habitans d'un district ou d'un comté, sont-ils pris parmi des
mineurs, ou des prodigues, que l'on ait besoin de tenir
en tutelle, ou de soumettre, toute leur vie, à la surveillance d'une sorte de conseil judiciaire ?

luxe, etc., (*a*), sont prélevées par des commissaires nommés dans chaque comté, sans
aucune influence de la part du Gouvernement.
La plupart sont pris parmi les juges de paix;
et les principaux habitans du lieu, qui se ras-
semblent, le 30 avril, pour cet effet, se partagent les différens cantons du comté, nomment des sous - répartiteurs (*assessors*) pour
former la liste, et des percepteurs (*collectors*),
pour en toucher le montant. Cette liste des
contribuables et de leur quote-part est affi-
chée à la maison de ville, et chacun peut
venir porter des plaintes, s'il se trouve trop
imposé; ce n'est qu'après un délai suffisant
que la liste est définitivement arrêtée. Toute
cette opération a lieu dans cinq ou six réu-
nions des commissaires; et comme ils ne prélèvent avcun émolument pour cela, et que
les droits du percepteur et du receveur-géné-
ral du comté sont extrêmement faibles, on

(*a*) « Jugez-vous l'impôt forcé nécessaire ? a dit un
membre de la Chambre des Députés, dans la session de
1820 ; que ne le faites-vous du moins spécialement frapper sur les objets de luxe et de frivolité que vous en
exemptez si injustement ».

peut estimer que tous les frais de perception des impôts, en Angleterre, ne vont pas à plus de deux ou deux et demi pour cent, tandis que, dans d'autres pays, ils s'élèvent à vingt-cinq ou trente, ce qui équivaut pour les contribuables à payer un quart ou un tiers en sus de leurs contributions.

« A ce systême, fondé sur le patriotisme et la considération, se joignent toutes les entreprises particulières de bienfaisance et d'utilité publique, qui n'ont d'autre mobile que l'amour du bien, d'autre récompense que la popularité qui s'y trouve attachée, ou, si l'on veut, une sorte d'ambition, mais une ambition louable et légitime. Ainsi, les hôpitaux, les secours à domicile, les maisons de charité, les écoles, les académies, les universités, les promenades publiques, les monumens, sont presque tous fondés par des souscriptions volontaires, et par cet excellent esprit d'association, qui suffirait pour enrichir un pays de tout ce qui peut contribuer au bien-être de ses habitans » (a).

(a) Voy. la Revue encyclopédique, vol. 1, livraison 1re, Sciences morales et politiques, pag. 75.

Ce mode d'administration n'est pas général et uniforme dans toute l'étendue de l'Angleterre ; et l'on entrevoit bien que, pour que cette uniformité pût s'établir, il aurait aussi besoin d'être réformé ou complété, sous plus d'un rapport, dans les lieux même où il est le mieux réglé. Mais ce que l'on peut en induire avec certitude, c'est que, par le moyen de sa combinaison avec ce qui existe déja en France, on se rapprocherait facilement des bases d'organisation et des principes de droit naturel, relatifs à cette partie importante de la législation, dont nous nous sommes appliqué à faire saisir l'esprit et l'importance.

Troisième Proposition. Jusqu'à ce que le Patriotisme, l'esprit d'ordre, d'équité, amènent et réalisent successivement, ainsi que cela doit infailliblement se faire avec·le temps dans une véritable Monarchie constitutionnelle ou représentative, ces diverses améliorations si désirables, relatives au mode de la perception, à la fixation de la nature et de la répartition des impôts, on ne saurait douter que cette forme de Gouvernement, quelque chemin qu'il lui reste encore à parcourir pour arriver à son plus haut degré de perfection possible, ne soit de beaucoup la plus propre à assurer le recouvrement de ces mêmes impôts, et à affermir en général le crédit public.

Tel est l'objet de la troisième Proposition dont il nous reste à établir la démonstration; et, pour y parvenir, il suffirait, au sujet de la facilité de perception, de citer deux chapitres du Liv. XIII 'de l'Esprit des Lois.

« Règle générale : on peut lever des tributs plus forts, à proportion de la liberté des sujets; et l'on est forcé de les modérer, à mesure que la servitude augmente. Cela a toujours été, et cela sera toujours. C'est une règle tirée de la nature, qui ne varie point; on la trouve par tous les pays, en Angleterre, en Hollande, et dans tous les États où la liberté va en se dégradant, jusqu'en Turquie. La Suisse semble y déroger, parce qu'on n'y paie point de tributs; mais on en sait la raison particulière, et même elle confirme ce que je dis. Dans ces montagnes stériles, les vivres sont si chers et le pays est si peuplé, qu'un Suisse paie quatre fois plus à la nature, qu'un Turc ne paie au Sultan.

« Un peuple dominateur, tels qu'étaient les Athéniens et les Romains, peut s'affranchir de tout impôt, parce qu'il règne sur des nations sujettes. Il ne paie pas pour lors à proportion de sa liberté ; parce qu'à cet égard il n'est pas un peuple, mais un monarque.

« Mais la règle générale reste toujours. Il y a, dans les États modérés, un dédommagement pour la pesanteur des tributs ; c'est la liberté. Il y a, dans les États despotiques (*a*), un équivalent pour la liberté, c'est la modicité des tributs.

« Dans de certaines Monarchies en Europe, on voit des provinces qui, par la nature de leur gouvernement politique, sont dans un meilleur état que les autres (*b*). On s'imagine toujours qu'elles ne paient pas assez, par ce que, par un effet de la bonté de leur gouver-

---

(*a*) En Russie, les tributs sont médiocres : on les a augmentés depuis que le Despotisme y est plus modéré. *Voy.* l'Histoire des Tartares, 2ᵉ part. (*Rem.* de M. de Montesquieu).

(*b*) Les pays d'États.

nement, elles pourraient payer davantage ;
et il vient toujours dans l'esprit de leur ôter
ce gouvernement même, qui produit ce bien,
qui se communique, qui se répand au loin,
et dont il vaudrait bien mieux jouir....

— « On peut augmenter les tributs dans la
plupart des Républiques ; parce que le citoyen,
qui croit payer à lui-même, a la volonté de
les payer, et en a ordinairement le pouvoir
par l'effet de la nature du gouvernement.

« Dans la Monarchie, on peut augmenter
les tributs ; parce que la modération du Gouvernement y peut procurer des richesses :
c'est comme la récompense du prince, à cause
du respect qu'il a pour les lois. Dans l'État
despotique, on ne peut pas les augmenter ;
par ce qu'on ne peut pas augmenter la servitude extrême » (a).

Nous rappellerons ensuite ce que l'Histoire

_____

(a) Esprit des Lois, liv. XIII, ayant pour titre : *Des
Rapports que la levée des tributs et la grandeur des tributs ont avec la liberté* ; chap. XII, *Rapport de la
grandeur des tributs avec la liberté* ; chap. XIII, *Dans
quels Gouvernemens les tributs sont susceptibles d'augmentation.*

atteste encore, ce que nous avons vu aussi en commençant cet article, que, dans l'ancien état de choses en France, lorsque les rois de la troisième race, et sur-tout les Valois, voulaient établir des subsides extraordinaires, ils n'y parvenaient qu'en assemblant les trois Ordres du Royaume, auxquels ils faisaient représenter ses besoins et les leurs (*a*).

En effet, c'est du moins une consolation pour les contribuables, de n'avoir pas perdu toute espérance que la défense de leurs intérêts ne sera pas entièrement abandonnée et désertée, et que, si on les grève de contributions exorbitantes et onéreuses, c'est que les besoins urgens de l'État les rendent indispensables.

Il est bien vrai que quelques écrivains qui sans doute ne préconisent autant qu'ils le font, toutes les choses anciennes, en général, que parce qu'elles sont anciennes, et sans distinguer ce qu'elles avaient de bon, ce qui doit en être conservé, d'avec ce qu'elles avaient de vicieux, et ce qui conséquemment

---

(*a*) *Voy. ci-dessus*, vol. VI, pag. 333.

doit être mis en oubli, se fondent en partie sur cette grande facilité qui résulte de la forme des Gouvernemens représentatifs, pour lever les impôts, lorsqu'ils veulent les peindre sous une forme hideuse et en faire craindre les résultats. Mais on s'expose beaucoup à faire suspecter sa droiture et sa bonne foi, quand, avec un esprit cultivé et des connaissances étendues, on n'examine, on ne présente ainsi à l'attention publique l'objet de sa critique, que sous l'un de ses rapports et dans un état réel d'imperfection, en dissimulant soigneusement ses autres faces et les divers buts d'utilité qui y correspondent.

L'auteur de la Monarchie suivant la Charte, dit, ce nous semble, dans un sens malheureusement trop rapproché de celui-là : « Que jamais un souverain despotique, ni même un ancien roi de France, n'eussent pu créer des impôts aussi énormes que ceux qui sont en ce moment établis avec le secours des Chambres.

Cette observation est juste en elle-même, on ne saurait en disconvenir : et, si on la sépare de tout autre examen, on en tirera naturellement une induction fort désavantageuse

à l'établissement et à l'existence du Gouvernement représentatif; mais, si, en reconnaissant
toute son exactitude, on reconnaît aussi que
des circonstances extraordinaires, des événemens désastreux, et pour ainsi dire inouis,
ont pu rendre la levée de ces impôts nécessaire; si, sur-tout, on ne tait pas que les
hommes qui désirent le perfectionnement des
institutions dans le sens d'une monarchie
constitutionnelle, ne séparent pas de l'objet
de leur désir l'espérance, que, par suite des
améliorations qu'ils appellent, ces impôts ne
seront consentis que quand ils seront réellement indispensables et leur urgence bien
démontrée; et qu'un examen annuel, scrupu-
leux et sévère mettra obstacle à ce que les
fonds qui en proviendront ne soient dilapi-
dés, et ne reçoivent une destination autre
que celle pour laquelle ils auront été accordés; alors on ne pourra pas disconvenir
non plus, qu'au moins en raison de l'expec-
tative qu'elle présente, et quelle que soit encore l'imperfection de son organisation, la
forme du Gouvernement représentatif, qui
n'est autre que celle d'une monarchie plus

régulière et mieux organisée, doit être pré-
férée à toute autre forme de Gouvernement,
et que la facilité qui en résultera pour lever
les impôts, dans les circonstances où ils pourront être nécessaires, est bien plutôt un motif pour engager à la perfectionner, à ache-
ver de l'établir, qu'une raison pour chercher
à la renverser, à la détruire, afin de relever
à sa place quelque institution gothique et féo-
dale, bien autrement vicieuse, funeste, et
non susceptible du même perfectionnement,
ni d'aucune amélioration possible.

Enfin, en ce qui concerne l'influence favorable de la monarchie constitutionnelle sur
l'affermissement du crédit public, en général, et même dans les cas où il serait utile de
recourir à la voie des emprunts, dont on doit
néanmoins se garantir avec soin (a), nous

(a) On peut, à ce sujet et sur le danger d'ériger le
crédit en système, lire avec fruit 1° le Discours prononcé à l'Assemblée nationale, par Mirabeau, relativement à la caisse d'escompte. (Courrier de Provence,
n° 3o; et Mirabeau, peint par lui-même, ou Recueil de
ses Discours, tom. 1, pag. 317 et suiv.); 2° le Discours
de M. Bignon, sur la loi des finances. (Chambre des Députés, session de 1817); 3° le Discours de M. le comte

nous bornerons à rapporter quelques passages du Système social, et d'un autre auteur dont les conceptions et les vues, en matière d'économie politique, sont en général judicieuses et morales, saines, droites et équitables.

« Dans des États soumis à des maîtres absolus, dit le baron d'Holbach, comme en Turquie, il n'existe point de crédit public ; le despote n'a d'autres moyens pour se procurer l'argent qu'il demande, que de l'enlever par force à ses sujets.

« Dans d'autres nations où règne un despotisme moins effréné, le Gouvernement frauduleux tend des piéges à l'avidité toujours crédule des citoyens. Est-il dans la détresse ? le despote promet tout. Mais ne sait-on pas qu'il n'y a point d'engagement sacré pour un maître injuste ! Sous un tel Gouvernement, le crédit pourrait se définir l'art d'escroquer subtilement à ses sujets ce qu'on n'a pas le courage de leur enlever par la force...

***

Corvetto, ministre des finances. (Moniteur du jeudi, 3o avril 1818, n° 120.) — *Voy. aussi ci-après*, l'Appendice, liv. 1, note (43).

C'est ainsi qu'un mauvais Gouvernement devient une école d'injustice et de fraude.

« D'un autre côté, il est fait pour être sans cesse trompé lui-même. Il n'y a que des fripons adroits qui sachent traiter avec un maître qui a la force en main, que rien ne peut lier et forcer de remplir ses engagemens. Il n'y a que l'idée d'un profit énorme qui puisse déterminer à lui donner du secours ; et c'est toujours la nation qui devient la victime des traités onéreux que son chef fait avec des financiers avides et pervers ; elle est abandonnée à leur rapacité et à leurs extorsions ; engraissés de son sang, vous les voyez insulter ensuite à leurs concitoyens par un luxe insolent, et les infecter de tous les vices qui l'accompagnent » (a).

M. Say dit : « Là où le pouvoir réside entre les mains d'un seul homme, il est difficile que le Gouvernement jouisse d'un grand cré-

---

(a) Système social, 3ᵉ part., chap. vii.

Ces faits se sont en partie renouvelés de nos jours ; et nous pouvons juger par nous-mêmes de la vérité de cette assertion.

dit. Il ne peut offrir pour gage que la bonne
volonté du prince. Sous un Gouvernement au
contraire où le pouvoir législatif réside (aussi)
dans le peuple ou dans ses représentans, on a
(de plus) pour garantie les intérêts du peuple,
qui est créancier comme particulier, en même
temps qu'il est débiteur comme nation, et qui
ne saurait recevoir ce qui lui est dû sous la
première de ces deux qualités, à moins de le
payer sous la seconde. Cette seule considération peut faire présumer qu'à une époque où
rien de grand ne s'achève qu'à grands frais, et
où de grands frais ne peuvent être soutenus
que par des emprunts (ou plutôt en général
par *le crédit public*), les Gouvernemens représentatifs prendront un ascendant marqué
dans le système politique, à cause de leurs
ressources financières, et indépendamment de
toute autre circonstance....

« Les emprunts non remboursables, sur-
tout, ont toujours été fort difficiles à faire
pour les princes despotiques. Quand le pouvoir d'un prince est assez étendu pour qu'il
puisse violer ses engagemens sans beaucoup
de difficultés, quand c'est le prince qui con-

tracte personnellement, et qu'on peut craindre que ses obligations ne soient pas reconnues par son successeur, les préteurs répu-
gnent à toute avance de fonds; elle n'a pas
de terme où leur imagination se repose » (*a*).

Nota. En terminant cet article, nous donnerons
une analyse des procès-verbaux de plusieurs Conseils-généraux de département, de laquelle il résulte que, depuis plusieurs années, leurs vœux
sont en plusieurs points conformes à quelques-uns
des projets d'amélioration que nous venons d'exposer.

*Analyse des Procès-Verbaux des Conseils-généraux
de Département.*

(Session de 1817).

AVEYRON. « L'inégalité qui règne entre les départemens dans la répartition de la contribution
foncière, est l'objet d'une réclamation du Conseil-
général de ce département ; il représente que les
contributions seraient mieux payées, si elles étaient
plus également réparties ».

BOUCHES-DU-RHÔNE. « On voit avec douleur que

(*a*) Traité d'Économie polit. , tom. II, liv. V, ch. XVII
et XVIII, intitulés : « De la Dette publique » ; et « Du
Crédit public », pag. 517 et 527.

les circonstances fâcheuses où se trouve la France, aient obligé d'établir sur les huiles un impôt qui est ruineux pour l'agriculture de la Provence, destructif du commerce, et essentiellement inégal dans sa répartition, tant entre les départemens qu'entre les contribuables. L'huile est pour la Provence une denrée de première nécessité, moins encore parce qu'elle ne peut être remplacée par aucune substance analogue, que parce qu'elle est la seule production qui lui fournisse le moyen de se procurer le blé dont elle manque ; en sorte que tout ce qui gêne la circulation de cette production, est aussi désastreux pour la Provence que le serait par-tout ailleurs ce qui gênerait la circulation du blé ».

Calvados. « Le peu d'occupation des percepteurs permettrait d'en diminuer le nombre de moitié ; le même percepteur peut gérer dans deux communes, sans inconvénient pour le service. La réduction à moitié produirait une économie de cent mille fr. pour le département ».

Cher. « Le Conseil soumet des réflexions sur l'énormité des impôts fonciers, et sur le système d'attirer à Paris tout le numéraire. *Ces deux causes frapperont de stérilité,* dit-il, *l'agriculture et le commerce* ».

Côte-d'Or. « Les systèmes de contribution ruineux pour les provinces, et qui sont nés sous le despotisme, auraient dû disparaître avec la légitimité ».

DORDOGNE. « Le Conseil appelle l'attention du Gouvernement sur l'énormité des frais employés à opérer la rentrée des contributions ».

DRÔME. « En 1815, des évaluations ont été établies sur la richesse territoriale, et la proportion des revenus avec les impôts : elles sont tellement exagérées qu'elles ne peuvent servir de bases pour la répartition des impôts ».

GARD. « Il est difficile de faire une bonne loi sur les chemins vicinaux : les différences de localités, de mœurs, d'habitudes, présentent des cas qu'il est impossible de prévenir, et auxquels on ne pourrait appliquer les principes généraux qui auraient été établis ; il serait bon de laisser aux administrations locales le soin des règlemens à faire relativement à ces chemins ».

INDRE-ET-LOIRE. « Le Conseil demande que le système cadastral soit abandonné ».

LOIRE. « Le cadastre parcellaire ne laisse pas entrevoir le terme des inégalités qui existent dans la répartition des impôts.

LOIRE (HAUTE). « On sollicite pour la contribution directe un mode de perception moins vexatoire et plus simplifié ».

LOIRE (INFÉRIEURE). « On pourrait diminuer les rouages de la machine administrative, en laissant aux autorités locales les attributions qui leur sont propres, et simplifier les formes fiscales qui nuisent à la fréquentation des foires et des marchés ».

Lozère. « Simplifier la marche de l'administration. On pourrait sur-tout opérer des réformes dans les contributions directes et indirectes. On pourrait même supprimer la direction des contributions directes ».

Orne. « Si le cadastre est maintenu, ne l'appliquer qu'à de grandes masses de culture ».

Morbihan. « Les habitans de Belle-Isle en mer réclament vivement contre un régime douanier qui paralyse l'agriculture, et la pêche, seul objet de commerce de cette île ».

Pas-de-Calais. « Remplacer les administrations actuelles par des administrations provinciales adaptées aux institutions qui nous régissent ».

Pyrénées (Basses). « Faire des réformes dans l'administration des départemens et des communes. La connaissance que prend l'autorité supérieure des petits intérêts de localité, cause de la lenteur dans les opérations ».

Seine-Inférieure. « Fixer à trois centimes, au lieu de cinq, la remise des percepteurs ».

Sèvres (Deux). « La surcharge de l'impôt foncier empêche les fermiers de se livrer à l'éducation des bestiaux : un dégrèvement de cet impôt serait dans l'intérêt de l'agriculture et dans celui du Gouvernement ».

Rhin (Haut). « Abolir ou restreindre considérablement la trop grande centralisation des affaires administratives dans les mains du Gouvernement ».

Var. « Réclamation contre l'impôt établi sur les huiles, dont on demande la suppression ; l'olivier exigeant des soins particuliers et des dépenses plus considérables que toute autre espèce de culture ».

Vienne. « Réclamation contre l'injuste répartition de l'impôt ».

Vienne (Haute). « Représentations sur le mode usité pour le recouvrement des contributions : suppression demandée des garnisaires employés pour effectuer cette rentrée » (a).

(a) (*Voy.* sur tout ceci les Moniteurs des 12, 13 et 14 novembre 1817, numéros 316, 317, 318).

— On peut voir aussi, dans le Moniteur du mardi, 13 décembre 1817, n° 357, le fait suivant, rapporté à la tribune de la Chambre des Députés, par l'un des membres de cette Chambre (M. Pontet, Député de la Gironde), lors de la discussion du projet de loi, relatif aux six-douzièmes provisoires des contributions directes de 1818.

« Un particulier possédant une maison à Bordeaux et l'habitant seul, cette maison estimée légalement susceptible d'un revenu de 4,000 fr., s'est trouvée avoir été taxée à 3,392 fr. d'imposition ; et, à la suite de la motion où ce fait se trouve dénoncé, on lit la réponse suivante de M. le Ministre des finances : « Je ne prétends pas dire qu'à l'égard de la répartition dont on vient de parler,

il n'y ait des abus et de l'arbitraire. Il y a plus, la réclamation malheureusement serait juste, et pourrait être
présentée, pour plusieurs villes importantes du Royaume.
C'est le résultat de la loi qui a été rendue, et pour laquelle il a été si difficile de concilier les besoins publics
avec les intérêts particuliers ».

Des pétitions adressées de toutes parts à la Chambre,
dans la même session, présentent aussi des réclamations
contre le mode de perception du droit sur les boissons.
Parmi ces réclamations, on distingue celles de Dijon,
d'Orléans, de Versailles, de Strasbourg, de Reims, etc.
Toutes ont pour objet de demander qu'il soit suppléé
au mode d'*exercice ;* quelques-unes signalent des abus
dans l'exécution de la loi, ou plutôt chacun se plaint de
cette loi telle qu'elle existe. (*Voy.*, à ce sujet, entre autres, les discours de MM. Magnier-Grandpré et de Villèle,
à la Chambre des Députés, et le procès-verbal de la discussion sur la loi des finances à la Chambre des Pairs,
dans la séance du 12 mai 1818. — Moniteur des 4, 5,
17 avril et 19 mai 1818, numéros 94, 95, 109 et 149).

2° *Réflexions sur les Dispositions législatives relatives à l'Éducation, à la Religion, à l'Ordre général de l'Administration.*

« Quel peut être l'état d'une nation dont la Législature est diamétralement contradictoire sur le premier Principe, la Législation même ».

M. DE PRADT (a).

ON peut entrevoir, d'après ce que nous venons d'exposer au sujet de la perception et de la répartition des impôts, qu'il serait important et possible d'apporter beaucoup de simplification dans tous les détails de l'administration en général. Mais il nous semble que de même on n'y arrivera d'une manière utile, positive et certaine, que lorsque le Gouvernement, la première colonne de l'édifice, le principal rouage de l'Organisation, sera complètement assis sur ses bases, entièrement constitué et réglé d'après les véritables principes du Droit constitutionnel. Il ne faut pas avoir une grande étendue de

(a) Petit Catéchisme sur l'état de la France, ch. VII, pag. 166.

génie, une force extraordinaire de conception, pour apercevoir facilement que, s'il
existe dans la base fondamentale des institutions un principe faux, et dont la nature soit
d'inspirer aux Législateurs mêmes ces idées
d'injustice et d'ambition, ces sentimens de
vanité et d'orgueil, auxquels le genre humain
n'est que trop accessible, la même influence
se fera bientôt ressentir par-tout. Nous nous
bornerons donc également ici à quelques réflexions propres à faire apprécier l'étendue
des attributions du Pouvoir législatif et de
l'influence qu'elles exercent dans la société,
relativement : 1° à l'Éducation, 2° à la Religion,
3° à l'Ordre général de l'Administration.

1° *Relativement à l'Éducation.*

Nous avons déjà eu lieu de faire remarquer
quelle est l'influence naturelle et inévitable
de la composition des Chambres nationales
ou représentatives relativement à l'éducation;
nous avons reconnu combien il importe sous
ce rapport que ces Chambres n'admettent
l'une et l'autre dans leur sein que des hommes
mûris par l'âge, des époux, des pères de fa-

mille vertueux, et spécialement intéressés au bonheur de la postérité, et non pas des célibataires en général froids et égoïstes, à cet égard sans intérêt personnel et sans avenir (*a*): mais nous devons plus particulièrement nous attacher ici à faire pressentir l'influence de la classification des deux Chambres, selon que les bases en sont plus ou moins justes, plus ou moins prises dans la nature utile et vraie des choses.

Suivant Aristote, les jeunes gens doivent être instruits d'après les Principes de la liberté, sous un Gouvernement libre; l'éducation doit être analogue à la forme du Gouvernement sous lequel ils doivent vivre; car l'éducation publique contribue au maintien du Gouvernement. Les premières impressions se perpétuent jusqu'à la mort, à moins que, par la force de la raison, on ne parvienne à s'en délivrer, ce qui arrive fort rarement....

M. de Montesquieu dit : « Les lois de l'éducation sont les premières que nous recevons. Et comme elles nous préparent à être citoyens,

---

(*a*) *Voy. ci-dessus*, vol. ᴠɪ, pag. 120 *et suiv.*

chaque famille particulière doit être gouvernée sur le plan de la grande famille qui les comprend toutes.

« Si le peuple en général a un principe, les parties qui le composent, c'est-à-dire les familles, l'auront aussi. Les lois de l'éducation seront donc différentes dans chaque espèce de Gouvernement. Dans les monarchies, elles auront pour objet l'honneur ; dans les républiques, la vertu ; dans le Despotisme, la crainte....

« Comme l'éducation dans les monarchies ne travaille qu'à élever le cœur, elle ne cherche qu'à l'abaisser dans les États despotiques. Il faut qu'elle y soit servile. Ce sera un bien, même dans le commandement, de l'avoir eue telle, personne n'y étant tyran, sans être en même temps esclave.

« L'extrême obéissance suppose de l'igno-
« rance dans celui qui obéit, elle en suppose
« même dans celui qui commande : il n'a point
« à délibérer, à douter, ni à raisonner, il n'a
« qu'à vouloir (a).

(a) *Voy. ci-dessus,* vol. iv, pag. 336.

« Dans les États despotiques, chaque maison est un empire séparé. L'éducation, qui consiste principalement à vivre avec les autres, y est donc très-bornée : elle se réduit à mettre la crainte dans le cœur, et à donner à l'esprit la connaissance de quelques principes de religion fort simples. Le savoir y sera dangereux, l'émulation funeste ; et pour les vertus, Aristote ne peut croire qu'il y en ait quelqu'une de propre aux esclaves (a); ce qui bornerait bien l'éducation dans ce Gouvernement.

« L'éducation y est donc en quelque façon nulle. Il faut ôter tout, afin de donner quelque chose ; et commencer par faire un mauvais sujet, pour faire un bon esclave.

« Eh ! pourquoi l'éducation s'attacherait-elle à y former un bon citoyen qui prît part au malheur public? S'il aimait l'État, il serait tenté de relâcher les ressorts du Gouvernement; s'il ne réussissait pas, il se perdrait; s'il réussissait, il courrait risque de se perdre, lui, le prince et l'empire....

(a) Politique, liv. 1.

« Le Gouvernement despotique a pour principe la crainte : mais à des peuples timides, ignorans, abattus, il ne faut pas beaucoup de lois.

« Tout y doit rouler sur deux ou trois idées; il n'en faut donc pas de nouvelles. Quand vous instruisez une bête, vous vous donnez bien de garde de lui faire changer de maître, de leçon et d'allure; vous frappez son cerveau par deux ou trois mouvemens, et pas davantage » (*a*).

La pensée dominante, la vérité principale qui ressort de ces passages extraits de l'Esprit des Lois, ne peut être raisonnablement contestée : il en résulte clairement qu'un Gouvernement modéré, qu'une monarchie est de beaucoup plus favorable que le despotisme à l'application et au succès des principes d'une bonne éducation. Mais on s'abuserait encore étrangement, si l'on pensait que, dans une monarchie imparfaitement constituée ou vicieuse dans ses bases, les lois relatives à cette

---

(*a*) Esprit des Lois, liv. iv : « *Que les lois de l'Éducation doivent être relatives aux principes du gouvernement*. chap. i et ii : *ibid.*, liv. v, chap. xiv.

27.

partie des attributions du pouvoir législatif puissent atteindre complètement leur but et se trouver empreintes de l'esprit de sagesse, de justice, de philosophie et de moralité, qui doit être leur principal caractère.

Aussi n'est-ce pas non plus le sentiment de M. de Montesquieu; et, pour s'en convaincre, il suffit de lire les chapitres II et IV du même livre; on y voit, entre autres peintures satiriques du moins en partie, les remarques suivantes : « Ce n'est point dans les maisons publiques où l'on instruit l'enfance, que l'on reçoit dans les monarchies la principale éducation ; c'est lorsque l'on entre dans le monde, que l'éducation en quelque façon commence....

« Les vertus qu'on nous y montre sont toujours moins ce que l'on doit aux autres, que ce que l'on se doit à soi-même : elles ne sont pas tant ce qui nous appelle vers nos concitoyens, que ce qui nous en distingue.

« On n'y juge pas les actions des hommes comme bonnes, mais comme belles (a);

_____

(a) La seconde de ces qualités, peut-elle exister ici sans la première ?

comme justes, mais comme grandes ; comme raisonnables, mais comme extraordinaires.

« Dès que l'honneur y peut trouver quelque chose de noble, il est ou le juge qui les rend légitimes, ou le sophiste qui les justifie.....

« On y veut de la vérité dans les discours. Mais est-ce par amour pour elle ? point du tout. On la veut, parce qu'un homme qui est accoutumé à la dire paraît être hardi et libre. En effet, un tel homme semble ne dépendre que des choses, et non pas de la manière dont un autre les reçoit.

« C'est ce qui fait qu'autant qu'on y recommande cette espèce de franchise, autant on y méprise celle du peuple, qui n'a que la vérité et la simplicité pour objet.

« Enfin l'éducation dans les monarchies exige dans les manières une certaine politesse. Les hommes nés pour vivre ensemble, sont nés aussi pour se plaire ; et celui qui n'observerait pas les bienséances, choquant tous ceux avec qui il vivrait, se décréditerait au point qu'il deviendrait incapable de faire aucun bien.

« Mais ce n'est pas d'une source si pure que
la politesse a coutume de tirer son origine :
elle naît de l'envie de se distinguer. C'est par
orgueil que nous sommes polis : nous nous
sentons flattés d'avoir des manières qui prouvent que nous ne sommes pas dans la bassesse, et que nous n'avons pas vécu avec cette
sorte de gens que l'on a abandonnés dans
tous les âges....

« C'est sur toutes ces choses que l'éducation
se porte, pour faire *ce qu'on appelle l'hon-
nête-homme*, qui a toutes les qualités et toutes les vertus que l'on demande dans ce Gouvernement.

« Là l'honneur se mêlant partout, entre
dans toutes les façons de penser et toutes les
manières de sentir, et dirige même les principes.

« Cet honneur *bizarre* fait que les vertus ne
sont que ce qu'il veut, et comme il les veut ;
il met de son chef des règles à tout ce qui
nous est prescrit ; il étend ou il borne nos
devoirs à sa fantaisie, soit qu'ils aient leur
source dans la religion, dans la politique, ou
dans la morale.

« L'honneur a donc ses règles suprêmes, et l'éducation est obligée de s'y conformer.....

« La plupart des peuples anciens vivaient dans des Gouvernemens qui ont la vertu pour principe ; et lorsqu'elle y était dans sa force, on y faisait des choses que nous ne voyons plus aujourd'hui, et qui étonnent nos petites ames.

« Leur éducation avait un autre avantage sur la nôtre ; elle n'était jamais démentie. Épaminondas, la dernière année de sa vie, disait, écoutait, voyait, faisait les mêmes choses que dans l'âge où il avait commencé d'être instruit.

« Aujourd'hui nous recevons trois éducations différentes ou contraires, celle de nos pères, celle de nos maîtres, celle du monde. Ce qu'on nous dit dans la dernière, renverse toutes les idées des premières. Cela vient en quelque partie du contraste qu'il y a parmi nous entre les engagemens de la religion et ceux du monde ; chose que les anciens ne connaissaient pas » (a).

_____

(a) Esprit des Lois, liv. IV, chap. II, *De l'Éducation*

Mably, en 1735, écrivait ce qui suit : « On nous apprend l'inutile, et on nous laisse ignorer le plus important. Nous avons besoin de citoyens parvenus, par une longue habitude, à être justes, doux, patiens, polis, discrets, généreux, qui sachent pardonner les injures, qui se connaissent en vraie gloire et qui la cherchent, qui méprisent les distinctions de vanité ou les glorioles, qui fassent plus de cas des grands talens et des grandes vertus, que des grands biens de la fortune; nous avons besoin de citoyens laborieux et appliqués. Cependant il ne sort communément de nos colléges que des écoliers accoutumés à être hautains, impatiens, impolis, indiscrets dans leurs discours et dans leurs manières, qui ne songent qu'à tromper les autres et à s'en venger, qui font beaucoup plus de cas des grandes richesses que des grands talens et des grandes vertus, qui se piquent d'être distingués par leur fainéantise, et de bien tourner en ridi-

---

dans les *Monarchies* ; et chap. IV, *Différence des effets de l'éducation chez les anciens et parmi nous.*

cule ceux qui cherchent le plus grand mérite
national....

« D'où vient que nos connaissances ont
fait bien plus de progrès que nos vertus? d'où
vient que le monde est bien plus peuplé de
gens distingués par leur esprit que par leur
vertu? N'en cherchez point d'autre raison,
c'est que notre éducation est encore aujour-
d'hui beaucoup plus tournée vers la distinction qu'apporte l'esprit que vers la distinction qu'apporte la vertu. D'où vient que, dans
les monastères, on fait autant et plus de cas
des prières et des autres petites dévotions
extérieures, que du pardon des injures et des
pratiques des différentes parties de la justice
et de la bienfaisance ? N'en cherchez point
d'autre raison que les défauts de l'éducation
qu'on y donne et qu'on y reçoit » (a).

Nous disons donc avec raison, et déja l'expérience le prouve, que, dans une monarchie imparfaite, vicieuse dans sa constitution
et dans ses bases, l'éducation, et les lois

_____

(a) Annal. polit. Discours prélim., 1re part., tom. I,
pag. 40.

qui y sont relatives, n'atteindront pas leur but.

Serait-on tenté d'objecter que, dans un Gouvernement quelconque, et plus particulièrement dans une monarchie, le but de l'éducation ne peut être uniforme, général et commun pour toutes les classes.

Nous répondrions qu'il faut savoir faire ici une distinction naturelle et importante.

Sans doute, dans tous les Gouvernemens possibles, les études et l'instruction doivent varier et recevoir une direction différente, suivant la profession que chaque individu se propose d'embrasser; et, si cet individu se sent appelé par une vocation particulière à suivre une carrière différente de celle que son père aura parcourue, rien ne doit l'en empêcher (a). Mais d'autre part, il doit toujours exister dans l'éducation, sous certains rapports, un point général d'uniformité, et ce point est celui du côté moral, de la connaissance de ses droits et de ses devoirs, de l'a-

(a) *Voy. ci-dessus*, vol. vi, pag. 555; et l'Appendice, liv. i, n. (18).

mour de l'ordre, de la justice, et des institutions, lorsque ces institutions sont fondées
sur la raison, et sur le bien et l'intérêt de
tous.

A cet égard, la science est la même pour
toutes les classes et pour tous les hommes ;
elle est la même, soit qu'elle cherche à inspirer aux grands le désintéressement, la bienfaisance, la générosité, l'oubli de soi-même,
le désir de faire le bien, la modestie, l'humanité, soit qu'elle donne au pauvre la patience, la résignation, la persévérance, l'activité, le courage, l'honneur, la probité.

A cet égard, l'objet et le résultat véritable
de la science est de nous rendre tous plus
sociables, plus justes, plus compatissans pour
autrui, plus circonspects et attentifs pour
nous-mêmes, plus satisfaits de notre sort,
moins envieux, moins égoïstes, et cependant
plus utiles à nous-mêmes, et agissant plus
réellement pour notre propre félicité. Quiconque n'en est point encore venu à sentir, à
comprendre bien cette vérité, ignore ce que
la science renferme tout-à-la-fois de plus certain, de plus noble, de plus grand et de plus
utile.

Quels seraient les moyens les plus sûrs et les plus simples de rendre ces pensées générales, de propager ces sentimens, de donner à l'éducation, sous ce rapport, sa véritable direction ? Ne serait-ce pas de simplifier, et pourtant de multiplier, autant qu'il se peut, les moyens d'enseignement et d'instruction ; d'admettre les méthodes nouvellement découvertes dont le succès aura été reconnu et bien démontré ; de faire une répartition plus équitable et moins restreinte d'écoles de premier, second, troisième et quatrième degré, dans les communes, les arrondissemens, les départemens et la capitale ; d'admettre indistinctement à ces écoles les enfans des pauvres aussi bien que ceux des riches ? Ne serait-ce pas d'accorder des récompenses, et les moyens de pousser plus loin leurs études, aux élèves qui se feraient distinguer par leur zèle et leur aptitude, quels que fussent d'ailleurs les rangs dans lesquels ils seraient nés (a) ? Ne serait-ce pas sur-tout en s'appli-

_____

(a) Les meilleurs élèves des écoles du premier degré pourraient être envoyés et entretenus dans les écoles du

quant à chercher les moyens de profiter des avantages de l'éducation publique sans avoir à en redouter les dangers? « Deux modes d'éducation , dit l'auteur d'un traité fort étendu sur cette matière , sont généralement reçus et pratiqués : l'éducation *publique* , qui réunit d'immenses avantages balancés par plusieurs inconvéniens (*a*) ; l'éducation *domestique* , qui présente , sous deux points de vue différens , des inconvéniens très - graves et quelques avantages.

« L'examen comparatif de ces deux modes ne permet de s'arrêter exclusivement à aucun ; mais il conduit à leur préférer un mode d'éducation *mixte*, propre à concilier, autant que possible, tous les bons résultats de l'une

---

second degré , aux frais de leurs communes ; les meilleurs des écoles du second degré , dans les écoles du troisième, aux frais des arrondissemens ; et les meilleurs des écoles du troisième , dans les écoles du quatrième, aux frais des départemens.

(*a*) Ces inconvéniens sont tels , dans l'état actuel des choses et depuis long - temps , que tous les avantages possibles ne peuvent les contre-balancer.

et de l'autre éducation publique ou domestique » (a).

Toutes ces idées sont peut-être bien éloignées de celles qu'il conviendrait d'adopter;
mais pense-t-on qu'il fût à propos d'appeler de
préférence et sans distinction, pour contribuer
à les rectifier, pour les méditer, pour les
proposer ou en admettre d'autres, des classes
de nobles, entichés de vieux préjugés héréditaires, imbus d'idées fausses, anti-sociales,
pernicieuses? Seront-ce des hommes qui font
moins de cas du patriotisme, de la grandeur
d'ame, du courage, du dévouement, du mérite personnel, que d'une noblesse gothique,
et insignifiante par cela même qu'elle est
héréditaire, qui consentiraient, lors même
que l'utilité et la nécessité en seraient démontrées, à donner à leurs enfans une éducation conforme à celle du fils du simple
bourgeois, de l'artisan ou du cultivateur?
Non, sans doute.

(a) *Voy*. l'Essai général d'Éducation physique, morale et intellectuelle, par M. JULLIEN, de Paris. *Avertissement*, pag. 9.

L'asservissement, l'obéissance aveugle, l'esclavage, la misère, l'ignorance, la stupidité, sont, disent-ils, pour les classes plébéiennes et roturières : voilà quel doit être leur partage ; tous les liens du devoir sont faits pour elles.

Les lumières, l'indépendance, l'affranchissement de la plupart des obligations sociales, la dispense des charges et contributions que nécessitent les besoins de l'État, la richesse, les honneurs, la gloire, le commandement absolu et arbitraire ; c'est là, suivant eux, ce qui leur appartient en propre, ce qui leur fut de tout temps, et ce qui doit toujours leur être exclusivement dévolu : oser penser le contraire, c'est encourir leur animadversion, leur haine, leur vengeance.

Cependant de tous ces avantages qu'ils revendiquent comme leur propriété exclusive, celui qu'ils exclueraient sans doute le plus volontiers de leur héritage, c'est précisément l'instruction, la science véritable, beaucoup trop assujettissante en effet pour une caste privilégiée : aussi fut-ce pendant long-temps une honte parmi eux que de savoir lire, ou signer son nom.

Combien les hommes prudens, et les bons pères de famille sur - tout, doivent-ils donc redouter de voir un principe, un élément quelconque de féodalité ou d'aristocratie pénétrer dans les bases de la constitution, et influer, d'une manière plus ou moins active et puissante, sur l'esprit de toutes les lois relatives à l'éducation !

Sans doute il serait plus à craindre encore de les voir dépendre entièrement, et contre l'esprit d'une monarchie constitutionnelle, de la volonté incertaine, et souvent ambitieuse, d'un seul homme, se trouvant par là exclusivement investi d'une partie essentielle des attributions de la puissance législative.

Il est si facile d'éloigner la jeunesse de l'étude, de lui enlever toutes les ressources, tous les moyens d'instruction, et de la laisser croupir dans l'ignorance ! il est si facile aussi de l'égarer, et de tourner vers le mal les sentimens même les plus nobles et les plus généreux ! son esprit est en général avide d'instruction ; il aime la raison, il hait le men-

songe et l'erreur ; son cœur est naturellement
enclin à ce qu'il y a de noble et de grand,
aux sentimens d'émulation, d'honneur, de
gloire, de vertu, d'héroïsme : mais un mauvais système d'éducation peut si promptement donner à ces germes heureux une direction fausse et dangereuse, les étouffer, les
dénaturer, les corrompre, que, si un seul
homme peut à son gré régler ce système de
l'éducation, si les pères de famille ne sont
pas appelés à coopérer à toutes les résolutions législatives qui y sont relatives, par l'intermédiaire de représentans ayant eux-mêmes,
sous ce rapport, un intérêt semblable à surveiller, à défendre, on peut s'attendre, et
l'histoire en offre plus d'un exemple, à voir
les enfans travailler bientôt à courber leurs
pères, et se plier eux-mêmes, sous le joug du
plus dur et du plus pesant esclavage.

Autrefois les habitans de Mitylène, voulant
tenir dans l'asservissement quelques-uns de
leurs alliés, leur défendirent de donner aucune éducation à leurs enfans : mais il est
pour nous aujourd'hui un exemple récent
d'un système général d'éducation militaire,

qui tendait au même but, dont nous avons ressenti, dont nous ressentons encore trop les effets, et qu'il n'est par conséquent pas nécessaire de mieux désigner pour le faire bien connaître. Souhaitons qu'en voulant réparer les maux de celui-là, on ne nous rejette pas dans les dangers d'un excès tout contraire.

On peut encore rattacher à ce sujet les passages suivans de la Défense des constitutions américaines : « L'une des premières et des plus grandes erreurs en politique est de tenir le peuple dans l'ignorance des moyens qu'il est nécessaire d'employer pour le maintien de la liberté.... De tous les temps, les Grands, tant spirituels que temporels, ont exigé du peuple une foi implicite et une obéissance aveugle....

« A Sparte, l'éducation ne s'étendait pas au-delà d'un petit nombre de familles nobles. Il en fut de même à Rome, sous l'empire de l'aristocratie. Nous n'avons à citer aucun exemple d'une démocratie simple; mais il suffira de considérer que, sous ce Gouvernement, la majeure partie des citoyens doit être nécessairement ignorante et pauvre, et que conséquemment elle consentira difficilement à con-

tribuer aux frais d'un établissement dont elle
ne voit pas qu'elle puisse jamais retirer un
grand avantage. Ainsi l'éducation de chaque
famille sera abandonnée aux soins des parens,
d'où il arrivera que les riches seuls feront instruire leurs enfans, et les feront instruire dans
les principes qui conviendront à leurs vues....

« L'instruction des hommes dans tout ce
qui a rapport à leurs devoirs moraux, comme
hommes, comme citoyens et comme chrétiens, à leurs devoirs politiques comme membres de la société et comme hommes libres,
doit être le soin spécial de la nation entière,
et de tous ceux qui ont quelque part au maniement des affaires ; mais il est essentiel que
cette instruction ne soit pas bornée aux enfans de la classe des nobles et des riches ; il
faut qu'elle s'étende sans exception à toutes
les autres classes du peuple. Il est essentiel
que les écoles soient entretenues aux frais du
public et placées à des distances convenables. Les revenus de l'État employés à cet
usage, le seraient encore plus sagement, plus
utilement, plus charitablement, que si on les

employait même au soulagement des citoyens pauvres; car ces institutions préviendraient la pauvreté.

« Si les nations étaient sages, au lieu d'entretenir un grand nombre d'offices inutiles, au lieu de s'engager dans des guerres dont les motifs sont souvent aussi ridicules qu'odieux, elles prendraient pour maxime fondamentale de ne pas souffrir qu'un seul homme ignorât ses droits et ses devoirs.

« A mesure que les hommes s'éclaireront, la tyrannie disparaîtra; le roi et les nobles sentiront que les membres des Chambres des communes leur sont égaux par la nature de leurs attributions; et le peuple sentira à son tour qu'il est de son intérêt et de son devoir de respecter ceux que la nature désigne pour être, par leur mérite et par leur fortune, les gardiens des lois......

« Il est indubitable que, dans les pays même où les écoles, les académies, les universités, le théâtre, l'imprimerie, le barreau, sont dans un état florissant, ces diverses institutions sont encore susceptibles de grandes améliorations: on peut affaiblir l'effet des erreurs

et des vices qui émanent de toutes ces sources; en donnant plus de force aux leçons de
la sagesse et de la vérité, on peut donner
plus de décence et plus de dignité au caractère de l'homme. Les mœurs alors seconde-
ront les lois, les lois réformeront les mœurs;
et la tyrannie, l'imposture, la superstition,
n'oseront plus lever la tête devant le flambeau
de l'opinion publique » (a).

— « Il faudrait, dit aussi M. Say, que les
académies et les écoles fussent tellement orga-
nisées qu'elles ne pussent pas arrêter les progrès des connaissances, au lieu de les favoriser ; qu'elles n'étouffassent pas les bonnes
méthodes d'enseignemens, au lieu de les répandre.

« Long-temps avant la révolution française,
on s'était aperçu que la plupart des universités
avaient cet inconvénient. Toutes les grandes
découvertes ont été faites hors de leur sein ;
et il n'en est pas auxquelles elles n'aient op-

(a) Défense des Constit. améric., tom. II, pag. 359,
360, 398, 401.

posé le poids de leur influence sur la jeunesse et de leur crédit sur l'autorité » (*a*).

2° *Relativement à la Religion.*

Les fins que nous venons d'indiquer comme étant celles de la morale et de l'éducation, devraient être aussi celles de la véritable religion.

Elles sont en effet l'objet principal de la religion, de la morale évangélique, dans toute sa simplicité et sa pureté, c'est-à-dire dégagée de toutes les obscurités dont on s'est appliqué, dans des vues de despotisme, dont on s'attache encore à l'envelopper, et qui seules suffisent pour l'empêcher de justifier l'un de ses titres, et de devenir jamais *universelle* (*b*).

(*a*) Traité d'Économie polit., tom. II, liv. V, ch. VIII, pag. 431 et 438.

— *Voy. aussi*, à ce sujet, MABLY. Traité de la Législation, tom. IX, liv. IV, chap. I, ayant pour titre : *Des lois relativement à l'éducation que la République doit donner aux citoyens,* pag. 357 *et suiv.*

(*b*) *Voy. ci-après*, le *nota* qui termine cet article, pag. 450.

Cependant, si, au lieu d'appeler à la représentation nationale de véritables concitoyens,
en état d'apprécier, de bien connaître par
eux-mêmes vos besoins réels; des propriétaires, des manufacturiers éclairés, et à portée de juger les ressources et les charges de la
propriété, du commerce, de l'industrie; des
époux, des pères de famille, intéressés, attachés, par les liens les plus puissans, à la prospérité de l'État et de la société, amis et por-
tecteurs nés de la véritable religion; des
hommes dont la capacité et la probité aient
été éprouvées pendant plusieurs années dans
l'exercice de fonctions d'un ordre qui les appelle à celles de législateurs; si, au lieu de
ces législateurs naturels, irrécusables et pour
ainsi dire innés, vous admettiez dans les Chambres représentatives nationales, des cardi-
naux, des moines, des évêques et des prêtres, en général les ministres d'une religion
quelconque, privilégiée et dominante; jamais
peut-être l'esprit de la législation n'aurait été
dirigé dans un sens qui fût plus directement
contraire à ces fins communes et essentielles

de la morale, de l'éducation, de la religion et de la législation.

Il ne faudrait plus s'attendre alors à voir les progrès de la civilisation s'avancer, les abus diminuer; la perception des impôts se simplifier, leur répartition s'effectuer d'une manière moins onéreuse et plus équitable; l'éducation publique se perfectionner, la connaissance des choses utiles se propager, la jeunesse devenir plus fructueusement active et laborieuse, les nouvelles découvertes dans les sciences et les arts se succéder et se perfectionner; les discussions politiques et constitutionnelles se régler et devenir plus concluantes et plus calmes, moins vagues et moins déclamatoires; le Gouvernement respecter tous les principes du Droit philosophique et moral, l'égalité devant la loi, et la tolérance; la puissance spirituelle se renfermer dans ses justes bornes : en un mot, les bases de la constitution s'affermir, ses détails se coordonner, et la société marcher à grands pas vers sa plus grande prospérité.

Soyez certains au contraire de voir bientôt le mouvement suspendu, les rouages en-

través et prenant insensiblement une marche
rétrograde et contraire, tous les inconvéniens
et les dangers attachés à la nature des Gouvernemens théocratiques se reproduisant, l'indépendance nationale attaquée et compro-
mise, les bases de la constitution ébranlées ;
les règles les plus sûres de la législation mé-
connues et violées, son uniformité renversée ;
les exceptions, les corporations, les priviléges
et immunités rétablies ; l'argent du royaume
transporté en pays étranger, les juridictions
se contrariant et se multipliant à l'infini ;
l'hydre de la chicane prenant une force nouvelle, multipliant, renouvelant les procès,
les rendant ruineux et interminables : les
communautés, les monastères et les couvens
relevés, redevenant propriétaires, possesseurs
d'immenses domaines ; s'exemptant des charges, des impôts ; entretenant dans leur sein
et répandant autour d'eux la fainéantise, la
paresse, l'oisiveté : cette lépre dévorante de
moines et de religieux s'attachant au corps
social et en absorbant la substance : les prêtres en général redevenant aptes à recueillir
l'effet des donations et testamens ; refusant la

sépulture aux morts pour stimuler à leur profit la générosité des mourans; troublant l'ordre des successions; s'emparant des actes de
l'état civil, sous le prétexte que la rédaction
et le dépôt leur en furent abandonnés dans les
siècles d'ignorance où les plus instruits d'entre eux-mêmes savaient à peine écrire; reven-
diquant et usurpant de nouveau le droit exclusif d'instruire la jeunesse, et, dans leurs
modes d'enseignemens, ne développant pas,
ne fortifiant pas le sentiment du bien,
n'éclairant, ne formant pas le jugement,
mais le faussant et l'obstruant; négligeant
la morale, réduisant tout à la pratique
de signes et de cérémonies extérieurs; aban-
donnant ainsi le fond de la religion pour
ne s'occuper que des dogmes, sans même
songer à en approfondir et à en faire comprendre le sens véritable; substituant aux
voies de douceurs, aux moyens efficaces d'é-
mulation et d'encouragemens, la crainte, les
punitions rigoureuses, les châtimens corpo-
rels et avilissans, propres à flétrir l'ame et à
dresser l'homme pour l'esclavage, ou à exciter sa haine et soulever son indignation :

semant ainsi parmi les générations naissantes,
l'ignorance, les préjugés, le découragement,
le dégoût de l'étude et de la science, la servitude et la cruauté ; encourageant en tout
temps les hommes à ne faire aucun usage de
leur raison, de leur intelligence, de leur activité, de leur industrie, pour se procurer
quelque bien-être, quelque jouissance ; les
exhortant à faire abjuration de tous les biens
de ce monde, et à se livrer à une vie fainéante
et inutile ; s'appliquant même à les détour-
ner du mariage, à faire déconsidérer et haïr
cette union d'institution divine, cet état de
sanctification nécessaire à la reproduction, à
la conservation du genre humain ; en un mot,
s'emparant de l'homme à sa naissance, le har-
celant toute sa vie, et s'acharnant sur lui au-
delà même du tombeau.

Alors aussi les questions les plus importantes pour la prospérité de l'État et pour le
bien-être individuel, pour le perfectionnement
des institutions secondaires, de l'économie
publique et politique, de toutes les branches
de la législation en général, seraient entièrement abandonnées pour de misérables argu-

ties, pour d'insignifiantes et puériles discussions théologiques (a), non pas seulement inutiles et frivoles, mais propres, plus que toute autre chose, à augmenter, comme nous l'avons déja vu, l'incohérence, la confusion et la divagation des discussions politiques, et à exciter le désordre, le trouble, l'anarchie dans le sein même du Gouvernement.

Or, comme les effets de l'impulsion donnée par le centre se ressentent souvent plus vivement aux extrémités mêmes de la circonférence, cette haine, ce choc déplorable, ce manque de bonne foi et de modération, dans les Assemblées représentatives, où la discorde triomphe et transforme pour ainsi dire les législateurs en gladiateurs et les Chambres en arènes, se communiqueront promptement à toutes les parties du royaume, se manifesteront sur-tout dans les provinces éloignées, et y provoqueront toutes les horreurs et les désastres d'une Saint-Barthélemy, ou le renouvellement des persécutions et des scènes sanglantes autrefois exercées contre les Vaudois.

(a) *Voy. ci-dessus*, 2ᵉ part., vol. v, pag. 89.

Alors encore la tolérance, quoique procla-
mée par la loi constitutionnelle de l'État, serait dans un danger imminent d'être sacrifiée ;
et l'on entendrait des hommes professer hautement que ses principes sont une absurdité ;
puisque la vérité est une, et que l'on doit
voir la vérité où ils prétendent qu'elle se
trouve, quoiqu'ils ne la prouvent et la mon-
trent nulle part, quoique le plus souvent ils
ne la voient pas eux-mêmes où elle est, tandis qu'ils la voient où elle n'existe pas.

A la suite de cette doctrine funeste, fille
de l'entêtement, de la stupidité, et mère des
plus grands crimes, on apercevrait bientôt
le fanatisme s'avançant dans l'ombre, s'élevant, grandissant, et tout-à-coup creusant des
cachots, dressant des échafauds, des bûchers,
et, s'armant de torches, de poignards, s'agiter
avec fureur, et faire couler son propre sang
pour provoquer les hommes à répandre le
leur.

L'intolérance, s'irritant des obstacles qu'elle
se crée à elle-même, répandra partout le
fiel, la calomnie, le mensonge ; désunira,
bouleversera tout, en voulant tout unir par

la violence, et parviendra à embraser l'État
des feux de la guerre civile et étrangère.

Que si, pressentant intérieurement ces
désastres, et secrètement atteint du sentiment
d'horreur qu'ils inspirent, le législateur croit
y apporter remède, combattre le principe du
désordre, et mettre la société en état de défendre les droits du trône et les siens, en
admettant dans les bases de la constitution un
élément d'aristocratie héréditaire, et en appe-
lant concurremment avec les représentans de
la noblesse et du clergé les représentans du
tiers-état, c'est-à-dire de ces classes importantes et estimables de la société, qui appartiennent ou à la propriété ou à l'industrie, ce
que nous avons précédemment exposé des
vices et des maux résultant de l'admission
de la puissance théocratique temporelle dans
toute espèce de Gouvernement mixte (a), démontre clairement encore que cette espérance
serait infailliblement déçue.

Dans cet ordre de choses, on verrait peut-
être en effet les nobles et les prêtres s'enten-

(a) Voy. ci-dessus, vol. v, pag. 88 et suiv.

dre et faire cause commune pendant quelque
temps, unir tous leurs efforts et rivaliser de
zèle pour ressaisir quelques-uns de leurs privilèges, et effectuer quelque retour vers les
temps, les institutions et les usages de l'ignorance et de la féodalité : mais peu après, on
les verrait aussi se diviser entre eux au partage du butin, et, semblables à ces esprits in-
fernaux qu'ils nous peignent comme participant à la punition du serpent coupable de la
chute du premier homme, s'enlacer dans les
nœuds de leur déloyauté, de leur propre
perfidie ; étendre l'autorité du prince pour
l'affaiblir ensuite et s'en emparer ; saper ainsi
les véritables bases de la monarchie ; attirer
sur leurs têtes l'animadversion et la haine
du genre humain ; préparer par leur ambition, leurs mauvaises mœurs, leurs vices et
leur impiété, les plus terribles révolutions ; et,
pendant qu'ils y préludent avec ardeur, tomber eux-mêmes sous les débris sanglans du
trône dont ils auraient prétendu usurper en
partie la puissance et les droits, et qu'ils auraient abandonné, après avoir attiré sur lui
les coups des êtres stupides, assassins et fu-

rieux, qu'ils auraient laissés se former et se répandre dans toutes les classes de la société.

Si nous pronostiquons avec quelque assurance toutes ces choses, c'est parce que l'histoire et notre propre expérience ne justifient que trop qu'une partie de ces faits ont été produits par des causes à peu de chose près semblables.

C'est donc sous un Gouvernement où le système de la représentation sera exactement établi sur les bases que nous avons précédemment indiquées (a), que la vraie religion s'établira, se propagera, s'affermira sans obstacle : que ses vérités simples, immuables, universelles et partout intelligibles, seront en effet bien comprises ; qu'elles exerceront une influence salutaire sur les mœurs et même sur les institutions : qu'elles inspireront aux rois, aux peuples et aux hommes l'amour de ces mêmes institutions, de l'humanité, de la patrie ; un attachement inébranlable aux principes du droit et de la morale universels, à

(a) *Voy. ci-dessus*, vol. vi, même titre, § 1, pag. 8, *et suiv.*

l'observation de tous leurs devoirs; et qu'elle-même sera environnée de majesté, de respect et d'amour.

Dans un état de choses contraire, ces hommes qui usurpent et revendiquent exclusivement pour eux seuls le nom de *Chrétiens;* qui ont sans cesse à la bouche celui de *Religion*, celui de *Dieu*, mais qui méconnaissent, ignorent ou oublient, et violent à chaque instant ses commandemens et ses lois; qui n'ont ni bienveillance, ni commisération, ni amour pour leurs semblables, ni confiance dans la volonté divine pour la propagation des lumières et le perfectionnement des institutions, ni sentimens de véritable justice et d'égalité dans le cœur; et dont les actions et les paroles sont souvent un blasphême, un sacrilège douloureux pour le père commun des hommes; ces hommes, disons-nous, que l'égoïsme et l'orgueil stimulent, nuiront toujours éminemment, et plus que l'impiété et l'athéisme même, au triomphe de la vraie religion, à l'intelligence de ses préceptes, et à l'universalité de ses bienfaits. Ayons donc soin de ne pas oublier, de ne méconnaître jamais le sens de ces paroles divines : « *Mon royaume n'est pas de ce monde........* » — « *Rendez à César ce qui appartient à César, et rendez à Dieu ce qui appartient à Dieu* ».

Nota. Il importe généralement de croire qu'il existe dans l'univers un ordre de choses tel que le bien soit récompensé, et le mal puni, au moins dans une autre vie, si ce n'est dans celle-ci : cette croyance est le point de foi, la source indispensable de toute religion. Mais, quant à la distinction du bien et du mal, la vraie religion et la morale ne diffèrent en aucune manière : tout homme intelligent, tout être raisonnable possède en lui-même la faculté, sinon de les découvrir, au moins de les reconnaître, lorsqu'on les lui indique ; et c'est ce qui fait que la religion, qui, dans ses préceptes et dans ses dogmes, renfermera moins de choses étrangères aux simples principes de la morale, semble aussi, par cela même, devoir être la plus propre à devenir universelle un jour (a).

3° *Relativement à l'Ordre général de l'Administration.*

Il faut, disons-nous, des institutions secondaires, des règles générales d'administration.

(a) *Voy.* l'APPENDICE, liv. I, note (35).

Il importe que ces institutions et ces règles se perfectionnent et se simplifient : c'est au pouvoir législatif qu'il appartient de les créer, de les réformer; et, lorsque ce pouvoir est lui-même établi sur des bases naturelles et équitables, constitué d'après un esprit de sagesse, d'ordre, d'équité, il y a tout lieu de présumer que bientôt ces règles et tous les détails du système administratif qui s'y rattachent, se ressentiront aussi de l'influence salutaire de ce même esprit d'ordre et d'utilité.

La découverte, la démonstration, l'observation de ces règles, ne peuvent s'opérer que successivement et avec le temps; quant à présent, il serait d'autant plus inutile de s'en occuper ici, que, selon toute probabilité, le travail long et difficile qui est nécessaire pour y parvenir, ne saurait avoir aucune efficacité tant que l'édifice avec lequel il doit être en concordance, ne sera pas entièrement achevé.

Ce doit être le propre, et l'un des immenses avantages, d'un bon Gouvernement, de faire ainsi passer naturellement, dans toutes les branches et les ramifications de l'administration, la régularité, l'uniformité, l'harmonie, qui existent au sommet, et qui déjà assurent et préparent sa force et sa stabilité.

Cependant émettons encore quelques idées propres toujours à faire spécialement apprécier et l'étendue des véritables attributions du pouvoir législatif, et l'influence de la composition des Chambres relativement à cet Ordre général de l'administration, que nous envisagerons seulement sous trois points de vue principaux : 1° les finances; 2° les personnes; 3° les honneurs.

1° Des finances ; ou de la publicité de l'examen et de la discussion du budget. Nous venons de voir, dans l'un des articles qui précédent (a), que la monarchie constitutionnelle est de sa nature le Gouvernement le plus favorable à l'affermissement du crédit public. Pourquoi cela? c'est précisément en grande partie par une suite naturelle de ce principe qui lui est propre, de la publicité de l'examen, de la discussion du budget; cela est

_____

(a) *Voy. ci-dessus*, vol. vi, pag. 397 *et suiv.*

tout simple, puisque chacun peut alors connaître les dépenses et les revenus de l'État.

L'un des auteurs dont nous avons déja invoqué l'autorité à ce sujet, M. Say, dit encore : « Le crédit public est la confiance qu'on a dans les engagemens du souverain. Il est au plus haut point, quand la dette publique ne rapporte pas aux prêteurs un intérêt supérieur aux placemens les plus solides; c'est une preuve que les prêteurs d'argent n'exigent pas une prime d'assurance pour couvrir le risque auquel leurs fonds sont exposés, et qu'ils regardent comme nul. Le crédit ne s'élève à ce haut point que lorsque le Gouvernement, *par sa forme*, ne peut pas aisément violer ses promesses, et lorsque d'ailleurs on lui connaît des ressources proportionnées à ses besoins. C'est par cette dernière raison que le crédit est faible partout où les comptes financiers de la nation ne sont pas connus de tout le monde » (*a*).

Dans la session de 1817, l'un des mem-

(*a*) Traité d'Économie polit., tom. ii, liv. v, chap. 17 et 18, pag. 517 et 526.

bres de la Chambre des députés disait de même : « La publicité de l'état des finances est un des plus sûrs appuis du crédit. Les discussions auxquelles l'examen du budget donne lieu, sont faites pour l'affermir encore ; les contradictions même sont utiles au Gouvernement, puisqu'elles prouvent qu'on l'estime assez pour lui faire entendre la vérité ; la lumière qu'elles produisent facilite les moyens de réprimer le désordre, de diminuer les abus, et d'assurer la confiance, qui est toujours le résultat de la clarté et de la bonne foi » (*a*).

Cet examen, ces discussions publiques du budget doivent avoir lieu annuellement et dans les deux Chambres. En général, toutes les résolutions législatives (*b*) doivent être délibérées et mûries par les trois branches du pouvoir législatif, et aucune d'elles ne peut être régulièrement sanctionnée et promulguée par le Roi, en quelque matière que ce

---

(*a*) Discours de M. Benjamin-Delessert, sur la loi des finances. — Moniteur du 4 avril 1818, n° 94, *suppl.*

(*b*) *Voy. ci-dessus*, vol. IV, pag. 60 *et suiv.*

soit, si elle n'a été préalablement consentie par les deux Chambres (*a*) : mais, s'il est un objet relativement auquel ce principe de droit constitutionnel doive être plus strictement observé, c'est assurément celui qui se rattache si immédiatement au vote des impôts, et duquel dépendent si essentiellement le repos et la prospérité publics, le bien-être et la félicité individuels.

Sans doute c'est en partie dans ce sens qu'il faut entendre le passage suivant, extrait du discours prononcé par M. Roy, rapporteur de la commission chargée par la Chambre des députés de l'examen du projet de loi sur les finances, dans le cours de la session de 1816 : « Les impôts et les subsides ne sont établis, a-t-il dit, que pour les besoins de l'État, pour ses nécessités indispensables.

« La conséquence immédiate de ce principe, c'est que celui qui a le droit de voter l'impôt, mais qui n'en a le devoir qu'autant qu'il est indispensable, et jusqu'à concurrence de ce qui est indispensable, a nécessairement

---

(*a*) *Voy. ci-des.*, vol. v, p. 566 ; et vol. vi, p. 8 *et suiv.*

le droit d'examiner s'il est demandé par les nécessités de l'État, de vérifier ces nécessités,
les dépenses et leurs motifs, de surveiller
l'emploi des fonds, et de s'assurer s'ils n'ont
pas été distraits de la destination pour laquelle seulement ils ont été accordés.

« D'un autre côté, les produits de l'impôt
ne sont pas toujours ceux sur lesquels les
calculs ont été établis; souvent ils sont au-
dessous des espérances, quelquefois ils les
dépassent.

« Les dépenses elles-mêmes peuvent ne
s'être pas élevées aussi haut qu'on avait d'a-
bord supposé qu'elles pourraient s'élever, et
des fonds plus ou moins considérables peuvent être demeurés libres au trésor.

« Or, les besoins de l'État et ses droits à
des impôts sont subordonnés à ces diverses
circonstances.

« Elles doivent donc être examinées par la
Chambre qui vote les impôts dans la proportion des besoins, et qui ne peut les voter librement qu'autant qu'elle a la connaissance
des comptes et des faits qui s'y rapportent.

« Toutes ces conséquences découlent nécessairement du principe que la Chambre vote l'impôt librement et qu'elle ne le vote que pour les besoins de l'État.

« Et, s'il en était autrement, quelle serait en matière d'impôt la condition des Chambres? Elles ne seraient que d'aveugles instrumens qui accorderaient ou refuseraient, arbitrairement et suivant leurs caprices, les impôts qui leur seraient demandés, qui tantôt compromettraient l'État, en accordant moins que ses besoins n'exigeraient, et tantôt accableraient les peuples d'impositions sans mesure et sans nécessité.....

« Nous n'aurions seulement pas eu la pensée d'élever cette question, ajoutait l'orateur, si, à la fin de la dernière session des Chambres, elle n'avait été présentée et discutée devant la Chambre des pairs dans un rapport dont il nous a paru d'autant plus important de contredire la doctrine, qu'elle est partie d'un point plus élevé, et que l'autorité de son auteur est plus grande » (a).

_____

(a) *Voy. aussi*, à ce sujet, les Discours de MM. Bourdeau, Jacquinot de Pampelune, de Villèle, Royer-Colard

Non - seulement le budget des recettes de
l'année précédemment expirée, et des dépenses présumées de l'année qui commence, devrait être annuellement examiné, approfondi,
discuté dans les deux Chambres, après une
vérification préalable des pièces justificatives,
des calculs et des détails, par une Cour des
comptes instituée suivant les principes qui
doivent servir de base à l'organisation de toutes les branches du Pouvoir judiciaire (a);
mais ce travail, de tous le plus urgent, dont

---

et Beugnot. — Moniteur des 30 avril et 1ᵉʳ mai 1818,
numéros 120 (supplément) et 121.

(a) Cette vérification préalable par l'une des sections
d'un Pouvoir judiciaire indépendant, et institué d'après
ses véritables bases (Voy. ci-après, tit. III), est indispensable pour préparer les élémens de la discussion publique dans les Chambres et pour la rendre fructueuse:
sans elle, il est comme impossible que la discussion ne
soit pas jetée hors de ses limites, détournée de son véritable objet par de fréquentes divagations, par des décla-
mations intempestives et violentes, d'une utilité peu
directe; et que, malgré les sarcasmes, les traits épigram-
matiques, et les vérités même, dont elles seront remplies,
le budget, en définitive, bon ou mauvais, ne passe pas
en son entier, tel à-peu-près qu'il aura été présenté par
le Ministère.

l'État peut le moins se passer, qui ne peut jamais être différé d'une année à l'autre, devrait être aussi le premier soumis à la délibération des Chambres; et ce ne devrait être qu'après avoir pourvu à ce premier besoin de l'État et de la société, après avoir assuré, par là, et sans recourir à des mesures provisionnelles ou provisoires, toujours fâcheuses, la marche régulière des affaires et de l'administration, le crédit et la tranquillité publique, que le Gouvernement pourrait proposer, et les Chambres examiner avec calme, tous les projets de loi et d'amélioration, réclamés par les progrès nouveaux de la civilisation. Conformément à ce principe, un orateur disait à la Chambre des députés, dans la session de 1817 : « Le premier document à recevoir par un membre de la Chambre des représentans, la première étude qui lui soit imposée, c'est de reconnaître l'état de la fortune publique » (a).

(a) Discours de M. Beugnot, sur l'article de la loi des finances, relatif à la reddition des comptes. — Moniteur du vendredi, 1er mai 1818, n° 121.

Il n'en faut donc pas douter, ce serait, sous plus d'un rapport, une coutume propice et salutaire que celle qui aurait pour objet d'environner d'une grande solennité la présentation du budget aux Chambres, de rattacher ce premier acte de l'exercice de la puissance législative à une époque fixe et mémorable, à celle de l'ouverture de chaque session. Ce serait un grand jour que celui où le monarque, dans toute la pompe et l'éclat de la couronne, accompagné des princes du sang, de sa famille, du conseil-d'état, des ministres, viendrait, au premier jour de l'année, faire en personne l'ouverture de la session, et faire en même temps présenter le budget de l'État, la situation de chaque ministère, et le tableau des améliorations et des dépenses projetées pour le cours de cette même année.

Résulterait-il de ce rapport exact, et rédigé avec loyauté, que les finances seraient dans un état satisfaisant et prospère, ce grand jour serait pour la société tout entière un jour de réjouissance et d'allégresse. Des événemens désastreux et funestes auraient-ils mis obstacle à la diminution des dépenses, au dégrèvement des charges et des impôts; cette même franchise avec laquelle la vérité serait exposée, et la possibilité pour chaque citoyen de se convaincre de l'exactitude des faits, seraient encore un puissant véhicule de patriotisme et de zèle, et feraient supporter, sans murmure, avec dévouement, les nouveaux sacrifices que rendrait indispensables la force des circonstances auxquelles il ne reste souvent à opposer d'autre puissance que celle de la fermeté, de la résignation et du courage. Un ministre disait éloquemment, et c'est alors que la vérité qu'il émettait recevrait sur-tout son application : « Si le patriotisme était un sentiment qui pût sommeiller, il se réveillerait pour entendre l'exposé des besoins de l'État, et apprendre ce qu'ils exigent de lui » (*a*).

Et l'on pourrait alors appliquer de même ce que disait le rapporteur de la commission

(*a*) Discours de M le comte Corvetto, Ministre des finances, lors de la présentation du projet de loi relatif au budget. — Session de 1817. — Séance du 15 décembre. — Moniteur du 16, n° 350.

chargée par la Chambre des pairs de l'examen du projet de loi sur les finances, dans la même session : « La publicité des comptes des finances appelle chaque citoyen, chaque contribuable, à prendre connaissance des besoins publics et de l'étendue des sacrifices qu'ils exigent. La nation tout entière constituée en jury a sous les yeux les pièces nécessaires pour asseoir son jugement avec assurance. Une opinion publique, fondée sur des faits précis et démontrés, se forme et s'établit. Ici l'attention du juge est garantie par son propre intérêt ; et, si le crédit et la confiance résultent de son examen, il livre ses capitaux pour gage de la sincérité de sa décision. Le contribuable s'acquitte avec empressement, ou du moins avec résignation ; ce qu'il supportait comme une charge devient un devoir à remplir. Dans les circonstances même les plus critiques, l'action du Gouvernement est facile, et ses relations avec le peuple prennent tous les caractères d'une administration libre et paternelle » (a).

_____

(a) Discours de M. le marquis Garnier. — Moniteur du vendredi, 15 mai 1818, n° 135. — Nous regrettons

C'est probablement ainsi, disons-nous encore, que les choses se passeraient, si la distinction et la composition des Chambres étaient complètement établies d'après leurs bases naturelles, et de manière à ce qu'elles pussent être également considérées comme étant l'une et l'autre parfaitement indépendantes, et pouvant conséquemment voter sur cette matière, ainsi que sur toute autre, avec une pleine et entière liberté.

Mais il en sera tout autrement, si les Chambres représentatives s'éloignent, l'une ou l'autre, plus ou moins, comme aujourd'hui, même en Angleterre et en France, des véritables principes de leur organisation.

Sur ce point de fait, nous pouvons apporter en témoignage et ce qui se passe, depuis mil huit cent quatorze, à la fin de toutes les

---

que l'étendue de ce discours ne nous permette pas de le mettre en entier sous les yeux de nos lecteurs. Il contient l'exposé de vues sages, justes et instructives, non-seulement au sujet de la publicité des comptes, mais encore relativement à l'amélioration et au perfectionnement des formes qui peuvent contribuer à rendre la comptabilité régulière.

sessions, et des opinions dont personne ne récusera le poids et l'autorité.

Dans le discours précédemment cité, du rapporteur de la commission de la Chambre des pairs dans la session de 1817 , on lit entre autres les réflexions suivantes : « Déja depuis trois années, on présente périodiquement à cette Chambre, sous le titre de loi des finances, un assemblage de dispositions législatives confondues avec le budget annuel, et emportées, comme lui, par un torrent d'urgence qui le fait passer devant vous avec une telle rapidité, qu'il vous est à peine permis d'y fixer vos regards.

« Depuis trois années, l'une des branches de la puissance législative est privée de toute influence, non-seulement sur la partie la plus importante de l'administration publique, mais encore sur une infinité d'autres matières de législation qui s'y trouvent jointes comme accessoires. Déja, en 1816 et en 1817, deux de vos commissions ont dénoncé cette déviation des principes de la Charte Constitutionnelle ; leur réclamation, fortifiée à chaque fois par l'assentiment de la Chambre, n'a cependant produit aucun effet....

.«Cette marche abusive, et opposée à l'esprit de nos institutions, si on persévérait à la suivre dans les prochaines sessions, entraînerait bientôt un véritable déplacement de pouvoir dont il serait difficile d'arrêter les funestes conséquences. En signalant le danger qui menace l'indépendance de la Chambre, nous ne voulons point éveiller cet intérêt de corps toujours jaloux de maintenir des attributions et des prérogatives; nous nous adressons à des sentimens d'un ordre plus élevé, à des sentimens plus généreux et plus dignes de vous.... » (a).

Lors de la clôture de la session de 1818, le rapporteur de la commission dans la même Chambre, M. le comte Mollien, a dit encore : « Votre commission aurait besoin de toute votre indulgence pour l'exposé si imparfait qu'elle vient de vous soumettre; mais cette

---

(a) Discours de M. le marquis Garnier. — Moniteur du 15 mai 1818, n° 135.

indulgence, lors même qu'elle l'obtiendrait de vous, ne suffirait pas à sa conscience; et peut-être quelques scrupules s'élèvent-ils jusqu'à vous, lorsque vous êtes appelés, comme elle, après un examen si rapide, à prononcer sur des résolutions aussi importantes que celles qui prélèvent, sur le revenu des Français, un revenu public de plus de 890 millions. Vous n'avez pas attendu sans doute la présentation qui vous a été faite par le ministère pour préparer, par vos méditations et vos recherches, le jugement que vous avez à porter; mais la loi des impôts touche à trop d'intérêts, pour que vos commissaires se présentent avec la confiance de les avoir tous exactement pesés dans un si court espace de temps.

« Quelque lumineuses que soient sur ces questions les discussions de l'autre Chambre, elles vous laissent à remplir des devoirs égaux aux siens envers le roi et son peuple; et le dernier vœu que votre commission se permettra d'exprimer, serait que les lois de finances sur lesquelles la délibération de l'autre Chambre précède la vôtre, fussent en première ligne dans les communications officielles qui ouvrent chaque session » (a).

Ce vœu n'a cependant pas été exaucé, et l'année suivante un membre de la Chambre des députés a renouvelé la même observation à-peu-près en ces termes : « Les abus, a-t-il dit, se perpétuent; les impôts restent les mêmes; et le temps des sessions est perdu, ou employé de manière que le budget, arrivant à la fin, est consenti de lassitude, et par le fait la Chambre des pairs est privée de son *veto* » (b).

Plus récemment encore, dans la dernière session, celle de 1820, un homme d'état renommé pour la finesse et la pénétration de son esprit, un pair de France, M. le duc de Talleyrand, disait de nouveau, à la Chambre des pairs, dans une circonstance sem-

(a) *Voy.* aussi, à ce sujet, l'Analyse du discours de M. le vicomte de Châteaubriand, dans le Moniteur du samedi, 30 mai 1818, n° 150.

(b) Discours de M. Guitard, à la Chambre des Députés, sur la discussion du projet de loi relatif aux élections. — *Voy.* le Journal Constitutionnel du 20 mai 1820, n° 141.

blable à celles qui avaient amené, à la fin
des précédentes sessions, les réclamations
que l'on vient de voir : « Messieurs, en me
présentant à cette tribune, j'éprouve un sentiment pénible ; c'est celui de la complète
inutilité des paroles que je vais prononcer,
et que pourtant je crois de mon devoir
de faire entendre. Par une fatalité déplorable, et dont je veux bien dans ce moment ne pas rechercher les causes, les questions, soumises en apparence à notre examen, sont déja résolues, irrévocablement
résolues : nous discutons comme si nos discussions étaient bonnes à quelque chose ; et,
dans la réalité, nous ne sommes que les instrumens d'une impérieuse nécessité. On nous
apporte des lois, des budgets; nos contradic-
teurs naturels sont déja sur les grandes rou-
tes, et leur absence devient pour nous une
espèce d'ordre. La Chambre des pairs, par la
position dans laquelle on la met, ne sera
bientôt plus qu'une Cour d'enregistrement,
qu'un vain simulacre de la hiérarchie constitutionnelle. Il suit de là que ceux qui veulent
absolument qu'il y ait en France une vraie

Chambre des pairs, que ceux qui la croient essentielle à la monarchie, la voyant exclue du présent, sont obligés de se réfugier dans l'avenir; que, condamnés à l'impuissance de remédier à ce que l'on croit être le mal actuel, ils n'ont d'autre droit que de prophétiser ce qu'il est si aisé de rendre ridicule, ou de donner des conseils que la légèreté dédaigne et que la faiblesse repousse....» (a).

Si, malgré ces réclamations successives, constantes, réitérées chaque année, les choses ne changent pas, et sont toujours absolument les mêmes à cet égard, quoique les ministres aient souvent changé, il y a donc en effet toute vraisemblance, toute raison de croire que l'abus tient beaucoup moins aux hommes qu'à la nature même de l'institution, à un vice de l'Organisation, dans la Chambre des pairs, tel que l'on ne considère même pas cette Chambre comme étant apte à voter librement, soit les impôts, soit même toutes autres dispositions législatives.

(a) Discours de M. le comte de Talleyrand. — Session de 1820. — Séance du mardi, 24 juillet. — Moniteur du 1er août 1821; et le Journal Constitutionnel.

Peut-être cet abus est-il encore plus grand en Angleterre ; et il existera, plus ou moins, partout où les bases de la séparation et la composition des Chambres s'éloigneront plus ou moins des vrais principes ; mais il n'en sera plus de même lorsqu'elles reposeront sur la distinction naturelle de la propriété et de l'industrie, qui sont évidemment intéressées l'une et l'autre à ce que la fixation de la nature, de la répartition et de la perception de tous les impôts s'effectue d'une manière équitable et régulière.

2° *Des personnes, ou de la fixité des emplois dans l'Ordre administratif en général.* Nous avons eu lieu de remarquer précédemment que, pour mettre fin aux révolutions, et pour atteindre à un état de paix et de stabilité, il importe bien moins d'enlever les hommes aux emplois qu'ils occupent, que de changer les choses et d'améliorer les institutions, dont l'imperfection et le vice sont toujours la cause principale du désordre, de l'anarchie, et de tous les désastres qui en sont la suite (*a*).

_____

(*a*) *Voy.* ci-dessus, vol. vi, pag. 238 *et suiv.*

Maintenant, si nous raisonnons dans la supposition de cette amélioration opérée, dans l'hypothèse de l'établissement d'une monarchie constitutionnelle et bien réglée, non-seulement nous répéterons que le sort, l'existence d'une foule de familles ne devrait pas dépendre entièrement de la bonne ou mauvaise fortune de quelques hommes, de leur élévation au ministère, ou de leur disgrace et de leur renvoi; qu'un citoyen qui a embrassé une carrière, qui y a consacré plusieurs années de sa vie, qui a dirigé toutes ses études et ses vues vers un but, ne doit pas être tout-à-coup dépossédé de son état, et réduit à l'indigence, sans de justes et puissans motifs, résultans d'une incapacité ou d'une inconduite avérées; mais de plus, nous dirons que, dans ce nouvel ordre de choses équitable et régulier, tout agent du Gouvernement, tout employé actif, intelligent, laborieux, devrait être assuré d'obtenir, à l'expiration d'un certain laps de temps, l'avancement que son travail, son aptitude et son zèle lui auront mérité; ou qu'il devrait du moins exister dans l'Ordre administratif, de même que dans toutes les autres branches de l'Organisation sociale, une marche d'avancement progressif, et déterminé par la loi, tel que nul ne pût parvenir aux emplois d'un degré supérieur, sans avoir occupé ceux d'un degré moins élevé; tel qu'il puisse garantir le prince même, les ministres, les premiers fonctionnaires de l'État, des erreurs de la bienfaisance, des séductions du faux zèle, des importunités de l'intrigue, et des dangers de la flatterie et de la bassesse.

Et que l'on ne vienne pas objecter ici le principe insidieux d'une prétendue prérogative royale. Sous une monarchie bien constituée, le Roi ne peut avoir aucune prérogative dont les effets seraient nuisibles autant à ses véritables et propres intérêts qu'à l'intérêt général de la société; sous un bon Gouvernement, le roi ne peut ni désirer ni avoir d'autres prérogatives que celles qui sont de nature à lui donner les moyens les plus certains de faire régner l'ordre et la justice dans le royaume; et le peuple entier même, s'il lui était possible de s'unir et d'avoir une volonté

qui lui fût propre, ne saurait en avoir une
qui fût contraire à ce but.

Prétend-on désigner par cette expression
de *Prérogative royale*, l'ensemble des attributions inhérentes à la puissance exécutive, il
n'est alors aucune de ces attributions qui
puisse être considérée comme une simple
prérogative, c'est-à-dire comme une chose
qui sort de la règle naturelle et du droit commun ; elles constituent toutes au contraire de
véritables droits tout aussi inaliénables et
imprescriptibles, quoique séparées de la couronne, que sont inaliénables et imprescriptibles les véritables attributions de la puissance
législative, quoique séparées de cette puissance. L'expression est donc ici tout-à-fait
impropre ; et le vice, l'impropriété de l'expression est la cause de l'abus et de la fausse
application que l'on en fait.

Sans doute, il appartient bien réellement
au Roi, aux ministres, aux chefs d'administration, de nommer librement leurs agens,
sous-agens, ou délégués dans la ligne de la
puissance exécutive, de même qu'il appartient
aux classes de la société qui doivent être

représentées, de nommer librement leurs députés ou représentans; mais autre chose est de nommer librement, d'après un ordre de choses fixe et général, propre à établir par-tout la justice, à récompenser le mérite et le travail, et à exciter l'émulation, le zèle, le dévouement, ou de nommer arbitrairement sans règle et sans loi, de manière à bouleverser tout, à heurter les principes les plus sacrés de l'équité, et à répandre le découragement et le dégoût.

L'intérêt de la société, de l'État et du prince, exige, nous l'avons établi dans la première partie de cet ouvrage (a), que, dans toutes les parties de l'Organisation sociale, les places et les emplois publics soient exclusivement occupés par les hommes les plus capables de les remplir honorablement pour eux et utilement pour tous; par les hommes qui réunissent en leur personne les qualités qu'elles exigent, qui ont la sagesse, la maturité, l'intelligence, l'instruction, l'intégrité, l'expérience, nécessaires. Nous avons vu que ce

(a) *Voy. ci-dessus*, 1re part., vol. 1, pag. 139 et 140.

n'est pas là détruire ni même ébranler en rien le principe de la véritable égalité sociale, que c'est au contraire le moyen le plus efficace et le plus sûr de la consolider, de l'affermir (*a*).

Si donc pour parvenir à ce qu'il en soit ainsi, il importe essentiellement, comme nous l'avons de même précédemment reconnu, que les classes aptes à participer à l'exercice de la puissance législative, par l'intermédiaire de leurs représentans, soient rigoureusement astreintes à l'observation de certains principes fondamentaux, propres à donner une direction sûre, une marche favorable aux élections, de nature à circonscrire le choix des électeurs sur les hommes réunissant en leur personne les qualités qui peuvent les faire considérer comme les plus capables et les plus dignes de les représenter (*b*), il n'importe pas moins essentiellement

---

(*a*) *Voy.* aussi, à ce sujet, le Discours prononcé par Mirabeau à l'Assemblée nationale, le 10 décembre 1789; et *ci-dessus*, vol. vi, pag. 167 *et suiv.*

(*b*) *Voy. ci-dessus*, vol. vi, pag. 59 *et suiv.*

que le prince, les ministres et autres premiers fonctionnaires de l'État, dans la ligne de la puissance exécutive, soient pareillement astreints, dans le choix qu'il leur appartient de faire pour la distribution d'un grand nombre d'emplois, à de certaines règles fixes, propres aussi à n'appeler à l'occupation de ces emplois que des hommes dignes et capables.

Il faut donc naturellement distinguer ici ce qui est du ressort de la puissance législative, et ce qui est du ressort de la puissance exécutive. Le pouvoir exécutif a incontestablement le droit exclusif d'effectuer toute nomination individuelle pour l'occupation d'un emploi de l'Ordre administratif ; mais au pouvoir législatif appartient le droit de déterminer le mode général d'après lequel ces nominations individuelles devront avoir lieu, et sans lequel ces nominations, toujours viciées par de fatales influences contre lesquelles il n'existera point d'abri, ne pourront arriver à leur but, et remplir complètement l'attente et les vues de la société.

Or, si les membres de la représentation,

dans l'une et l'autre Chambre, sont eux-
mêmes des hommes qui n'aient atteint à
l'éminence de leurs fonctions qu'après avoir
long-temps et par degrés cultivé leurs talens,
étendu leurs connaissances, exercé leur raison, justifié de leur capacité, et prouvé leur
dévouement à la chose publique; dans l'exercice préalable de fonctions du même ordre,
mais moins importantes et moins élevées; on
ne peut pas douter que ces hommes bien pénétrés de l'utilité générale d'un semblable
ordre de choses, et en ayant éprouvé par
eux-mêmes les immenses avantages, emploie-
ront naturellement leurs efforts pour le faire
admettre dans toutes les parties de l'administration; tandis qu'au contraire, si les hommes
imposés à la représentation ne doivent leur
propre élévation à ces hautes fonctions, qu'à
la naissance, à l'intrigue, à la faveur, au hasard, ils se garderont bien assurément de
s'employer à faire adopter un plan qui serait
un obstacle au désordre, bien plus convenable à leur paresse, à leur incapacité, à leur
ambition; et ils auront grand soin de le pré-

senter comme portant atteinte aux droits ou prérogatives de la couronne.

Nous l'avons dit, ce serait le propre et l'avantage éminent d'une monarchie constitutionnelle, assise sur ses bases naturelles et véritables, de faire promptement passer l'uniformité, la régularité, l'ordre, la justice, la stabilité, déja existantes au centre, dans les institutions secondaires, dans toutes les parties de l'administration (a); mais, par la raison contraire, l'un des inconvéniens, des vices, des malheurs les plus grands, de ce même Gouvernement mixte, lorsqu'il ne repose pas, avec assez d'aplomb, sur ses véritables principes, lorsqu'il n'est pas construit d'après les règles de l'ordre et de l'équilibre constitutionnel, qu'il penche encore vers l'abyme de l'aristocratie, ou menace ruine en inclinant vers le despotisme, c'est de ne pouvoir créer aucune institution qui soit empreinte du sceau de l'ordre et de la stabilité. Sous ce Gouvernement encore trop imparfait, le peuple, l'aristocratie, l'oligarchie, le despote,

(a) *Voy. ci-dessus*, vol. **vi**, pag. 451 *et suiv.*

sont, comme sous les Gouvernemens simples, tour-à-tour, et souvent même tous ensemble, les jouets et les victimes de l'arbitraire, et des embarras, des incertitudes, des variations, continuels, résultant de la position difficile et glissante dans laquelle ils se trouvent, et d'où ils doivent enfin chercher à sortir. Mais comment l'ordre, la raison, l'équité, peuvent-ils s'introduire et pénétrer dans toutes les parties de l'administration et de la législation; comment peuvent-ils unir et coordonner toutes ces parties entre-elles, si elles ne commencent par pénétrer dans le sein même de la première, de la plus importante de toutes les institutions, de cette institution dont toutes les autres dépendent; si le Gouvernement ne se trouve pas essentiellement, uniquement appuyé sur des principes incontestables d'ordre, de raison, d'équité; et si, de là, par un effet aussi naturel, aussi inévitable que celui de la circulation du sang dans les veines, la substance, l'esprit de ces principes vivifians, ne se répandent pas de proche en proche dans tous les membres du Corps social, dans toutes les branches de l'administration et de la législation ?

Nota. Sous les empereurs romains, à de certaines époques, la loi déclarait sacrilèges ceux qui contesteraient que ces empereurs eussent le droit illimité de nommer les officiers de l'État ; « *Disputare de principali judicio , non oportet : sacrilegü enim instar est dubitare an is dignus sit , quem elegerit imperator* » (*a*).

En Angleterre même , suivant Blackstone, le roi peut encore créer de nouveaux titres d'honneur, de nouveaux offices, et, qui plus est, créer des communautés ou corporations, et leur accorder des exemptions, des privilèges ; mais, à certains égards pourtant, cette extension de droit souffre déja quelque restriction. Le roi ne peut en effet établir de nouveaux offices avec salaire sans y être autorisé par un acte du parlement ; et, dans la treizième année du règne de Henri IV, un nouvel office de mesureur de toiles ayant été créé par le roi avec attribution d'un droit, cette création fut déclarée nulle par un acte du parlement (*b*).

(*a*) C. 9, 29, 3.

(*b*) *Voy.* les Commentaires sur les Lois angl. , tom. 1, liv. 1, chap. VII.

3° *Des honneurs, titres, dignités et autres récompenses nationales.* La remarque du publiciste anglais, par laquelle nous venons de terminer l'article qui précède, nous conduit à rappeler ici que le principe de l'égalité sociale n'exclut pas les honneurs, les titres, les dignités et autres récompenses nationales; que ce principe, ayant pour base la raison, la justice naturelle, l'utilité publique, ne saurait condamner ce qui est équitable et évidemment utile pour la société; que ces honneurs et récompenses sont, dans la réalité, un des plus puissans mobiles qu'un Gouvernement sagement institué puisse mettre en usage pour exciter l'émulation, encourager les hommes à l'exacte observation de leurs devoirs, à l'attachement aux vrais principes, au patriotisme, à la vertu ; mais que, pour ne pas s'écarter directement de leur but, ces mêmes honneurs et récompenses ne doivent ni entraîner aucune concession de priviléges, ni devenir héréditaires.

Il importe donc essentiellement d'en déterminer le véritable caractère et la nature, d'en régler l'application et l'usage ; et pour y parvenir, il faut encore distinguer et reconnaître ce qui entre dans le cercle des attributions de la puissance législative, et ce qui entre dans celui des attributions de la puissance exécutive.

Or, lorsqu'à cet égard, comme en toute autre matière, il s'agit de poser des principes, des règles générales, de déterminer le caractère, la nature de ces honneurs ou autres récompenses, d'indiquer même les cas et les conditions d'après lesquels ils pourront être conférés, le droit en appartient évidemment à la puissance législative (a).

S'agit-il au contraire de faire une application individuelle et spéciale de ces mêmes règles, c'est à la sphère de la puissance exécutive que se rattache cet autre droit (b).

Chez les Romains, il est vrai, les honneurs du triomphe étaient ordinairement décernés par le sénat, et quelquefois même par le peu-

_____

(a) *Voy. ci-dessus*, vol. IV, pag. 75 *et suiv.*
(b) *Voy. Ibid.*, pag. 86 *et suiv.*

ple ; et peut-être serait-ce un moyen de donner encore un nouveau prix, un plus grand éclat aux récompenses importantes, aux hautes dignités, que de statuer qu'en certains cas elles seraient déférées concurremment et par le Prince et par les Chambres. Il faut à ce sujet citer la réflexion suivante de l'auteur du Livre de l'Esprit : « On ne peut sans étonnement considérer, dit-il, la conduite de la plupart des nations, qui chargent tant de gens de la régie de leurs finances, et n'en nomment aucuns pour veiller à l'administration des honneurs. Quoi de plus utile cependant que la discussion sévère du mérite de ceux qu'on élève aux dignités? Pourquoi chaque nation n'aurait-elle pas un tribunal, qui, par un examen profond et public, s'assurât de la réalité du talent qu'elle récompense? Quel prix un pareil examen ne mettrait-il pas aux honneurs? Quel désir de les mériter? Quel changement heureux ce désir n'occasionnerait-il pas, et dans l'éducation particulière, et peu-à-peu dans l'éducation publique; changement duquel dépend peut-être toute la différence que l'on remarque entre les peuples » (a).

Mais, si elle était admise, une telle disposition, étendant réellement les attributions du Pouvoir législatif au-delà de ses limites véritables et de droit, il en résulterait, pour les Chambres représentatives, une *prérogative* réelle; et par conséquent il importerait essentiellement, avant que de l'admettre, de bien approfondir quels peuvent en être les résultats, d'en peser attentivement les avantages et les inconvéniens, et de s'assurer par là que, comme il y a lieu de le craindre, les inconvéniens ne l'emporteraient pas sur les avantages.

Cet examen sera fait avec désintéressement et impartialité, si déja les Chambres représentatives se trouvent composées d'hommes qui doivent essentiellement aux preuves réitérées de leur désintéressement et de leur impartialité, leur élévation à ces éminentes fonctions; et de même, soit que par suite les at-

***

(a) HELVÉTIUS. De l'Esprit, tom. II, disc. III, ch. 25, pag. 144.

tributions des Chambres se trouvent en effet étendues jusqu'à la prérogative de décerner, concurremment avec le chef de la puissance exécutive, certains honneurs, certaines dignités et récompenses, soit que ces attributions se trouvent au contraire bornées, d'après les strictes limites de celles de la puissance législative, au droit de coopérer à déterminer le caractère, la nature, et les règles générales d'application de ces mêmes honneurs, titres et dignités, toujours est-il vrai que, si les membres des Chambres n'ont été appelés à la représentation qu'en raison de leur patriotisme, de leur mérite personnel, de l'utile emploi de leurs talens, les lois qui seront par eux consenties sur cette matière se ressentiront de l'esprit de raison et de justice dont ils seront animés; et qu'au contraire, si leurs fonctions, leurs propres titres, leurs honneurs, ne doivent leur origine qu'à des causes tout opposées, les mêmes dispositions législatives se trouveront nécessairement viciées par l'esprit de préjugé, d'orgueil, de partialité, qui présidera à leur discussion : et alors on verra les idées d'exemptions, de prérogatives, d'immunités, de priviléges, s'unir à celles des récompenses et des honneurs, et leur imprimer une direction inverse de celle qu'il faudrait leur donner pour atteindre au but véritable de leur institution : on verra alors ces mêmes récompenses, titres, dignités et honneurs devenir héréditaires, et dès lors perdre par cela même tout leur éclat, leur prix et leur utilité.

3.° *Réflexions sur les Dispositions législatives, rela-*
tives aux diverses branches de la Législation Civile,
Commerciale et Criminelle.

> « Les Français (tous les hommes) sont égaux devant
> « la Loi, *quels que soient d'ailleurs leurs titres et leurs*
> « *rangs* ».
> CHARTE CONSTITUTIONNELLE, *Art.* 1.

CETTE disposition de l'article I de la Charte
constitutionnelle du 4 juin 1814, que nous
prenons ici pour épigraphe, répond évidemment à l'un des principes élémentaires les
plus incontestables du droit public universel.
Elle en est la consécration authentique et solennelle, l'application écrite et formelle au
droit public des Français.

Si l'on s'attachait avec exactitude et bonne
foi à en déduire toutes les conséquences justes et naturelles, elle aurait infailliblement les
résultats les plus favorables; elle suffirait
alors pour répandre et établir partout le bon
ordre, l'équité.

Elle est bien réellement l'une des fins les
plus légitimes de la révolution : mais elle

n'en deviendra la conquête effective et assurée que lorsque l'on aura achevé de mettre
dans une concordance entière et parfaite avec
elle les premiers principes constitutifs ou
d'organisation ; et, tant que dans la constitution il existera contradiction à cet égard, tant
que l'acte fondamental de cette constitution
se donnera à lui-même, sous ce rapport essentiel, un démenti manifeste, (ainsi que le
font les articles 34, 52, 56 de la Charte),
cette disposition sacramentelle ne pourra pas
être jugée, et ne sera pas, en effet, moins
insignifiante, chimérique, vaine et illusoire,
que ne l'ont été toutes les déclarations de
droits et de principes, qui avaient accompagné ou devancé nos précédentes Constitutions.

Voyons s'il est possible de conserver quelque doute raisonnable sur ce point; et pour
cela, examinons succinctement l'influence de
la composition et des attributions du Pouvoir
législatif sous ces trois rapports principaux :
1° le droit civil; 2° le droit commercial; 3° le
droit criminel.

1° *Influence de la Composition et des Attri-butions du Pouvoir législatif sous le rapport du Droit civil.* La France, ou plutôt, il faut le dire, la terre entière doit de véritables actions de graces, une reconnaissance éternelle, aux savans légistes, aux hommes instruits et laborieux, qui ont donné naissance au Code civil français : car ce grand et bel ouvrage, depuis long-temps projeté, mais que la nature des anciennes institutions n'avait pas permis d'effectuer, repose en grande partie sur les vrais principes du droit naturel, de l'ordre, de la raison, de l'éternelle équité, auxquels devraient se rattacher toutes les lois, hors desquels il ne peut en exister aucunes qui soient véritablement bonnes et utiles.

Quels sujets infinis de difficultés et de contestations, quelles sources abondantes de procès interminables ne trouvait-on pas autrefois en France, et ne rencontre-t-on pas encore aujourd'hui en Angleterre, et en plusieurs autres pays qui passent pour être les plus civilisés de la terre, dans cette foule d'usages, de coutumes, de jurisprudences diver-

ses et opposées ! Quel bienfait inappréciable
que celui d'une législation régulière, uniforme, fondée sur le droit et la raison (a) !
mais que de travaux immenses, que de veilles pour extraire d'un amas indigeste et con-
fus de formules et de sentences souvent barbares, d'édits et d'arrêts incohérens et contradictoires, les dispositions concordantes et
raisonnées d'un Corps de Droit civil d'accord
avec l'équité ! Si quelque chose peut, avec
juste raison, nous surprendre, c'est qu'un si
grand œuvre se soit opéré sous l'empire d'un
Gouvernement naissant, mal affermi, imparfait encore sous plusieurs rapports essentiels.

Ou plutôt reconnaissons qu'il ressort de ce
fait même une leçon qui doit être ici de la
plus haute importance. Ne voit-on pas en effet
que les Français reçurent le bienfait de leur
premier Code précisément au moment où les
principaux élémens de l'Organisation sociale
semblaient promettre de s'affermir sur les
bases de ce Gouvernement que nous avons
précédemment démontré être de sa nature le

(a) *Voy. ci-dessus*, 1re part., vol. 1, pag. 232 *et suiv.*

meilleur de tous les Gouvernemens possibles,
du Gouvernement mixte participant exclusivement du Gouvernement d'un seul et de la
démocratie (*a*) ; tandis que, bientôt après,
cette espérance s'étant trouvée déçue, l'institution ayant changé de principe, on vit presque aussitôt renaître et s'élever successivement ces conceptions impies, destructives de
l'ordre, de l'uniformité, de la justice, de l'é-
quité, ces systêmes odieux de majorats, d'exceptions, de priviléges?

A peine ce beau monument de législation
civile était-il terminé, que celui-là même qui
avait alors quelques droits à prétendre y attacher son nom, sous les auspices et la protection duquel il semblait plus spécialement
placé, s'appliqua, au contraire, à employer
quelques-uns de ses principaux auteurs à en
saper, désunir et ébranler les fondemens, à
les forcer de déshonorer, renverser et détruire
leur propre ouvrage ; tant il est vrai que,
sous un Gouvernement encore vicieux et
chancelant, les lois ne peuvent ni atteindre à

***

(*a*) *Voy. ci-dessus*, 2ᵉ part., vol. v, pag. 260 *et suiv.*

leur perfection, ni même acquérir aucune
stabilité réelle.

Mais, si tel fut d'abord l'heureux effet d'une
liberté en quelque sorte étouffée au moment
même de sa naissance, si tel fut le fruit précieux d'une liberté encore fragile, placée dans
un édifice mal affermi et s'écroulant sur elle
avant d'avoir été complètement édifié, on
peut par là juger des admirables résultats
d'une liberté dont les forces se seraient ac-
crues et développées davantage, et à laquelle
on donnerait pour asyle un temple dont les
justes proportions, la solidité, la splendeur
véritable et la simplicité seraient dignes de
toute sa pureté.

Le Code civil subsiste encore : nous lui devons nos hommages, il mérite toute notre vénération, parce que le sceau de la sagesse y
a été empreint, et qu'il ne peut aujourd'hui
en être facilement effacé ; parce que rien ne
se perfectionne et ne s'achève que par degrés
et avec le temps ; par cela seul que, dans les
siècles de corruption, l'observation de lois
uniformes, fussent-elles même imparfaites.

est encore de beaucoup préférable à l'absence ou à l'inobservation de ces lois.

Le citoyen doit donc le connaître, afin de s'éclairer sur ses propres intérêts et de s'y conformer dans ses actions ; le magistrat l'étudier attentivement, afin d'en faire la base de ses jugemens ; et le législateur le méditer plus attentivement encore, afin d'apprendre à en discerner les dispositions conformes au droit naturel, au bon sens, à l'équité, d'avec celles qui ne le sont pas, afin d'éviter de porter de nouvelles atteintes aux unes en rectifiant les autres, afin de faire disparaître de son ensemble les imperfections, les contradictions, les obscurités, les lacunes qu'on peut encore y rencontrer, celles sur-tout que des lois postérieures y ont déja apportées, et sur lesquelles il faudrait vouloir fermer les yeux pour ne les pas reconnaître : le législateur, en un mot, doit le considérer comme une brillante et utile collection de riches minéraux, de pierres précieuses, confiée à sa surveillance, à sa sollicitude, qu'il doit bien se garder de laisser détériorer ou se perdre, mais dont il

est appelé à compléter un jour l'ensemble,
l'ordre et la perfection.

C'est ce qui arrivera sans doute, c'est ce
que l'on peut espérer de voir se réaliser,
lorsque des élémens d'ordre et de droit naturel serviront seuls de bases à la composition
des Chambres représentatives, lorsque la
classification de ces Chambres sera uniquement fondée sur la distinction inévitable et
nécessaire de la propriété et de l'industrie.

C'est ce qui n'arrivera jamais, c'est ce dont
on s'éloignera sans cesse, si cette classification
des Chambres a pour base quelques élémens
de désordre et d'iniquité, l'hérédité, le privilége, le préjugé.

De là, comme d'une source impure, jailli-
ront et s'insinueront dans la législation une
foule de dispositions incohérentes et funestes,
les majorats, les droits d'aînesse, les fidei-
commis, les substitutions, la distinction des
biens propres, des biens roturiers et des biens
nobles; de là, l'oubli, l'extinction des principes,
des affections, des sentimens naturels, et la
naissance d'une multitude d'exceptions, de
priviléges, peut-être même le retour des droits

féodaux les plus serviles et les plus dégradans pour l'humanité.

A quelle autre cause plus directe et plus évidente attribuer ces droits d'aînesse, ces substitutions presque généralement admises en Angleterre ? Le Gouvernement y est autant aristocratique que démocratique ; les lords spirituels et temporels ont dans le parlement une grande influence ; et des faux principes de législation qui en découlent, provient la détresse, la misère extrême de la plus grande partie de la population (*a*).

(*a*) On peut juger de la concentration des propriétés territoriales en Angleterre, par deux faits que cite M. de Montvéran, dans son Histoire critique et raisonnée de la situation de l'Angleterre, au 1er janvier 1816.

Le comte de Chamondelay a vendu, dans le courant de l'année 1817, une possession de prés de 40 mille acres de terrain de diverses natures, au prix de 1,950,000 liv. sterl. (48,750,000 fr.)

On compte 60 milles (20 lieues) de Londres à Portsmouth, et cette route ne parcourt que dix-sept propriétés différentes.

« En anéantissant, observe l'auteur, ce ressort si précieux de la propriété qui élève et ennoblit l'ame de l'homme, ce système appelle l'ignorance, les vices et le malheur ; les crimes, en se multipliant, deviennent plus

Suivant madame de Staël, les majorats *néces-saires au maintien de la pairie*, ne devraient pas s'étendre aux autres classes de proprié-taires : « *C'est*, dit-elle, *un reste de féodalité dont il faudrait, s'il est possible , diminuer les fâcheuses conséquences* »(*a*) : mais, de bonne foi, peut-on raisonnablement s'attendre à voir une semblable restriction sortir d'une institu-tion qui lui est opposée par sa nature; et d'ail-leurs ne serait-ce pas déja un assez grand mal que cette infraction manifeste aux règles gé-nérales du droit et de l'équité, en faveur de familles privilégiées dont le nombre, par la marche ordinaire des choses, tend toujours à se multiplier et à s'accroître (*b*)?

---

atroces, et bientôt c'en est fait de la prospérité et de l'existence même d'un grand État ». (*Voy.* aussi l'Analyse de cet ouvrage, dans le Moniteur du 31 août 1820, n° 244).

(*a*). Considérations sur les princip. évén. de la Révol. française, tom. III, 6ᵉ part., chap. VI, pag. 276.

(*b*) On peut voir, à ce sujet, la proposition faite par l'un des membres de la Chambre des Députés (M. Clausel de Coussergues), vivement appuyée par MM. Mounier-Buisson, de Villèle, Mestadier, Rivière, de Montcalm, Voisin de Gartempe, et autres, et qui avait pour objet

La propriété et le commerce ont à la vérité, et nous l'avons reconnu, des intérêts différens à surveiller, à défendre; mais, en eux-mêmes, ces intérêts n'ont rien cependant qui blessent les premiers élémens de justice, d'ordre, de raison; ces intérêts, quoique distincts, quelquefois même opposés, ne sont pas absolument incompatibles et inconciliables; ils sont les uns et les autres fondés sur la nature, et non pas sur de chimériques préjugés, sur d'absurdes et funestes priviléges (a).

De tous les objets principaux que l'on pourrait énoncer comme devant entrer dans la composition d'un Code de législation civile, peut-être ne serait-il pas possible d'en indiquer un seul auquel la pensée ne rattachât pas aussitôt l'intérêt de l'industrie et du com-

---

d'exempter du tirage de la conscription *les aînés de famille.* (Moniteur du vendredi, 3o janvier 1818); et les discours prononcés tant à la Chambre des Pairs qu'à la Chambre des Députés, lors de la présentation du projet de loi relatif à la création d'un majorat en faveur de M. le duc de Richelieu; entre autres, le discours de M. de Bonald. (Séance des 28 et 29 janvier 1819).

(a) (*Voy.* vol. v, pag. 548; vol. vi, pag. 69).

Tome VI. 32

merce comme celui de la propriété : d'où il
suit que toutes ces parties du Code civil,
pour être véritablement conformes à l'intérêt
général de la société, doivent être nécessairement conçues et méditées de telle sorte que
cet intérêt des classes industrieuses et commerçantes et celui de la classe des propriétaires de
biens fonds, se trouvent y être l'un et l'autre
sagement balancés et combinés; et, pour cela,
il est évidemment indispensable que la propriété et le commerce soient également et
distinctement représentés.

En effet, les principales parties de ce Code
consistent dans ce qui est relatif à la jouissance et à la privation des droits civils, à la
forme et à la régularité des actes de l'état civil,
à la déclaration et aux effets de l'absence,
aux qualités et aux conditions requises pour
pouvoir contracter mariage, aux formalités
relatives à la célébration, aux obligations qui
en naissent, aux droits et devoirs respectifs
des époux, à l'indissolubilité ou à la dissolution de leur union, aux effets des séparations
de corps et de biens, à la recherche de la
paternité et aux preuves de la filiation des

enfans légitimes , à la reconnaissance et légi-
timation des enfans naturels , à l'étendue et à
la durée de la puissance paternelle et mater-
nelle , à la minorité, à l'adoption, à la tutelle , à l'émancipation , à l'interdiction ou au
conseil judiciaire ; aux dispositions civiles nécessaires pour affermir et régler l'exercice du
droit de propriété, aux règles relatives à la
distinction des biens en biens meubles ou
immeubles, en biens propres, acquêts ou con-
quêts, aux différens droits d'accession par rapport aux choses mobilières et immobilières , à
l'usufruit, à l'usage, à l'habitation, aux servi-
tudes , à celles qui concernent l'ouverture des
successions, les qualités requises pour succéder , la représentation , les successions déférées aux descendans , aux ascendans , les
successions collatérales et irrégulières , leurs
diverses formes d'acceptation , leur répudia-
tion, l'action à fin de partage, les rapports, le
paiement des dettes, les effets du partage, la
garantie des lots et l'action en rescision, la
capacité de disposer et de recevoir par donations entre vifs ou par testament , la portion
des biens disponibles, la réduction des dona-
32.

tions, les diverses espèces de legs et d'institutions d'héritier, la révocation des testamens et
leur caducité, les substitutions, fidei-commis
ou dispositions permises en faveur des descendans du donateur ou testateur, les partages
faits par les pères, mères, ou autres ascendans
entre leurs descendans, les donations faites
par contrat de mariage aux époux et aux enfans à naître du mariage, les institutions con-
tractuelles ou dispositions entre époux, soit
par contrat de mariage, soit pendant le mariage ; les conditions essentielles pour la va-
lidité des conventions en général ; la cause,
l'interprétation, l'effet de ces conventions entre les parties contractantes et à l'égard des
tiers ; la nature, la distinction et les effets des
diverses espèces d'obligations conditionnelles,
solidaires, divisibles ou indivisibles, le paiement, la novation, la remise volontaire, la
compensation, la confusion, la perte de la
chose, la nullité ou la rescision, les effets
de la condition résolutoire, les preuves litté-
rales, authentiques, privées, testimoniales et
autres, des obligations ou de leur extinction ;
les engagemens qui se forment sans conven-

tion, les quasi - contrats, les délits et quasi-
délits; les conditions civiles du mariage, le
régime de la communauté légale, son administration, sa dissolution, son acceptation,
son actif, son passif, son partage, sa répu-
diation et les effets qui en résultent, la
communauté conventionnelle, modifiée ou
restreinte, les clauses exclusives de toute communauté, la constitution de dot en cas d'admission du régime dotal, les droits du mari
sur les biens dotaux, la jouissance et administration des biens paraphernaux; la nature,
la forme, les effets, la nullité et la rescision
du contrat de vente, la licitation, le transport des créances et autres droits incorporels,
l'échange, les divers contrats de louage, les
baux à loyer, à ferme, à cheptel, les rentes
foncières, constituées ou autres, le louage
d'ouvrage et d'industrie, les devis et marchés;
les diverses espèces de société, soit universelles, soit particulières, leurs effets à l'égard
des associés entre eux et à l'égard des tiers;
le prêt à usage ou *commodat*, le prêt de consommation ou *simple prêt*, le prêt *à intérêt*;
la nature, l'essence et les effets des divers

genres de dépôt, volontaire ou nécessaire, des diverses espèces de séquestre convention- nel ou judiciaire ; les différentes sortes de contrats aléatoires, la nature et la forme du mandat, la nature, l'étendue, l'effet du cau- tionnement, ceux du gage, de l'antichrèse ou nantissement, ceux des droits de privilé- ges et d'hypothèques, la forme et les effets des transactions en général, les arbitrages, les diverses natures de prescription, etc., etc.

On voit que ce ne sont pas de prétendus nobles héréditaires et des roturiers, aussi igno- rans les uns que les autres, qu'il faut appeler pour approfondir, méditer, discuter et régler toutes ces choses, en vue de l'intérêt indivi- duel, et de l'intérêt général de la société; mais d'une part des propriétaires, et de l'au- tre part des négocians ou hommes indus- trieux, tous ayant eu le temps d'exercer leur raison, de mûrir leur sagesse, de s'instruire par l'expérience, époux, pères de famille, et ayant déja fait preuve de leurs talens et de leur sagacité.

2° *Influence de la Composition et des Attri-butions du Pouvoir législatif sous le rapport du Droit commercial.* C'est sur-tout sous le rapport des dispositions législatives, relatives au droit commercial, que la nécessité de cette composition des Chambres représentatives et l'influence des attributions du pouvoir législatif deviennent plus évidentes et plus sensibles encore.

A ce sujet, par exemple, une question importante est celle de savoir si la contrainte par corps doit ou ne doit pas être prononcée soit en matière civile soit en matière commerciale ; si, dans la réalité, ses effets ne sont pas généralement plus nuisibles qu'utiles à la société, et même au créancier qui se détermine à la faire mettre à exécution.

Dans les siècles d'ignorance et de barbarie, non-seulement la liberté, mais la vie même du débiteur, étaient engagées à l'acquittement de la dette qu'il avait contractée.

A Rome, que quelques écrivains se sont efforcés de nous représenter comme la terre natale, comme le berceau de la liberté, les lois les plus absurdes et les plus barbares existèrent à ce sujet.

L'extravagance, l'atrocité de ces lois allèrent jusqu'à donner aux créanciers, qui alors étaient tous des patriciens ou des nobles, le droit ou plutôt le pouvoir de couper le corps de leur débiteur en morceaux, et de le partager entre eux (a).

A Athènes, les lois permirent aussi aux créanciers de déchirer le corps de leur débiteur insolvable; et Tacite suppose que ces lois furent transportées des champs de l'Attique au rivage du Tibre, et jusque dans les forêts de la Germanie (b).

Un commencement de civilisation, un premier triomphe de la démocratie sur l'aristocratie, fit abolir une législation si stupide : par une loi de l'an de Rome 429, il fut même défendu de mettre aux fers aucun citoyen pour dettes; et l'on n'accorda plus aucun droit sur la personne du débiteur, mais seulement sur ses biens. Solon supprima

---

(a) Loi des douze Tables, table III, loi IV.

(b) TACITE. Mœurs des Germains.

de même cette dernière trace de barbarie (*a*).

Arrivé à un plus haut degré de sagesse, de prudence et de sagacité, le législateur ne devrait-il pas admettre le même principe?

M. de Montesquieu et beaucoup d'autres avec lui pensent à la vérité que, si cette voie rigoureuse d'exécution ne doit pas être admise en matière civile, il est bien d'en faire l'application en matière commerciale. « Solon, dit-il, ordonna qu'on n'obligerait plus le corps pour dettes. Il tira cette loi d'Égypte (*b*); Bocchoris l'avait faite, et Sésostris l'avait renouvelée.

« Cette loi est très-bonne pour les affaires civiles ordinaires; mais nous avons raison de ne point l'observer dans celles du commerce : car les négocians sont obligés de confier de grandes fortunes pour des temps souvent fort courts, de les donner et de les reprendre; il faut que le débiteur remplisse toujours au temps fixé ses engagemens, *ce qui suppose la contrainte par corps.*

« Dans les affaires qui dérivent des contrats civils ordinaires, la loi ne doit pas don-

(*a*) Plutarq. et Diod. Vie de Solon.
(*b*) Diod. Liv. 1, 2ᵉ part., chap. iii.

ner la contrainte par corps, parce qu'elle fait plus de cas de la liberté d'un citoyen que de l'aisance d'un autre; mais dans les conventions qui dérivent du commerce, la loi doit faire plus de cas de l'aisance publique que de la liberté d'un citoyen; ce qui n'empêche pas la restriction et les limitations que peuvent demander l'humanité et la bonne police » (a).

Les raisons que M. de Montesquieu donne ici à l'appui de son opinion, ne nous paraissent pas concluantes; car elles laissent toujours subsister, dans son entier et sans solution, la véritable question, celle de savoir si en général l'exercice de la contrainte par corps est utile au créancier qui croit devoir en faire usage; si généralement elle est propre à donner au débiteur des moyens de libération, ou si elle n'est pas plutôt de nature à priver le débiteur de ses dernières ressources, à éloigner davantage le paiement de la créance, à aggraver encore la perte du créancier, à le constituer le plus souvent dans des dépenses

(a) Esprit des Lois, liv. xx, chap. xv.

et des frais infructueux ; en lui donnant le
moyen de céder, malgré la voix de la raison
et les conseils de la prudence, à un sentiment
d'irascibilité et de vengeance, dont il finit
presque toujours par éprouver un nouveau
préjudice et un sentiment plus ou moins vif
de regret.

Les raisons de M. de Montesquieu suppo-
sent, suivant sa propre expression, mais elles
ne prouvent pas, qu'il peut être de quelque
utilité pour la fortune ou *l'aisance* publique,
qu'un citoyen, lorsqu'il n'est d'ailleurs convaincu d'aucun crime, d'aucun délit, lorsqu'il est peut-être victime de quelque malheur, de circonstances désastreuses, au-dessus
de la prévoyance humaine, soit privé de sa
liberté, par la seule volonté d'un créancier
impitoyable, et soit mis par là hors d'état
d'entretenir une femme et des enfans, sans
ressources, sans appui.

S'il peut encore nous être permis d'opposer
ici notre manière de juger, ou peut-être de
sentir, à celle de l'illustre auteur de l'Esprit
des Lois, nous dirons qu'il nous semble que,
s'il est en effet des circonstances où cette voie

rigoureuse de la contrainte par corps doive
être admise par la loi, soit pour les matières
civiles, soit pour les matières commerciales,
ce ne peut jamais être, en bonne justice,
que lorsqu'elle est considérée comme la peine
de quelque sorte de délit, par exemple, dans
les cas de mauvaise foi manifeste, d'abus de
confiance, de comptes de tutelles et curatelles,
de réintégrande, de dépôt nécessaire, de con-
signation, de séquestre, de stellionat, de banqueroutes frauduleuses, etc., ou même peut-
être de témérité, imprévoyance et prodigalité;
et cette opinion d'ailleurs se trouve heureusement fortifiée par celle de plusieurs autres
publicistes, entre autres de Filangieri. « Si le
créancier peut prouver la mauvaise foi de son
débiteur, dit-il, celui-ci sera puni comme
coupable de vol. Mais si c'est le malheur qui
a causé son insolvabilité, le créancier n'exer-
cera contre lui qu'une action purement civile.
Comme il n'y aura pas de délit, il n'y aura
point de peine... »; et il ajoute ailleurs : « punir l'insolvabilité par la prison ; confondre le
malheur avec le crime; couvrir l'innocent de
toute l'infamie de la perversité; en lui arra-

chant l'honneur, le forcer à renoncer à la vertu ; enlever à un homme de bien malheureux jusqu'à la propriété de son corps, que le destin inexorable lui a laissé ; lui faire acheter, par un supplice quelquefois éternel, le léger soulagement qu'il avait obtenu dans son infortune ; condamner à l'inaction, aux tourmens et aux vices qui la suivent, celui qui n'a que ses bras ou les ressources de son esprit pour faire subsister sa famille et pour payer son créancier ; priver la société d'un homme qui ne l'a pas offensée et qui pourrait lui être utile ; donner à un créancier impitoyable le pouvoir de retenir son débiteur dans cet état d'opprobre et de désolation aussi long-temps qu'il le voudra, et de satisfaire sa vengeance par les armes mêmes de la loi ; en un mot, offenser la justice, outrager les droits les plus précieux de l'homme et du citoyen, et multiplier les malheurs de l'indigence, sans favoriser la propriété ; tels sont les abus de l'emprisonnement pour dettes, établi chez toutes les nations de l'Europe, même parmi celles qui vantent le plus leur humanité et leur liberté. En Angleterre, on

conduit un homme en prison pour deux gui-
nées; et ce qui est encore plus étrange, dans
ce pays où la liberté personnelle est, dit-on,
protégée par les lois, dans ce pays, le créancier, sur son serment vrai ou faux, et sans être
obligé de produire l'obligation de son débiteur, obtient un ordre légal pour arracher
un citoyen du sein de sa famille et le traîner
dans les prisons.

« Le silence des mœurs sur cette violence
légale paraîtra bien extraordinaire, si l'on se
rappelle que toutes les nations anciennes,
après avoir souffert, dans leur état de barbarie, une telle injustice, se sont empressées de
l'effacer de leurs codes dans leur état de civilisation. Lorsque l'autorité publique commen-
çait à peine à se former, lorsque la protection
des droits particuliers appartenait aux forces
individuelles, la loi qui ne pouvait enchaîner
la vengeance du créancier, devait se contenter d'en prévenir les excès. Tel est l'effet que
dans cet état imparfait de société, elle ob-
tint de l'emprisonnement du débiteur insolvable. Mais lorsque l'état civil eut fait des
progrès, lorsque la force publique eut rendu

inutile, pour la protection des droits particuliers, la force individuelle, on n'eut plus
besoin de ce moyen que les circonstances
passées avaient rendu nécessaire, et que des
circonstances nouvelles rendaient injuste et
dangereux. Cette vérité ignorée des modernes n'échappa pas aux législateurs de l'antiquité. Une loi de Bocchoris, roi d'Égypte,
permettait au créancier d'entrer en possession
des biens du débiteur pour recouvrer sa
créance ; mais elle prohibait l'exécution personnelle établie par l'ancienne loi contre le
débiteur. Une loi célèbre de Solon défendit
au créancier de faire obliger par corps le débiteur. On se moquait alors des législateurs
qui, après avoir défendu au créancier de s'emparer des armes ou de la charrue de son débiteur, avaient laissé subsister la loi qui lui permettait de le traîner en prison (a). Qui croirait
donc qu'une législation absurde qui excitait
le mépris des Grecs, il y a vingt siècles, subsiste encore dans presque toute l'Europe.
Rome elle-même, Rome, si cruelle d'abord

(a) Diod. Vie de Solon.

contre les débiteurs, adoucit bientôt sa législation sur cet objet. Loin de permettre que le débiteur insolvable fût privé de sa liberté politique, elle ne voulut pas même le priver de sa liberté personnelle. Lorsque sa bonne foi était constatée, sa personne était en sûreté. Il n'était exposé à perdre sa liberté que dans deux cas : lorsqu'à la dette se joignait le stellionat, c'est-à-dire la fraude; ou lorsque le débiteur s'était lui-même expressément obligé à la contrainte personnelle, et alors la cession de ses biens opérait sa liberté (a). C'est donc uniquement chez les nations modernes qu'on trouvera ce respect religieux pour une loi qui ne convient qu'à des peuples naissans et placés dans l'état de barbarie.

« Ces réflexions rappellent une autre erreur des législateurs modernes, qui peut-être n'a pas peu contribué à perpétuer celle dont nous venons de parler. On croit que l'intérêt du commerce exige la contrainte personnelle pour les lettres de change. L'idée de faire circuler dans la société un papier représentatif des va-

---

(a) Diod. Liv. i.

leurs, a donné aux opérations de commerce une célérité qu'on n'eût pu obtenir de la monnaie. Depuis cette heureuse découverte, le commerce de toute la terre a formé un grand corps dont tous les membres sont unis par une réciprocité de profits et de pertes. La moindre obstruction dans l'une des parties fait souffrir tout le corps. Il faut donc, ajoute-t-on, prévenir cet inconvénient; et il n'y a d'autre moyen que la contrainte personnelle.

« Tel est le fondement d'une des plus grandes erreurs de notre législation. Pour sentir toute la faiblesse des raisons qu'on allègue pour la défendre, il suffit d'observer que le négociant a, dans son propre intérêt, un motif bien plus puissant pour payer sa dette, que ne peut l'être une contrainte personnelle. Un moment de retard affaiblit son crédit, unique appui de sa richesse; l'insolvabilité le détruit pour toujours. Quel ressort plus actif la loi pourrait-elle donc employer? Puisqu'elle punit le banqueroutier de mauvaise foi, a-t-elle besoin de recourir à d'inutiles violences

pour ruiner un négociant honnête et malheureux? S'il est dans l'impossibilité de payer, la
prison lui en donnera-t-elle les moyens? Ne
l'empêchera-t-elle pas au contraire de tirer
de son travail les secours qu'il pourrait en
obtenir? L'impuissance de payer n'est-elle pas
le plus grand des malheurs pour un commerçant homme de bien? Quant à celui qui manque de probité, la loi n'a-t-elle pas des peines
plus légitimes et plus réprimantes? Si un
moyen injuste pouvait être utile, on n'aurait
pas droit de s'en servir. L'emploiera-t-on lorsqu'il est manifestement inutile et funeste ?
Telle est la contrainte personnelle dont je
parle ici. Elle est injuste, parce qu'elle con-
fond le crime avec le malheur; parce qu'elle
prive d'un droit sacré l'homme qui n'a violé
aucun pacte. Elle est inutile, parce que le négociant qui a les moyens de payer, a le plus
grand intérêt à remplir ses engagemens; elle
est inutile, parce que le négociant mal-hon-
nête peut être arrêté par des peines plus fortes; elle est inutile, parce que le négociant
qui manque de ressources, n'en trouvera
certainement pas dans la prison. Enfin, elle

est funeste, parce que, dans presque tous les cas d'un désordre momentané, le négociant maître de sa personne et des ressources de son esprit, peut rétablir ses affaires. Mais l'éclat d'une incarcération détruit entièrement son crédit, ou lui enlève toute possibilité de payer; il se ruine et ruine ses créanciers. Elle est encore funeste, parce qu'elle multiplie et enhardit les usuriers qui, à la faveur de la contrainte personnelle, troublent une foule de familles et renversent leur fortune. Personne n'ignore en effet que les trois quarts des lettres de change ne sont que des actes d'emprunts ruineux, souscrits par des particuliers étrangers au commerce, par des jeunes-gens qui ne croient jamais acheter trop cher les moyens de corrompre et d'être corrompus.

« Voilà comment une seule erreur de législation produit des maux incalculables. Si les vérités les plus évidentes échappent aux regards des législateurs ou ne frappent pas assez leur ame, pour les faire sortir de leur léthargie, quelles impressions feront sur eux

33.

des vérités qui ne sont pas susceptibles de la même évidence » (a)?

L'Angleterre paraît avoir apporté quelque amélioration à sa jurisprudence à cet égard.

En France, pendant le cours des sessions de 1816 et 1817, cette question a été agitée de nouveau dans les deux Chambres.

Et l'un des membres de la Chambre des pairs (M. le marquis de Malleville) a dit : « Et c'est au sein de l'Europe, dans un pays et à une époque dont on vante la civilisation, qu'un usage si barbare trouve encore des apologistes ? On prétend le justifier par l'intérêt du commerce : croira-t-on cet intérêt bien réel, quand on voit l'Angleterre adoucir ce régime de la contrainte par corps, en restreindre l'usage aux banqueroutiers frauduleux, emprunter enfin à la loi de 1798 la mise en liberté de tout débiteur après cinq années de détention » (b)?

***

(a) Science de la Législat., liv. III, 2ᵉ part., ch. xxx, pag. 220 et suiv. —Voy. aussi M. Pastoret, Lois pénales, tom. II, 3ᵉ part., chap. I, pag. 11.

(b) On peut voir aussi le Rapport fait à la Chambre des Pairs, par M. le comte Abrial, l'Analyse des dis-

Peut-être ne sont-ce là en effet que les mouvemens d'une philantropie trop exagérée et
qui s'égare par cette raison même; du moins
les hommes d'une opinion opposée ne man-
queront pas de le penser. Aussi est-ce pour
cela que, malgré cette philantropie dont un
grand nombre de membres des deux Chambres sont évidemment animés, ou, si l'on
veut, précisément à cause de cette philantropie, l'on ne pourra pas connaître, de science
certaine, si la suppression de la contrainte
par corps en matière commerciale, toutes les
fois qu'il n'y a pas fraude, crime ou délit,
est ou n'est réellement pas dans l'intérêt véritable de la classe nombreuse que cette question touche directement, tant que cette classe
ne sera pas convenablement représentée et
distinctement appelée à la discuter par ses
représentans (a).

cours prononcés par MM. le duc de Broglie, le comte Lanjuinais, le marquis de Lally-Tolendal, etc., etc. — Moniteur des 9, 13, 14, 16, 19, 20, 21 mai 1818,
numéros 129, 133, 134, 136, 139, 140, 141.

(a) Jusque là, que les chefs de l'administration se pé-

Mais cette question n'est pas la seule pour
laquelle la représentation spéciale et distincte
du commerce soit essentiellement nécessaire.
Évidemment il en est de même pour toutes
les parties du Code commercial, pour toutes
les dispositions législatives, relatives aux sociétés de commerce, aux obligations, actions
ou intérêts dans les compagnies de commerce

---

nètrent de la pensée qu'un moyen de rendre utile cet
exercice de la contrainte par corps serait de procurer
toujours au débiteur incarcéré la ressource d'un travail
assez productif pour qu'il pût subvenir à une partie de
ses besoins, adoucir son sort et effectuer même une partie
de sa libération.

Si les maisons d'arrêt pour dettes, aussi bien que
toutes les autres, étaient converties en ateliers, en ma-
nufactures; si le temps, le travail, l'intelligence, l'industrie de tous ceux qui s'y trouvent renfermés étaient
habilement mis en usage, la société, le débiteur et le
créancier pourraient en retirer quelque avantage; la
police en serait plus facile; les mœurs pourraient s'y
corriger, au lieu de s'y corrompre; et elles ne seraient
pas, comme elles le sont encore aujourd'hui, des écoles
de vice, des maisons de débauche et de jeu, où la plupart des détenus, au lieu de se corriger et de pouvoir
travailler, en partie du moins, à leur libération, achè-
vent au contraire de se pervertir et de se ruiner.

et d'industrie, à l'établissement des bourses de commerce, des banques, des agens de change, commissionnaires et courtiers, aux effets de la lettre de change et du billet à ordre, de l'aval, du rechange, de l'endossement, aux contrats d'assurance, au prêt ou contrat à grosse aventure, aux chartes-parties, aux affrétemens ou nolissemens, aux connaissemens, aux avaries, au jet et à la contribution, aux lais, relais, et alluvions, aux faillites et banqueroutes, au bilan, aux agens et aux syndics, à la revendication, à la cession de biens, à la réhabilitation, aux arbitrages, et même en général à la comptabilité, et à l'administration des finances et du trésor, etc.

A l'époque de la rédaction du Code de commerce en France, le commerce n'était pas plus convenablement représenté qu'il ne l'est aujourd'hui. On fut donc obligé de consulter particulièrement les cours, tribunaux et chambres de commerce ; mais les résultats d'opinions diverses, de renseignemens isolés et qui ne purent être épurés et éclairés par la discussion, n'eurent pas et ne pouvaient avoir une efficacité semblable à celle qui res-

sortirait de cette discussion publique et solennelle.

Aussi le travail est-il resté fort imparfait; il
s'y rencontre des obscurités, des contradictions et des lacunes que le professeur de la
chaire créée pour l'étude spéciale de cette
branche importante de la législation (M. Par-
dessus) a, en grande partie, disertement indiquées dans son ouvrage.

On put donc reconnaître dès-lors la nécessité d'admettre dans les élémens de la composition du Pouvoir législatif une représentation spéciale pour le commerce ; et il n'est
pas défendu de penser que cette conviction
contribua à faire insérer dans l'Acte addition-
nel aux Constitutions de l'Empire, du 23
avril 1815, l'article 33 qui contenait la disposition suivante : « L'industrie et la propriété
manufacturière et commerciale auront à l'a-
venir une représentation spéciale. »

Or, quelque animadvertion que puisse
inspirer l'acte qui renferme cette utile disposition fondamentale et d'organisation, si l'utilité en est réelle, évidente et démontrée, il
n'en serait pas moins raisonnable et sensé de

savoir en profiter; et sans doute les progrès
de la science, et la marche ascendante de la
civilisation, qu'il serait maintenant difficile
d'arrêter, en inspirera le bon esprit au législateur, et le conduira à ce but avant peu.

3° *Influence de la Composition et des Attributions du Pouvoir législatif sous le rapport
du Droit criminel.* Enfin, de la composition
des Chambres représentatives instituées sur
des bases prises hors des règles du droit naturel et de la raison, résultera encore infailliblement l'extension de leurs attributions hors
de leurs justes limites, sous cet autre rapport.

Si, au lieu de représenter une classe nombreuse de la société, dont les intérêts doivent
être scrupuleusement consultés pour l'avantage réel de la société tout entière, l'une de
ces Chambres constitue, et retient dans les
premiers élémens de l'organisation, un principe d'aristocratie ou d'oligarchie; par une
conséquence naturelle et inévitable, il faudra
confondre aussi en sa faveur les attributions
les plus distinctes de la puissance judiciaire
avec celles de la puissance législative, et l'on

sera ainsi conduit à tolérer un Corps non-
seulement privilégié et héréditaire, mais qui
même sera souvent juge et partie tout-à-la-
fois dans sa propre cause (*a*).

Et rien ne sera donc plus difficile à justifier encore, rien ne sera plus évidemment
faux que ces déclarations de principes que
renferme la Charte. « *Nul ne peut être dis-*
trait de ses juges naturels. » — « *Les Français*
sont égaux devant la loi, quels que soient
d'ailleurs leurs titres et leurs rangs » (*b*).

Il est de plus à présumer que, par une
commisération naturelle et propre à la nature humaine, de simples propriétaires,
de simples négocians, seront moins enclins
à la cruauté qu'à la modération et à l'adou-
cissement des peines; mais, pour peu
que les institutions allassent en déclinant
dans le sens que nous venons d'indiquer,
au lieu de se rapprocher de la ligne de la
raison et du droit, bientôt peut-être vous
verriez les exceptions s'introduire insensible-

(*a*) *Voy.* la Charte constit., du 14 juin 1814, *art.* 34.
(*b*) *Ibid.*, *art.* 1 *et* 62.

ment dans la législation criminelle, dans la nature et l'application des peines, ainsi que dans les formes mêmes de l'instruction et des jugemens; vous verriez le membre privilégié d'une famille patricienne, l'homme noble ou soi-disant tel, payer une amende de quinze francs pour avoir assassiné de gaîté de cœur son voisin ou son esclave; tandis que l'artisan ou le cultivateur à gage sera mutilé, écorché vif, écartelé, rompu, mis en croix, pour le moindre délit que la nécessité, le besoin, la faim, la misère, lui auront fait commettre; tandis qu'un malheureux père de famille sera ruiné, garrotté, traîné dans les cachots, et pendu, sa famille entière réduite à la mendicité, pour avoir osé mettre le pied sur le territoire de son seigneur suzerain : bientôt peut-être vous verriez encore, non pas seulement la sévérité étouffer la clémence, mais l'appareil de la torture, les supplices, les tourmens, pénétrer, avant le jugement, dans l'intérieur des cachots, pour consoler la cruauté des regrets de voir échapper sa victime.

Il ne faut donc pas s'étonner d'entendre

manifester chaque jour des opinions favorables aux abus que nous venons, de signaler ; cela même est aussi une conséquence naturelle du système vicieux d'organisation dont ces abus découlent; c'est une lutte que la forme du Gouvernement, non-seulemeut autorise, mais que même elle doit naturellement provoquer.

Ainsi, lors de la discussion du projet de loi relatif à la liberté de la presse, dans la session de 1816, un orateur fit entendre à la tribune de la Chambre des pairs ces paroles, monstrueux et déplorable mélange de vérités et d'erreurs. « Comment le principe monarchique, dépourvu d'appuis, et laissé à nu, pour ainsi dire, dans notre constitution, soutiendrait-il les mêmes épreuves qu'il supporte en Angleterre, où, le couvrant de toutes parts, une aristocratie imposante repousse efficacement les atteintes qui seraient portées contre lui? Honneurs, propriétés, considération, richesses, tout, jusqu'à l'instruction même, est le partage de cette aristocratie, qui seule jouit des nombreuses fondations faites dans les universités.

« En vain, sans un rempart du même genre, se flattera-t-on de consolider en France la monarchie constitutionnelle. Une aristocratie est nécessaire pour la soutenir; non qu'il faille ressusciter, dans cette vue, les deux Ordres éteints de la noblesse et du clergé; mais il faut autour du trône, et au-dessus du peuple, une classe vertueuse, instruite, considérée, de qui le peuple reçoive, avec les exemples qu'il doit suivre, le degré d'instruction convenable à ses besoins : car inutilement serait-il appelé au bienfait d'une instruction plus étendue. Voué par état à des travaux grossiers et pénibles, c'est la conservation, l'accroissement de la force corporelle qui doit uniquement l'occuper. La culture de son esprit, les douceurs de la civilisation, sont pour lui sans attraits comme sans utilité. Il lui suffit d'emprunter à la classe plus éclairée des notions de justice, de morale, de religion, qui le dirigent dans l'accomplissement de ses devoirs. Toute l'économie de la société repose sur l'existence de cette classe supérieure; tout Gouvernement a pour base l'aristocratie. Vouloir se passer d'elle, c'est vou-

loir laisser le trône sans appui, c'est renoncer
à toute espèce de gouvernement » (a).

Comment ne pas voir, au contraire, que
le peuple (mot trop vague et dont le sens a
toujours besoin d'être plus spécialement déterminé), comment ne pas voir que le peuple
(c'est-à-dire ici les classes les moins élevées de
la société) ne peut jamais recevoir, avec quelque efficacité, ces utiles notions de religion,
de justice et de morale, que de ses véritables
pairs ou égaux, des hommes qui, loin de le
dépouiller pour s'attribuer d'injustes et révol-
tantes prérogatives, s'attachent au contraire à
lui assurer la jouissance de ses droits; et non
pas *d'une caste supérieure, d'une classe privilégiée*, dont la morgue et l'orgueil, les prétentions exclusives et l'injustice, sont tout
l'opposé de ce qu'elles devraient être, de ce
qu'elles devraient enseigner et pratiquer, et
doivent nécessairement finir par se communi-
quer de proche en proche, ou par exciter le
mépris et la haine dans tous ceux contre les-

(a) Discours de M. l'abbé de Montesquiou. — Moniteur
du vendredi, 9 janvier 1817.

quels elle prétend défendre ces mêmes prérogatives, suivant M. de Montesquieu, *si odieuses par elles-mêmes.* C'est ce qu'aujourd'hui l'expérience devrait bien nous avoir démontré.

Quelle serait donc, enfin, la véritable ligne de démarcation entre cette classe supérieure et privilégiée de nouvelle création, et les autres classes de la société? Quelles seraient les limites que cette aristocratie voudrait bien consentir. *Honneurs , propriétés, considération, richesses, tout, jusqu'à l'instruction même,* doit lui appartenir....

Serait-ce même assez?.. Et n'y a-t-il pas tout lieu de craindre que bientôt avec cela, pour ne pas encourir le danger d'être eux-mêmes renversés , les ministres ne se déterminassent à rétablir le servage et *tous les équitables droits de la féodalité?* Ne serait-ce pas alors surtout que l'on pourrait appliquer avec une grande vérité ce que disait plus récemment un membre de la Chambre des députés : « En ce cas, le ministère, la nation et le trône auront tout perdu. Maîtresse des deux Chambres, l'aristocratie s'emparera de la législation et du pouvoir; elle abolira l'égalité, qu'elle

hait; elle rétablira les priviléges, qu'elle aime;
elle établira son règne par l'hérédité des majorats, comme elle perpétuera son esprit par
ses alliances, et par l'éducation particulière
qu'elle donne à ses enfans; et, après trente
années de tribulations et de peines pour assurer ses droits, la nation exhérédée, devenue
le patrimoine de quelque familles, qui se par-
tageront les honneurs, les emplois et le trésor,
sera plus asservie qu'elle ne l'était sous les règnes les plus absolus. La sollicitude paternelle
du monarque sera même impuissante. Le mal
étant dans la loi, la dissolution des Chambres
donnera toujours le même résultat.......; et le
roi ne sera pas plus libre que son peuple » (a).

Nota. Cette partie de notre ouvrage, relative à
l'influence de l'admission d'un principe d'aristocratie ou d'oligarchie dans l'organisation du Pouvoir législatif, dans la composition de l'une des
Chambres, avait été composée long-temps avant
la proposition faite à la Chambres des Pairs, par

(a) Discours de M. Guitard, lors de la discussion sur
la Loi des élections. — Séance du 19 mai 1820.

l'un de ses membres (*a*), au sujet de la création de nouveaux majorats sans titres, proposition qui justifie d'autant plus et confirme en partie nos assertions et les craintes que l'on est en droit de concevoir.

Toujours d'après une conséquence fort naturelle de la lutte dont nous avons parlé, et que provoquent les principes contradictoires qui existent dans les premiers élémens constitutifs de l'organisation, un de nos journaux les plus répandus a cru devoir faire un éloge pompeux de cette proposition, dans son numéro du vendredi, 5 mai 1820 : un autre journal, non moins répandu, y a répondu le lendemain par quelques réflexions qui auraient besoin de plus grands développemens, mais que nous pouvons cependant transcrire ici, nous réservant de nous étendre davantage sur cette matière dans l'Appendice, liv. 1, notes (25) et (43).

L'article de ce dernier journal est conçu en ces termes : « Le journal des Débats contient aujourd'hui un long article qui n'est qu'une apologie déguisée des substitutions et du droit d'aînesse, qui furent supprimés en 1791, aux applaudissemens de toute la France. Ce n'est qu'une satire amère de la division des propriétés et de l'égalité des partages, consacrées par le Code Civil, que le

---

(*a*) M. le duc DE LÉVIS.

journaliste traite avec aussi peu de respect que la
loi actuelle des élections.

« De grands propriétaires qui possèdent tout,
et des prolétaires qui n'aient rien, des châteaux
pour les riches, et des masures pour les pauvres;
tel est le beau idéal qu'on offre à la France. Les
nobles défenseurs de la morale et de la religion
s'indignent contre la division de la propriété, par
ce qu'elle multiplie les mariages, et que les mariages multiplient la population.... *Et pourtant,*
ajoute le journaliste, *les villageois, possesseurs de
ces lambeaux de sol y sont attachés, et sont fiers
de les posséder; singulier aveuglement de ce peuple
qui ne cèdera qu'à l'effet long-temps accumulé de
cette cause de misère.*

« La source des richesses est donc, à en croire
les journalistes de l'olygarchie, dans la concentration des propriétés; à l'appui de leur doctrine,
l'Angleterre nous offre, en effet, le spectacle d'un
petit nombre de grands propriétaires, et d'une immense quantité de pauvres qui expirent de misère
et de faim. Tel est l'heureux sort qu'on veut nous
faire envier. Dans les temps de disette, dit le journal des Débats, ce sont les grands propriétaires
qui donnent du pain à cette foule de journaliers
sans ouvrage, qui gémissent d'une oisiveté forcée.

« Hâtez-vous donc, petits cultivateurs, qui avez
acquis à la sueur de votre front un champ qui

nourrit votre famille ; renoncez aux charmes de la propriété ; et soyez convaincus qu'il vaut mille fois mieux ne pas recueillir un boisseau de blé, et mendier avec vos enfans à la porte des châteaux ou des couvens ; car, en enrichissant les aînés, il faudra bien pourvoir les cadets, et le rétablissement des bénéfices, des prébendes et des canonicats est une conséquence nécessaire du rétablissement du droit d'aînesse. Il nous semble que le journal des Débats s'est un peu trop pressé de mettre en avant un système de concentration qui est fait pour alarmer tous les petits propriétaires, c'est-à-dire les sept huitièmes des Français. Il est, du reste, impossible d'entasser plus de sophismes qu'il ne l'a fait, pour appuyer un système qui renverse tout ce que la révolution a produit d'utile, qui foule aux pieds l'égalité des droits, et qui trahit des espérances qu'on avait eu du moins jusqu'à ce jour l'adresse de dissimuler » (a).

Nous pouvons encore citer, dès-à-présent, les passages suivans de Filangieri, sur l'inaliénabilité des terres féodales en général : « Ces terres, aujourd'hui inaliénables, dit-il, n'acquerraient-elles pas une valeur nouvelle en rentrant dans la circulation ? Cette opération, rendant la liberté aux personnes et aux choses, animerait tout-à-la-fois l'industrie,

---

(a) (Journal Constit., du 6 mai 1820, n° 126).

l'agriculture et la population. L'aliénabilité des
terres féodales multiplierait les hommes, en multipliant les propriétaires; et la liberté de diviser ces
grandes masses entre tous les individus d'une même
famille, effacerait ces ridicules distinctions qui
séparent les enfans d'un même père, rétablirait une
grande partie des citoyens dans l'exercice de leurs
droits naturels et imprescriptibles, diminuerait le
nombre de ces célibataires nobles, plongés aujour-
d'hui dans des désordres que les menaces de la loi
et de la religion ne peuvent arrêter. Aux avantages
de la population viendraient s'unir ceux de l'agriculture, puisque, comme nous l'avons observé, la
plupart des abus qui arrêtent les progrès de l'agriculture, naissent des lois féodales. Enfin, l'industrie, excitée par la liberté personnelle et par la
liberté réelle, et favorisée par l'équilibre que ce
changement introduirait dans les fortunes des citoyens, ajouterait encore à la prospérité publique....

« Nous voyons, remarque-t-il ailleurs, les plus
vastes domaines passer tout entiers, pendant plusieurs siècles, des pères aux enfans, des aînés aux
aînés, comme si les terres étaient indivisibles, et
que la propriété dépendît de cette sorte d'immuta-
bilité. Dans une nation d'où ces majorats et ces
substitutions seraient proscrits, les richesses seraient sans doute réparties avec plus d'égalité. Si

les biens du père étaient partagés entre tous les enfans, ceux-ci deviendraient autant de petits propriétaires, de pères de famille, qui, n'ayant point un grand superflu, seraient forcés de faire valoir leurs terres, et, si le produit de ces fonds ne suffisait pas, de se livrer à d'autres occupations qui les mettraient à l'abri de l'oisiveté et de tous les tourmens de l'ennui (et sur-tout du besoin). Cette subdivision continuelle des fonds serait également utile aux progrès de l'agriculture, de l'industrie et de la population. Les citoyens qui n'auraient d'autre propriété que celle de leurs bras, trouveraient encore leur intérêt dans cette augmentation du nombre des propriétaires ; le prix du travail, ainsi que celui de toutes les choses qui sont un objet de commerce, dépend toujours du nombre des vendeurs et de celui des acheteurs. Or, comme il y aurait beaucoup de propriétaires et très-peu de non-propriétaires, beaucoup de personnes auraient besoin des bras des manouvriers, lesquels, étant en petit nombre, pourraient porter le prix de leur travail à une juste valeur : alors il leur serait permis de jouir aussi de cette aisance, sans laquelle il n'est point de bonheur sur la terre....

« Mais on dira peut-être : le système des substitutions et des majorats est propre à la nature de la Constitution monarchique. Le Gouvernement, tourmenté par ses besoins, trouve dans les grands propriétaires des secours toujours prêts, et par conséquent beaucoup de sûreté pour lui-même, parce que ces grands propriétaires, ayant tout à craindre pour leurs richesses d'un changement dans le système de l'administration, ont le plus grand intérêt à le maintenir.

« La multiplicité des propriétaires est la source de la félicité publique dans les monarchies, comme dans toutes les autres constitutions. Or, si la distribution des richesses, produite par le démembrement des grandes propriétés, allait ranimer toutes les classes de la société, ce ne serait plus alors un seul ordre de citoyens, ce ne serait plus quelques riches aînés d'illustres familles, qui auraient le droit exclusif de veiller à la conservation de l'État. La nation entière défendrait elle-même son propre bonheur, et par conséquent l'autorité tutélaire du citoyen couronné à qui elle le devrait. Connaît-on quelque sûreté plus grande que celle-là » (a) ?

M. de Volney, en 1790, publia un écrit où il pose et développe de même ces Principes : « La puissance d'un État est en raison de sa population (b); la population est en raison de l'abondance ; l'abon-

---

(a) Science de la Législation, tom. ii, liv. ii, ch. xxxvi, pag. 398. — *Ibid.*, liv. iii, chap. xviii, pag. 332 *et suiv.*

(b) *Voy. ci-dessus*, 1ᵉ part., vol. ii, pag. 39 *et suiv.*

dance est en raison de l'activité de la culture, et celle-ci en raison de l'esprit de propriété.

« D'où il suit que plus le cultivateur est près de la condition de propriétaire libre et plénier, plus il développe les produits de sa terre et la richesse générale de l'État, c'est-à-dire qu'un pays est d'autant plus puissant qu'il compte un plus grand nombre de propriétaires, ou qu'il a une plus grande division des propriétés » (*a*).

Enfin « La loi, suivant d'Aguesseau, doit suivre la nature dans l'ordre des successions » (*b*); et « L'égalité, entre les enfans, dit Cochin, est aussi précieuse à la loi qu'à la nature » (*c*).

(*a*) *Voy.* aussi le Journal Constitutionnel, du lundi, 19 juin 1820, numéro 171.

(*b*) 14ᵉ Plaidoyer.

(*c*) 108ᵉ Cause.

— *Voy.* encore, sur tout cela, Mably;

— Le Traité d'Économie politique, de M. Say;

— L'Écrit ayant pour titre : « La Charte, la Liste civile et les Majorats, *au sujet d'une proposition de récompense nationale. Nouvelle édition, revue, corrigée et augmentée d'un fragment sur les inconvéniens des majorats pour l'État et pour les familles*, par M. le comte Lanjuinais. Janvier 1819, pag. 10 *et suiv.*;

— Les Inconvéniens des droits d'aînesse, comme entrainant une foule de maux politiques, moraux et physiques, par LANTHENAS, un vol., in-8°, Paris, 1795;

— L'Histoire des Républiques italiennes, par M. Sismondi, tom. XVI;

— Le Commentaire sur l'Esprit des Lois, par M. Destutt de Traci, chap. VII, pag. 87 *et suiv.*, etc., etc.;

— Et *ci-après*, l'APPENDICE, liv. I, notes 25 et 43.

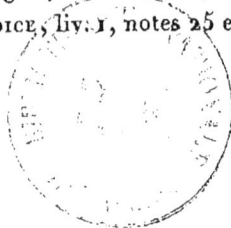

FIN DU TOME SIXIÈME.

ERRATA DU TOME VI.

Page 10, ligne 23; tout-à-ftai   *lisez* tout-à-fait
—   8, —   8; des controverses — de controverses
— 187, — 19; ces corps   —ces derniers Corps
                                 représentatifs
— 248, — 4 et 5; (*mettez des guillemets à la fin de la*
              ligne 4, *et supprimez-les à la*
              ligne 5).
— 279, —   3; voix   *lisez* voie
— 300, — 17; et ordonner   — et en ordonner
— 306, —   4; Quel est   — « Quel est
— 334, —   4; ou qu'ils   — ou qu'il
— 395, — 18; aveun   — aucun
— 402, —   3; , pour   — pour
— 458, — 25; en son entier, *ajoutez* comme tout
                       autre projet de loi,
— 473, — 15; quoique   — mal-à-propos

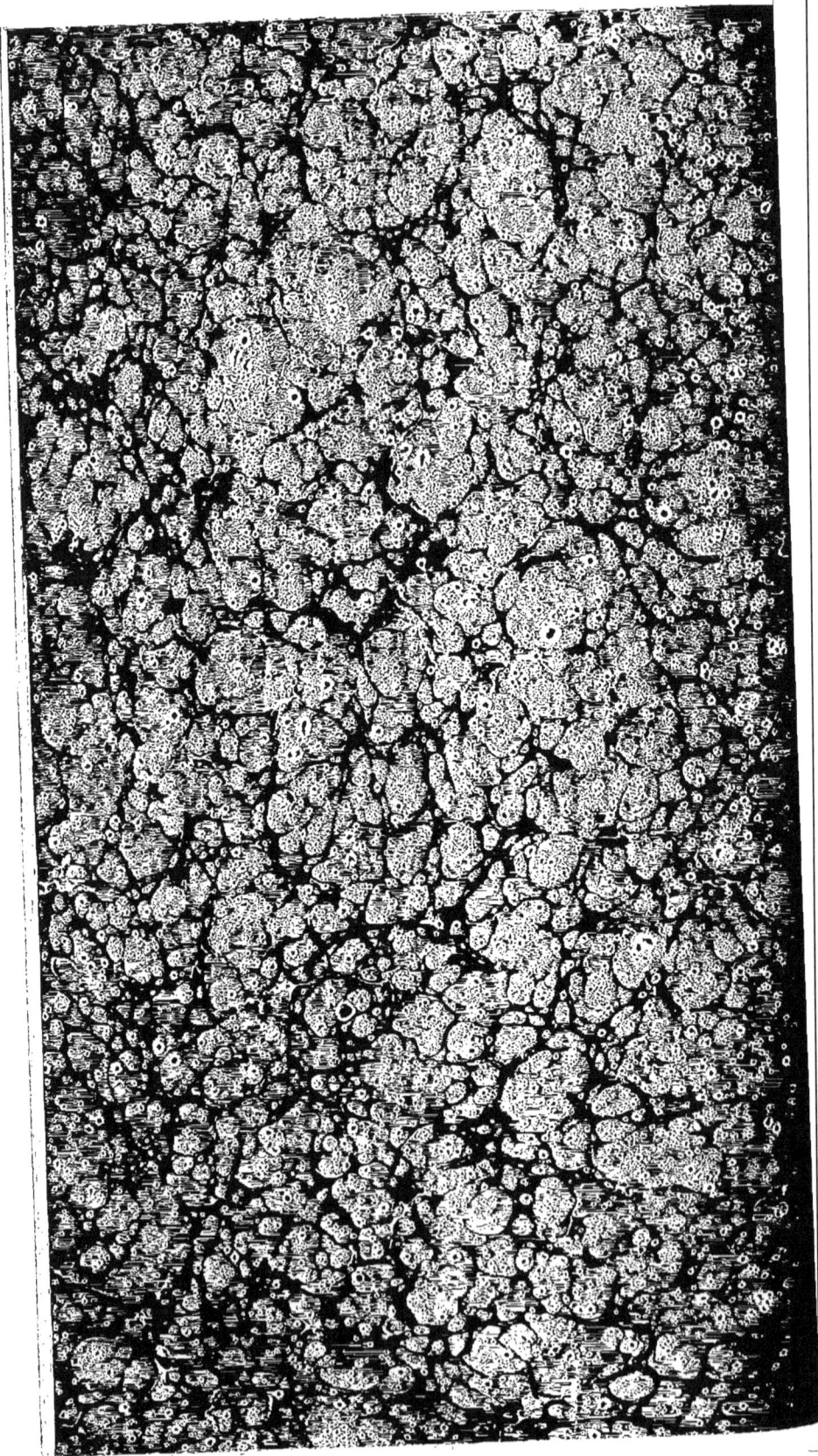

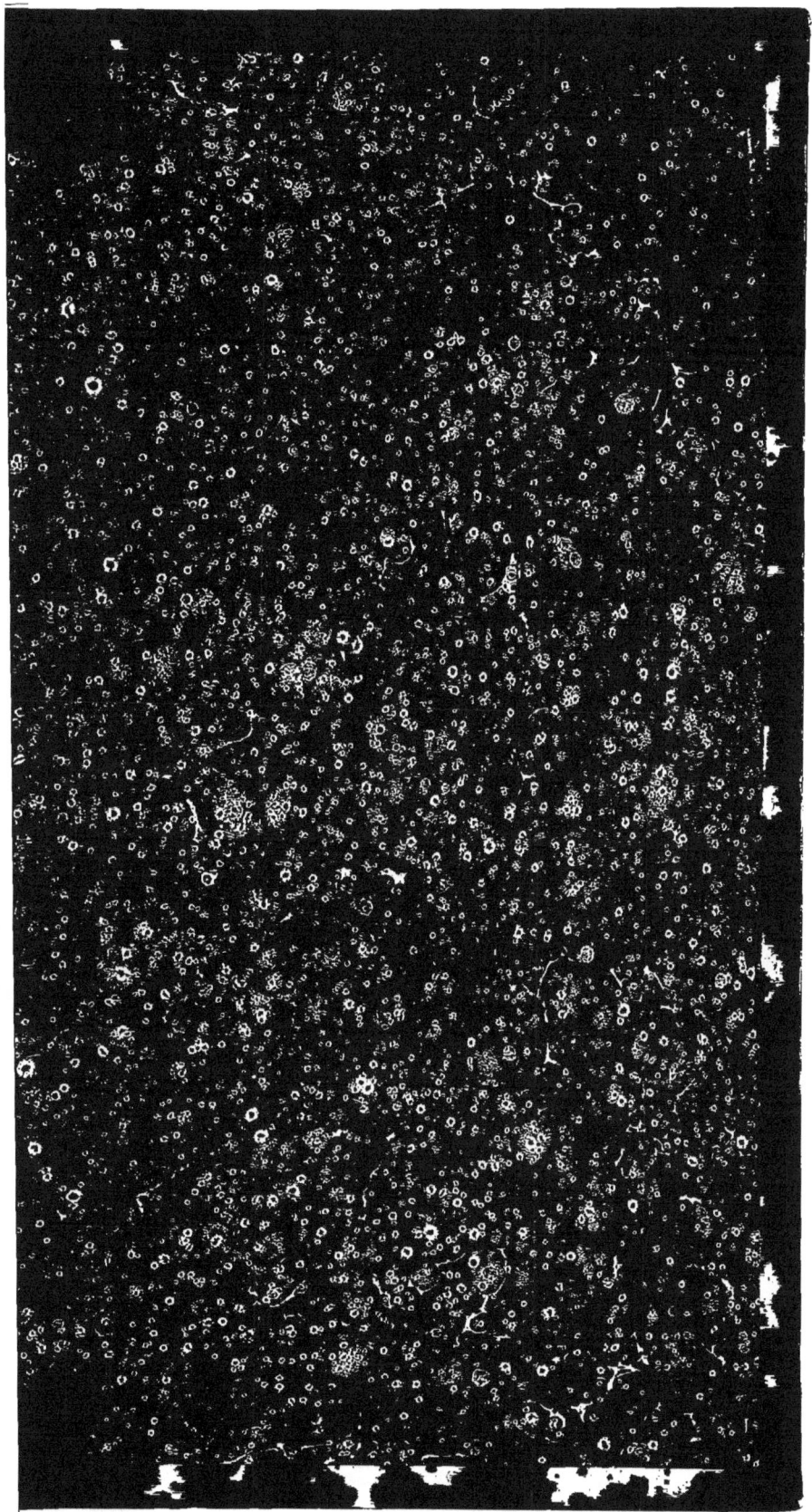

www.ingramcontent.com/pod-product-compliance
Lightning Source LLC
Chambersburg PA
CBHW031358210326
41599CB00019B/2810